비슬산의
풍장소리
달성의 전통행사와 전래놀이

글·사진 전충진

1961년생
매일신문 독도상주기자
전 경북도 독도정책과 독도 연구, 홍보팀장

저서
『도자기와의 만남』 리수출판, 2002
『여기는 독도』 이레, 2011
『독도에 살다』 갈라파고스, 2014
『단순하게 소박하게』 나남, 2021

대구의 뿌리
달성 산책 | 37

비슬산의 풍장소리
달성의 전통행사와 전래놀이

글·사진 전충진
기획 달성문화재단

민속원

비슬산의
풍장소리

'개를 그리는 것이 쉬울까? 귀신을 그리는 것이 쉬울까?'
옛사람들은 귀신을 그리는 것이 쉽다고 했다. 개는 모두가 아니까 잘 그려도 입을 대는 사람이 많지만, 귀신은 본 사람이 없으니 못 그려도 말하는 사람이 없기 때문이라는 것이다.

'달성의 전통행사와 전래놀이' 집필을 시작하면서 언뜻 이것은 '귀신 그리기'가 아닐까 싶었다. 전통이란 것이 '공동체에서 과거로부터 전해져 내려오는 관습이나 사상, 행동 따위'를 일컫는다고 할 때 이것은 실체가 모호하다고 생각한 것이다.

그러나 막상 작업에 착수하고부터는 이게 완전 '개 그리기'라는 것을 알았다. '전통, 전래'라는 것이 관념적인 것이긴 해도 우리가 살고 있는 이 시대, 이 공간 대부분이 전통과 전래에 잇대어 있다는 것을 알게 된 것이다. 전통행사나 전래놀이는 남녀노소 할 것 없이 누구나 한마디씩 할 수 있는 것이었다.

고민은 그것으로 끝이 아니었다. 전통이란 '과거로부터 내려오는 것'이라면, 그 과거라는 것이 도대체 언제부터여야 하는지 모호했다. 또 전통을 함께하는 '공동체'라고 했을 때, 그 범주를 달성군이라는 행정단위 안에 도무지 욱여넣을 수 없다는 것도 문제였다.

예를 들어, 팔월 한가위 풍습은 신라시대부터 유래되었으나 삼복에 개장국 먹는 습속은 조선 후기에 시작되었다. 이 둘 중 어느 것은 전통이고, 어느 것은 아니라고 하겠는가? 또 단옷날 씨름대회는 달성에서도 했지만 강릉에서도 하고, 경산에서도 했다. 이것을 어찌 달성만의 전통이라고 할 수 있겠는가?

그뿐만이 아니다. 이 전통행사나 전래놀이라는 것이 어떤 것은 희미하게나마 그 흔적이 남았지만, 어떤 것은 기록에서조차 단서를 찾기 힘든 것들이 많았다. 전문학자도 아닌 터에 이것들을 일일이 발굴하여 그 연원을 밝히고 달성에서 행해졌던 사실을 확인하기에는 너무 벅찬 작업이었다. 특히 주어진 5개월 시간 안에는 한계가 있었다.

결국 이 글은 옛날부터 전해 내려오는 기록을 토대로 하여 달성 현지인들의 증언으로 엮어나갈 수밖에 없겠다는 생각에 이르렀다. 그래서 전통행사나 전래놀이에 관한 서적들을 참고하여 달성 사람들의 이야기를 채록하는 식으로 글을 구성하게 되었다. 그렇게 접근하다가 보니 결국 전국 공통의 전통 풍습을 개괄하고 그 속에서 달성만의 두드러진 특색을 찾을 수밖에 없었다.

책의 구성은 크게 세시풍속과 의례풍속으로 나누었다. 이렇게 함으로써 우리가 1년, 또 한평생을 사는 동안의 전통을 빠짐없이 짚을 수 있지 않을까 생각했다. 내용의 세부에 있어서는 세시풍속의 경우 1년 12달, 달별로 행사를 개괄하고 세부 내용에 풍습과 먹거리, 놀이를 살펴보았다. 여기서 달성과 관련된 내용을 가능한 한 상세히 기술하고 중요하다고 여겨지는 것은 현지 관계자들의 증언으로 보충하였다.

작업하는데 있어 자료는 조선 말 홍석모가 지은『동국세시기』를 참고하여 기술하였다.『동국세시기』는 책이 나오기 약 30년 전에 묶어진 김매순의『열양세시기』와 함께, 중국 남북조시대 종늠이 지은『형초세시기』의 구성방식을 택하고 있다. 그 이후, 우리나라 세시풍속이나 전통행사에 관한 거의 모든 책은『동국세시기』를 저본으로 삼아 기술하여 보완하는 방식을 택하고 있다. 그도 그럴 것이 이 전통이란 것이 과거의 기록으로 전하지 않으면 알 수 없는 것이 아닌가. 다행스럽게도 우리나라 전통풍속 연원을 삼국시대까지 거슬러 밝힌 책으로『동국세시기』가 있어 그것이 가능하게 되었다. 그러니 과거의 일들을 알 수 없는 사람들로서는 당연히 그것을 따를 수밖에 없는 것이다.

이 책에서 주제넘게, 이 분야 책들의 상호관계와 연구 활동 세부를 운운할 이유가 없다. 그것들은 학자들의 몫이고 다만 이 책에서는 세시풍습과 그와 관련된 행사나 음식 등을 기술하는데 있어 참고하고 그 얼개를 따를 뿐이다.

글의 내용 가운데 달성만의 행동양식이나 풍속에 대해 채록한 내용은 증언자의 이름이나 마을을 일일이 밝히지 않았다. 이는 현장에서 이야기하거나 인터뷰하는 과정에서 많은 사람이 단편적으로 들려준 내용이기 때문에 모두 기록하기는 힘들었다. 귀중한 제보를 해주신 분들에게 이 지면을 빌려 양해를 구하고 감사의 말씀을 드린다.

사라져버린 것들을 되찾아 다시 펼쳐놓는다는 것이 만만한 일은 아니었다. 솔직히 작업을 진행하면서 이 곰팡내 나는 것들이 무슨 의미가 있을까 회의가 들기도 했다. 그런 한편으로 이 아름다운 것들을 지키지 못하는 것은 이 시대 사람들의 죄악이 아닐까 하는 생각도 많이 들었다. 이 책의 글 가운데는 과거의 어느 민속학 관련 서적이나 기록에서도 찾을 수 없는 것 몇 가지가 들어 있다. 이것이 이 책의 가치라면 가치일 수 있겠고, 글쓴이로서의 보람이라면 그렇다고 하겠다. 그것이 한 알갱이의 금을 얻기 위해 몇 날을 물속에서 모래를 이는 사금 채취꾼의 그것이었다고 봐주면 좋겠다.

    책을 마무리해 놓고 보니 이 글이 결국 개도 귀신도 아닌 것을 그린 꼴이 되어버렸다. 개도 귀신도 아닌, 그 졸작의 책임은 전적으로 저자의 과문 탓이다. 읽어주신 독자 제현의 질책을 달게 받겠다.

2022년 8월 寓居 石庭書屋에서 쓰다.

목차

서문 4

세시풍속

1월
"우리 우리 설날은 오늘이래요"
— 설 13

"쥐날은 구멍을 뚫지 마라"
— 정초 12간지일 24

"천왕님 들어가신다, 풍장을 울려라"
— 당제 37

"달 봐라, 달집 불 들어간다"
— 정월 대보름 45

"문을 열면 만복이 들어오고…"
— 입춘 64

2월
"영등바람에 도낏자루가 난다"
— 영등날 67

"개구리가 나오니 봄이로구나"
— 경칩 71

3월
"비슬산 참꽃 폈네, 화전놀이 가자꾸나"
— 삼짇날 75

"한식날 오동나무 심은 뜻은…"
— 청명·한식 83

"화병에는 곡우물이 제일이라"
— 곡우 85

4월
"연등 달고 부처님 전에 합장하네"
— 초파일 91

5월
"꽃 댕기 매고 그네 뛰는 저 처자야"
— 단오 99

"나라님 비 내리시니 올해도 풍년일세" —태종우太宗雨 106

"동무들아, 밀사리 하러 가자"
— 망종 107

6월
"동쪽으로 흐르는 물에 머리 감으니…" — 유두 111

"하늘이 노하니 양산을 접으시오"
— 기우제 113

7월
"견우직녀 만나 아들 하나 점지를…"
— 칠석 123

"염천 더운 날 모래찜질 가자꾸나"
— 삼복 127

"호미 씻고 놀아보세, 치나칭칭나네"
— 백중일 143

8월
"1년 365일 오늘만 같아라"
— 한가위 165

9월
"동쪽 울 밑에 국화가 피었구나"
— 중구절 177

"천지신명이시여, 부디 보살피어…"
— 사직제 179

10월
"동무들아, 묘사 떡 얻으러 가자"
— 상달 185

11월(동짓달)
"잡귀야 물렀거라, 팥죽귀신 납신다"
— 동지 197

12월(섣달)
"그믐밤 잠을 자면 눈썹이 센다고요"
— 수세 209

"공달은 백 가지 일도 꺼릴 게 없네"
— 윤달 214

생활의례 풍속

"고추다, 고추여"— 출산의례 217

"붓을 잡았으니 학자가 되겠네"
— 돌 220

"우리 도련님 청포를 입으시네"
— 관례 222

"꽃가마 타고 시집간다네"
— 혼례 225

"아버님, 만수무강하소서"
— 환갑 229

"북망산천 가는 길이… 어화넘차 어화"
— 상례喪禮 231

"무릇 '접빈객, 봉제사'라네"
— 제례 241

비슬산의 풍장소리

세시풍속

1월

1월

"우리 우리 설날은 오늘이래요" – 설

설은 '조심하여 가만히 있다'는 뜻이다. 예로부터, 설날은 조심하려고 가만히 있는 날이었다. 해가 바뀌는 정월 초하루는 1년 내내 어느 날이고 탈 없이 지내게 해달라고 기원하는 뜻으로 이날은 지극히 절제하며 지낸다.[1]

따라서 설날은 마냥 즐겁게 놀기만 하는 날을 아니다. 옛사람들은 설날 맑은 마음가짐으로 삼가고 근신했다. 설날은 남녀노소, 빈부귀천을 떠나 정갈한 새 옷으로 갈아입고 몸가짐을 단정히 한다. 또 아침 일찍 일어나 조상께 차례를 올리고 웃어른께 세배를 드린다. 이렇듯 설날의 모든 풍습은 조심하는 마음가짐에서 비롯되었다.

특히 농사가 생활의 근간인 농경사회에서는 한해의 풍흉은 생사고락이 달린 문제였다. 새해가 시작 되는 설날, 옛사람들은 그것을 관장하는 모든 신에게 몸을 낮추는 모습을 보이고자 했다. 그 때문에 설과 관련하여 다양한 금기禁忌가 전해 내려오고 풍년을 기원하

---

[1] 최남선 지음, 문형렬 해제, 『조선상식문답』, 기파랑 에크리, 2011, 130쪽.

는 행사가 다양하게 행해졌다.

그런 한편, 설날은 예로부터 떡국으로 세찬을 마련하고 설술을 만들어 나누어 먹는다. 또 멀리 있는 일가들이 모여 함께 윷놀이, 널뛰기를 하면서 하루를 화목하게 보내는 풍습이 전해 내려오기도 한다.

야광쫓기(양괭이 물리치기)

양괭이는 야광귀夜光鬼의 우리말이다. 달성에서는 '앙괭이'라고도 한다. 섣달 그믐밤 양괭이, 즉 귀신이 마을로 내려와 집집마다 다니면서 벗어 놓은 신발을 신어 보고 자기 발에 맞으면 신고 가 버린다는 것이다. 양괭이한테 신발을 도둑맞는 사람은 한 해 동안 운수가 나빠 고생한다는 속설이 전해온다.

이에, 아이들은 신발을 뒤집어 놓거나 방에 들여놓기도 하고 아예 밤에 잠을 자지 않고 신발을 지키는 풍습이 있다. 더러는 양괭이를 쫓기 위하여 대문 문설주에 체나 광주리를 걸어 둔다. 이는 양괭이가 셈하는 것을 좋아하지만 잘 잊어버리기 때문에 체나 광주리를 보고 그 구멍 숫자를 세고 또 세도록 하려는 유인하는 술책이다. 그러면 양괭이가 신발 훔치는 것을 까마득히 잊어버리고 새벽닭이 울면 담을 넘어 달아나게 된다는 것이다.

또 그믐밤에 잠이 들면 눈썹이 센다는 말이 전해 내려온다. 아이들은 눈썹이 셀까 봐 눈을 부릅뜨고 있다가 잠이 들게 되는데, 이때 눈썹에 밀가루를 칠하여 놀리기도 한다.

복조리 돌리기

섣달 그믐날 자정을 전후해서 동네 아이들이나 청년들이 각 집을 돌면서 대문 안에 복조리를 던져 넣는다. 주인은 아침 일찍 대문 안에 놓인 복조리를 가지고 와서 안방 문설주 위에 걸어둔다.

지난날 조리는 곡식에 섞인 돌을 가려낼 때 사용하는 요긴한 주방필수품이었다. 부엌에서는 밥을 지을 때 쌀이나 보리쌀을 물에 담가 조리로 일어 건져내고 돌은 바닥으로 처지게 한다. 이에 근거하여 정초의 복조리는 복은 일어서 조리에 담고 액은 가려내 처지게 한다는 의미를 담고 있다. 따라서 복조리를 방문 위에 걸어 두는 것은 한 해 동안 문을 여닫을 때마다 액은 걸러지고 복이 담기도록 기복祈福하는 것이다.

정초 복조리는 복을 담는 것이어서 누구나 반갑게 맞아들이고 지난해 복조리는 내려서 부엌에서 사용한다. 설날 한나절이 지나면 간밤에 복조리를 넣어준 사람이 돈을 받으러 오는데 그 값은 꼭 정해져 있지 않아 각 가정에서 알아서 적당히 준다.[2]

성주 차례

설날 차례를 올리기 전 새벽에 떡국을 끓이고 간단히 제상을 봐서 대청마루 또는 안방에 있는 성주에 안주인이 제를 올린다.

차례

설날 아침에는 조상에게 차례(일명 차사)를 올린다. 일반적으로 차례는 제주로부터 4대조까지 지낸다. 기제사에서는 술을 세 번에 걸쳐 올리고 축문을 읽는 반면, 설 차례는 축문을 읽지 않고 술잔을 한 번만 올리는 무축단잔無祝單盞이 대부분이다. 과거 집성촌으로 형성된 농촌 마을에서는 8촌의 일가가 한꺼번에 모여 차례를 지냈다. 새벽 일찍 종갓집을 시작으로 집집마다 돌아다니며 차례를 모시면 한나절이 되기 일쑤였다.

세배

조상에 차례를 올린 후 어른들에게 세배를 올린다.[3] 세배는 조부모, 부모, 형제 순으로 하는데, 조부모와 부모께 세배를 올릴 때는 방문을 열고 대청마루에서 한다. 그 외 형제, 자매 간

---

2 김명자, 『한국세시풍속』Ⅰ, 민속원, 2005, 112쪽.
3 지역과 집안에 따라서는 세배를 올린 후 차례를 모시는 경우도 있다.

은 방 안에 들어가서 한다. 절을 한 후 아랫사람은 웃어른께 무병장수를 축원 드린다. 이때 웃어른은 아랫사람에게 학업독려나 사회활동에 관한 덕담을 한다. 근래에는 세배 후 어른들이 아이들에게 세뱃돈을 준다. 과거 조선시대에는 그 기록을 찾아볼 수 없다. 이로 미루어 볼 때, 세뱃돈 풍습은 일제강점기 이후 시작된 것으로 추정된다.

성묘

집안에 따라 차이가 있지만 과거 설날에는 대부분 조상 산소에 성묘를 하지 않았다. 다만 집안에 초상이 나서 빈소가 있는 경우에는 차례를 지내는 대신 떡국과 제수를 마련하여 묘에 가서 제사를 지낸다.

원일소발 元日燒髮

옛날에는 머리를 빗을 때 빠진 머리카락을 빗 상자 속에 모아두었다. 정월 초하룻날 해가 뉘엿하게 질 무렵 모아두었던 머리카락을 문밖에서 태웠다. 이것은 나쁜 병을 물리치고 잡귀를 쫓기 위한 방책의 하나로 원일소발이라고 한다. 원일소발은 손사막孫思邈(581~682년)[4]이 지은 『천금방千金方』에서 '정월 인날寅日에 백발을 태우면 길하다'고 했는데, '머리카락을 태우는 풍습은 여기에서 비롯되었다'고 그 연원을 밝히고 있다.[5]

    한편 원일소발 풍습을 금기의 민담으로 풀이하기도 한다. 옛날에 한 나그네가 무덤에 기대어 노숙하고 있었다. 한밤중 잠을 자는데 무덤의 주인이 이야기하기를 "제삿밥에 뱀을 넣어 화가 나서 갓난애를 솥에 빠져 죽게 했다"고 현몽했다. 이에 나그네가 날이 밝아 제사가 든 그 집을 찾아가 보니 과연 아기가 죽어있어 밥그릇을 뒤져보니 머리카락이 나왔다고 전한다.[6]

---

4 손사막은 수나라~당나라 연간의 산시성 출신의 명의이다.
5 홍석모 지음, 장유승 역해, 『동국세시기』, 아카넷, 2016, 43쪽.
6 장주근저작집간행위원회, 『한국의 세시풍속』, 2013, 90쪽.

원일소발의 풍습은 민담의 교훈처럼 머리카락을 집안에 함부로 흩트리지 않도록 경계하는 의미가 담긴 것으로 해석하기도 한다. 이 풍습은 이미 1941년을 전후하여 없어졌으며 가정마다 반드시 행하던 것은 아니다.[7]

설날 금기

정월 초하룻날은 한 해가 시작되는 날인 만큼 한 해의 운수가 평탄하기를 바라는 마음에서 가정에서는 금하는 것이 많았다. 특히 달성에서는 이날 아침 여자가 남의 집을 먼저 방문하지 않는다. 정초 여자가 먼저 대문에 들어서면 '재수 없다'고 한다. 또 바느질을 하지 않는데 바늘로 꿰매면 집안 운수가 풀리지 않고 동여매게 된다고 한다. 아궁이의 재를 치지 않는데 이 역시 집안 온기를 식게 하여 '찬바람이 도는 집'을 만든다고 보기 때문이다.

시절음식

떡국

떡국은 설 며칠 전에 미리 준비를 한다. 예전에는 집에서 멥쌀을 쪄서 절구나 큰 떡판 위에 놓고 떡메로 친 후, 다시 가래로 둥글고 길게 말아서 만들었다. 근래에 들어서는 떡틀에 놓고 눌러서 가래로 빼내거나 기계로 압출하여 만든다. 이를 흰떡, 가래떡이라고 하며 달성 사람들은 '골미떡'이라고도 부른다. 맨 처음에 뽑아낸 흰떡은 두어 가락 접시에 담아 성주에 먼저 올려 두는 풍습이 전해 온다. 한나절 정도 꾸덕꾸덕하게 말린 흰 가래떡은 동전 크기로 썰어 둔다.

예로부터 떡국은 설날 차례상에 올리고 세배하러 온 사람에게 세찬으로 대접한다. 조

---

7 김명자, 『한국세시풍속』 I , 민속원, 2005, 371쪽.

선 영조 21년(1745년) 권상일[8]의 『청대일기』 정월 초하루 기록에 '아침에 떡국을 차려 사당에 차례를 지냈다'는 구절이 보인다. 조선시대에도 떡국은 시장에서 팔았던 정초의 시절음식이었다. 설날 떡국은 첨세병添歲餠이라고 하여 나이를 한 살 더 먹는 떡이라고 했다. 그 때문에 속담에서는 '떡국 몇 그릇 먹었다'고 하는 것은 나이를 좀 먹었다는 말을 뜻한다. 조선시대에는 떡국은 꿩을 삶은 육수로 끓이고 꿩고기를 잘게 찢어서 고명으로 올렸다. 꿩고기가 없을 때는 닭고기로 대신했다.

강정

요즘 한과라고 부르는 유과를 조선시대 기록[9]에는 강정이라고 소개하고 있다.

달성에서는 쌀이나 콩, 검은깨, 들깨, 조 등을 볶거나 튀겨서 조청으로 붙인 것을 강정이라고 한다. 강정 만들기는 조청 고는 일부터 시작된다. 조청은 먼저 보리를 싹 틔워 말린 엿기름을 갈아서 단술을 만든다. 단술을 약한 불에 천천히 저으며 고아서 졸이면 조청이 된다. 강정 쌀은 고두밥을 쪄서 바짝 말린 다음 솥뚜껑을 뒤집어 조금씩 튀겨낸다. 이때 깨끗이 씻은 굵은 모래를 넣어 함께 튀기면 밥알이 굵고 맑게 튀겨진다. 콩, 검은깨, 들깨, 조 따위도 함께 튀겨 둔다. 볶은 쌀과 튀겨 둔 튀밥은 은근하게 달군 솥에 조청과 함께 부어 뒤적인다. 조청을 골고루 묻힌 튀밥은 기름종이 위에 고르게 부어 밀대로 평평하게 민다. 튀밥의 조청이 마른 후 자르는데, 이때 차례상에 올릴 것은 따로 넓게 잘라둔다.

유과

찹쌀가루를 빻아서 술에 반죽하여 재어 둔다. 그것을 누에만 한 크기로 자르거나, 사각접시

---

8 권상일(權相一, 1679~1759년)은 조선 숙종~영조 연간의 선비로 호는 청대(淸臺), 본관은 안동이다. 상주 근암리(현 문경시 산북면 서중리)에 살면서 퇴계학을 계승하였으며, 32세에 문과에 급제하여 내외직을 두루 거친 후 80세에 자헌대부에 올라 기로소에 들었다. 24세부터 81세까지 58년간 쓴 일기집 『청대일기』 12책을 남겼다. 한국국학진흥원 일기국역총서 14.
9 홍석모 지음, 장유승 역해, 『동국세시기』, 아카넷, 2016, 208쪽.

처럼 큰 조각으로도 쓴다. 뜨거운 구들이나 햇빛에 말린 후, 끓는 기름으로 지지면 속이 빈 누에고치처럼 부풀어 오른다. 여기에 다시 엿으로 흰깨, 검은깨, 누런 콩, 푸른 콩가루를 붙인다. 이것을 이름하여 강정乾飣이라고 하는데, 치자, 흑미 등으로 여러 가지 색을 입히면 오색강정이 된다. 잣을 붙이거나 잣가루를 묻힌 것도 있는데, 이것은 잣강정이다. 또 찹쌀을 볶아서 꽃모양으로 만들어 엿으로 붙인 것은 매화강정이라고 한다. 매화강정은 홍색과 백색 두 가지가 있다. 강정은 예로부터 반가에서 정초 손님 접대에 없어서는 안 되는 세찬이었다. 또한 봄철제사에 과일과 함께 제물로 쓰기도 한다.

옛 문헌[10]에는 '강정' 만드는 법이라고 하여 소상하게 설명하고, 속이 텅 비어 아무리 먹어도 배부른 줄 모른다고 덧붙여 오늘날 유과에 대해 설명하고 있다. 선조 제사에는 예로부터 유과가 으뜸으로 여유 있는 집에서는 섣달 동안 손이 많이 가는 유과를 만들어 설 준비를 했다.

설술, 세시주歲時酒

설날 아침 차례를 지낸 후 온 가족이 함께 마시는 술을 설술 또는 세시주라고 한다. 설술은 주로 도소주屠蘇酒라는 술을 쓴다. 도소주는 잡을 '도屠', 사악한 기운 '소蘇'자의 한자어가 말해주듯, 사악한 기운을 물리치는 술이다. 도소주는 백미에 팥, 대황, 길경, 산초, 삽주 등 한약재를 넣어 주조한다. 설술은 세주불온歲酒不溫이라고 하여, 데우지 않고 찬술로 마셨다. 설날 아침에는 어른뿐만 아니라 아이들도 약주인 도소주를 마시고 한 해 동안 삿된 기운을 물리치고 병에 걸리지 않기를 기원한다.

『증보산림경제』에서는 '백미, 대황, 천초, 거목, 길경, 호장근, 오두거피를 주머니에 넣어, 12월 회일晦日에 우물 안에 담갔다가 정월 초일에 꺼내 술에 넣고 잠깐 끓여서 동쪽을

---

10 박지원 외, 『우리 겨레의 미학사상』 중 〈연암집〉, 보리, 2013, 270쪽.

향해 마시면 1년 동안 질병이 없다'고 적고 있다.[11]

놀이

윷놀이

윷놀이는 설날 우리나라 고유의 놀이이다. 윷놀이만큼 오랜 세월 전래된 민속놀이가 없으며, 윷놀이만큼 오늘날까지 온전하게 전해지는 민속놀이 또한 드물다. 오늘날에도 설날 여러 사람이 모이면 윷판을 펼치고 노는 모습을 흔히 볼 수 있다. 농촌뿐만 아니라 도시 저잣거리에서도 심심찮게 윷놀이대회가 열리기도 한다.

윷놀이에 대한 옛 기록으로는 고려 말 학자 이색의 『목은집』에 '저포희樗蒲戱'라고 하여 윷판을 나타내는 시구가 등장한다. 윷놀이는 오늘날 오락으로써 민속놀이에 불과하지만 과거 농경시대에는 농사 점의 일종이었다.

윷점과 관련하여 옛 문헌[12]에는 '윷은 조선에만 있는 놀이로 신라시대부터 성행했다는 증거가 일본 옛 책에 적혀 있다'고 하면서 '요즘에는 윷이 농가의 놀이로 새해 초에 편을 갈라서 한쪽 편은 산농山農이 되고, 한쪽 편은 수향水鄕이 되어 이기고 짐으로써 그해 일 년 농사가 고지高地가 잘 될지, 저지低地가 잘 될지 판단하는 점법占法이었다'고 기술하고 있다.

근래까지만 해도 경상도, 강원도, 황해도의 일부 산간지역에서는 설날부터 정월 대보름까지 마을 사람들이 모여 '높은 지대 편'과 '낮은 지대 편'으로 나눠 윷놀이를 벌였다. 이때 이긴 편 쪽의 농사가 그 해에 잘 된다고 믿고, 윷놀이가 끝난 후 넓은 터에서 모심기놀이를 했다.

---

11 홍석모 지음, 윤숙자 외 엮음, 『음식으로 들여다보는 세시풍속—동국세시기』, 백산출판사, 2020, 17쪽.
12 최남선 지음, 문형렬 해제, 『조선상식문답』, 기파랑 에크리, 2011, 124쪽.

또 설날 윷가락을 세 번 던져, 그 결과를 64괘로 풀이하여 한 해 신수를 점치는 '윷점'이 오늘날까지 전해 내려오기도 한다. 윷점은 예를 들어 '걸개걸'이 나오면 '가난한 선비가 녹祿을 얻는 수'로 풀이 되고, '모도개'가 나오면 '공은 있으되 상이 없다'는 괘가 된다는 것이다.

윷의 종류로는 장작윷(일명 가락윷, 채윷)과 밤윷(일명 손윷, 종발윷)으로 나눈다. 장작윷은 통 싸리나무를 반으로 쪼개 한줌 안에 들도록 만든 것이다. 윷을 놀 때는 장작윷은 한 줌에 쥐고 높이 던진다. 밤윷은 밤알 크기로 윷을 만들어, 작은 종지 같은 것에 넣어 던지는 것이다. 밤윷을 놀 때는 마당에 멍석을 펴고 그 중간에 무릎 높이의 줄을 치고 멍석 한쪽 귀퉁이에는 윷판을 그린다. 윷놀이는 윷을 종발 안에 넣어 손바닥으로 덮고 흔들다가 종지는 손에 잡은 채 윷만 가로지른 줄 너머로 던진다. 밤윷은 여러 명이 편을 나누어 놀기에 적합하다.

정식 윷놀이라고 할 수는 없지만, 농촌에서 들일을 하다가 콩알이나 팥알을 반으로 쪼개 심심풀이로 노는 콩윷도 있다.

윷놀이는 대개 두 사람, 세 사람 혹은 두 편, 세 편으로 나눠서 논다. 보통 넉동의 윷말이 29점의 윷판을 먼저 빠져나오는 것으로 겨룬다. 윷은 던졌을 때 도, 개, 걸, 윷, 모의 다섯 수가 나온다. 그 수에 따라 1점에서 5점까지 말馬을 움직여 행마한다. 이때 각 수는 부여시대의 관직명이라는 설이 있으며, 도는 돼지, 개는 개, 걸은 양, 윷은 소, 모는 말을 상징한다. 도, 개, 걸, 윷, 모는 각각 다섯 가축의 걸음 폭의 넓이에 따른 것이다.

경상도지방 농민들은 윷판이 없이 윷가락만 가지고 노는 '벌윷'을 놀기도 한다. 근래에 들어서는 뒤로 물러서는 행마를 하는 '뒷도', '뒷개' 등을 정하여 윷놀이의 묘미를 더하기도 한다.[13]

---

13 최상수, 『한국의 미―세시풍속』, 서문당, 1988, 21~25쪽.

단옷날 달성군 민속놀이에서 여성들이 널뛰기를 선보이고 있다(사진 달성군).

널뛰기

예로부터 여성들 사이에는 '정초에 널뛰기를 하지 않으면 발에 가시가 든다'는 말이 전한다. 그만큼 널뛰기는 처녀나 여자아이들이 즐겼던 오래된 정초의 놀이이다.

조선시대에 이미 널뛰기에 대해 '촌 풍속에 해마다 정월서부터 계집아이들이 모여 긴 널판을 사용하여 가운데 짚베개를 놓고 형세에 따라 내려왔다 올라갔다 한다'고 기술하고, '사람이 널 양쪽을 밟고 하나가 올라가면 하나는 내려오니, 이것을 널뛰기라고 한다'고 적고 있다. 이 놀이, 즉 널뛰기는 2월에 가서야 그치는데 신발은 짚신을 신지 않고 치마는 긴 치마를 입지 아니한다고도 했다.

이낙하李洛下는 널뛰기에 대해 이처럼 상세하게 기록으로 남겼으며, 서보광徐葆光은 『작답화번사鵲踏花飜詞』에서 널뛰기의 정경을 다음과 같이 노래하고 있다.

널판 하나를 가로로 놓고 양쪽에서 밟아 솟구쳤다 떨어지니

쌍쌍이 오르내리는 모습은 신선이 나는 듯하고

민첩하기가 제비와도 같이 낮았다 높았다 하니

봄바람 옷소매에 가득히 묘한 재주를 다투는 도다.

한 쪽에서 잠깐 밟으니 까치가 자리를 치듯

또 한 쪽서 벌써 디디니 까마귀가 마른 나무에서 나는 듯하다.

나패那覇고을 정월에 무지개 뻗치니 놀란 기러기 그넷줄 스치듯

여섯 자尺 뗏목이 절로 가볍게 흔들리는 듯 하도다.

지나가는 행객도 오히려 미혹하여 머물러 서서

섬약한 다리가 허공에 오르는 재주를 부러워하니

물결 차는 듯 하는 것을 부러워하니

저 여인의 아름다운 걸음을 배우자면 가히 값이 없겠다.[14]

달성에서는 예로부터 널뛰기를 하면 발에 무좀이 생기지 않는다고 했다. 널뛰기는 주로 기름틀 널판으로 했다. 달성에는 마을마다 또는 집안마다 기름 짜는 기름틀을 한둘씩 갖추고 있었다. 기름을 짤 때는 기름을 잘 내리도록 기름틀에 맷돌 등을 올린다. 그때 무거운 돌을 올릴 수 있도록 널찍하고 두툼한 나무 널판을 길이로 걸친다. 설날을 앞두고 집집마다 기름을 짜고 나면 젊은이들이 타작마당이나 텃밭에 그 기름틀 널을 옮겨 준다. 널판을 놓고 중간에 헌 멍석이나 가마니, 짚단을 가져다가 둥글게 말아 뭉쳐서 베개로 괸다. 널판 끝이 닿는 부분에는 약간 파서 널을 높이 뛸 수 있도록 조정한다.

처녀들이 널을 뛸 때는 양 끝에 서서 번갈아 가면서 발을 굴러 뛰어오르고 내린다. 경우에 따라서는 중간에 한 사람이 앉아서, 내려서는 쪽으로 몸을 옮기며 발을 굴러 널을 더

---

14 최상수, 『한국의 미-세시풍속』, 서문당, 1988, 27~29쪽.

높이 뛸 수 있도록 돕는다. 이를 '코치기 한다'고 했다.[15]

달성에서는 널뛰기를 잘하는 처녀들은 공중에서 여러 가지 재주를 부린다. 베를 짤 때 베틀 북을 다리 가랑이 사이로 보내는 흉내를 내는 묘기를 보이기도 하고, 또 공중에서 한 바퀴 제비를 돌면서 뛰어내리기도 한다.

"쥐날은 구멍을 뚫지 마라" — 정초 12간지일

12간지일은 정초 하루하루 간지에 따른 첫날을 말한다. 정초는 한 해가 시작되는 때이므로 예로부터 경건한 마음을 갖고 근신하기 때문에 금기시하는 것들이 많았다.

과거 농가에서는 12간지로 농점農占을 쳤다. 열두 가지 동물 중 털이 있는 짐승, 즉 쥐, 소, 호랑이, 토끼, 말, 양, 원숭이, 닭, 개, 돼지날을 유모일有毛日이라고 한다. 용, 뱀과 같이 털이 없는 짐승 날은 무모일無毛日이다. 설날이 유모일일 경우에는 오곡이 풍성하고, 목화 농사가 풍년이 들고, 무모일이면 흉년이 든다고 믿었다.[16]

달성에서는 정초에 부녀들이 한 해 동안 신수를 점치거나 토정비결을 많이 본다. 신수를 보아 그해 운수가 사납거나, 가족 중에 삼재三災에 드는 사람이 있을 때는 액막이 방술方術을 한다. 방술은 안주인이 버선본을 떠서 걸어두거나, 부적을 방문 위에 붙여 두기도 하며, 무당을 청해 비손[17]하면서 액막이를 한다.

정초에는 여자가 남의 집을 먼저 방문하면 '일 년 재수 없다' 하여 여자들은 바깥출입을 삼간다. 특히 톳날(묘일, 토끼날) 여자가 남의 집에 먼저 출입하면 집주인이 매우 언짢게 여

---

15 김명자, 『한국세시풍속』 I, 민속원, 2005, 140쪽.
16 단국대 동양학연구원 엮음, 최인학·김민지 옮김, 『총독부 세시풍속』, 채륜, 2014, 17쪽.
17 비손은 두 손을 싹싹 비비면서 신에게 소원을 비는 일을 말하며, 주로 집안의 여성들이 많이 한다.

긴다. 메주로 장을 담그는 것은 정월 그믐께 좋다고 하지만 『산림경제』[18]에서는 우수 전후로 담근 장맛이 좋다고 전한다. 달성 등 남부지방에서는 정월 첫 말날, 상오일 장을 담그면 맛이 좋다고 하여 이날 장을 담그는 집이 많다.

상자일

정월 첫 쥐날에는 방아를 찧지 않는다. 쥐날 방아를 찧으면 쥐가 성한다고 한다. 또 각 가정에서 콩을 볶는데, 조선시대에도 상자일에 콩을 볶는다고 하였다.[19] 콩을 볶을 때는 콩을 저으면서 '쥐 주둥이 볶자, 쥐 주둥이 볶자'고 주문呪文한다. 이렇게 주문하면서 콩을 볶으면 쥐가 곡식을 먹어 치우는 피해가 없어진다고 전한다. 아이들은 쥐날 볶은 콩을 호주머니에 넣고 다니며 군입거리로 삼는다.

쥐날에는 바느질이나 못을 박는 등 구멍 뚫는 일을 삼간다. 구멍을 뚫는 것은 쥐구멍을 늘려 쥐를 번성하게 하는 것과 같은 유사행위로 생각하기 때문이다. 이날은 마른 밤송이로 집안의 쥐구멍을 틀어막는 날이기도 하다.

상축일

정월 첫 소날은 농가에서 소를 대접하는 날이다. 소를 해칠 수 있는 쇠붙이 연장을 만지면 소가 놀란다고 한다. 이에 낫이나 칼 등에 손을 대지 않는다. 이날은 작두조차 쓰지 않는다고 하여 하루 전에 소여물을 썰어 둔다. 소날 서풍이 크게 불면 한 해 동안 바람이 많아서 농사에 좋지 않다고 한다.

18　조선시대 실학자 홍만선(1643~1715년)이 지은 책.
19　홍석모 지음, 장유승 역해, 『동국세시기東國歲時記』. 아카넷, 2016, 78쪽.

상인일

호랑이날은 삼재에 든 사람의 액막이를 위해 '호축삼재虎逐三災'라고 쓴 부적을 절에서 받아와 방문 위에 붙인다. 호랑이가 집안의 삼재를 막아 준다고 믿는다. 또 이날 만약 다른 집에 가서 대소변을 보면 그 집 사람이 호랑이에게 해를 입는다는 속설이 있어 사람들은 바깥출입을 삼간다.[20]

상묘일

여자들의 남의 집 출입을 금한다. 또한 여자들이 먼저 문밖으로 나가면 좋지 않다고 하여 반드시 남자가 먼저 대문을 열고 밖으로 나갔다가 들어온다. 달성에서는 일가 간이나 이웃의 남자가 아침 일찍 집에 들르면 데운 술을 한 잔 대접하는 풍습이 있다. 이렇게 하여 혹시라도 여자가 먼저 남의 집 출입하는 일이 없도록 방비하는 것이다.

상진일

용은 물을 관장하는 상상의 동물로 영남지역에서는 '용왕'과 동일시한다. 첫 용날 새벽에 우물물을 길어 오는데, 그 물로 밥을 지으면 한 해 동안 재수가 좋다고 한다. 이를 '용왕 올린다'고 한다. 첫 용날에는 칼질을 하거나 방아를 찧지 않는다. 칼질을 하면 신성한 동물인 용의 꼬리가 끊어지고, 방아를 찧으면 용의 머리가 터진다는 속설이 전해져 오기 때문이다.

 과거에는 정초 첫 용날이 드는 날에 따라 농사가 잘되고 못됨을 점치기도 했다. 초하루가 용날이면 '일용치수'라고 하여 한 마리 용이 물을 관장하여 비를 내리는 해이며, 초여드레가 용날이면 '팔용치수'라고 하여 여덟 마리 용이 비를 내린다고 믿었다. 이때 용의 수가 많을수록 물이 흔하여 그해 풍년이 든다고 여긴다.

---

20 단국대 동양학연구원 엮음, 최인학·김민지 옮김, 『총독부 세시풍속』, 채륜, 2014, 18쪽.

상사일

첫 뱀날은 초가지붕의 썩은 새끼를 내려 물에 적셔서 끌고 다니며 '뱀 끌어낸다, 뱀 끌어내자'라고 주문하면서 대문 밖에 갖다 버린다. 그러면 한 해 동안 뱀이 집안에 들지 않는다고 한다. 이날 빨래를 하면 운수가 사납다고 하여 금기시하고, 또 머리를 깎아도 한 해 동안 재수가 없다고 한다. 심지어 이날 하루는 머리 빗질도 하지 않는다.

상신일

원숭이는 흉한 동물로 여겨 첫 원숭이날은 재수 없는 날이다. 이날은 남의 집에 손으로 가지 않는다.

상유일

닭날 아침에는 남자가 닭장 문을 열어줘야 재수가 좋고, 닭이 잘된다고 한다.

상술일

첫 개날은 개를 잘 먹이는 풍습이 전해 내려온다. 이날은 풀로 개죽을 끓이거나 하지 않으며, 나물죽을 개에게 먹이지도 않는다.

상해일

돼지는 길한 동물로 이날은 재수가 좋은 날이다. 첫 돼지날은 새로운 일을 시작하기 좋은 길일인 것이다. 대신 상해일에는 바느질을 하지 않는다. 이날 바느질을 하면 살림이 구멍나서 여기저기 꿰매어 막기에 바쁜 일이 생긴다고 한다. 이는 뚫어지거나 찢어진 곳을 꿰매는 바느질의 유사행위에 빗댄 것으로 풀이한다.

또 이날 짠 기름은 뱀에 물렸을 때 효험이 있다고 『청대일기』[21]에 전한다.

뱀에 물렸을 때 처치법은 '정월 첫 해일亥日에 짠 기름 한 숟가락을 먼저 물린 사람에게 먹이고 한 숟가락은 독기가 퍼진 곳에다 발라 차츰차츰 물린 언저리까지 이르게 하면 곧바로 효험을 본다. 또한 첫 해일에 짠 기름을 방안에 두면 뱀이 들어오지 않는다'고 한다.

첫 돼지날 기름이 효험 있다는 것은 돼지와 뱀이 상극의 동물임에 착안한 것으로 볼 수 있다.

놀이

연날리기

설이 지나고 정초에는 아이들은 연을 날린다. 들판에서 주로 방패연을 많이 날렸다. 방패연은 우리나라에서 전래해 온 독특한 구조의 연이다. 방패연은 중앙에 '방구멍'이라고 부르는 둥근 구멍이 있다. 방구멍은 강한 바람이 빠져나갈 수 있도록 하여, 정면에서 불어오는 바람의 저항을 줄여 준다. 이 방구멍 때문에 아이들은 겨울철 강풍에도 연을 날릴 수 있다. 또 이와 같은 구조 때문에 방패연은 연을 날리는 사람이 다양한 기술을 구사할 수 있다. 방패연만이 연줄 끊기 등 연싸움이 가능하다.

정초에 날리던 연은 정월 대보름날 연줄을 끊어서 날려 보낸다. 이를 액막이 연날리기라고 한다. 액막이연에는 연이나 연 꼬리에 '송액영복送厄迎福', '송액', '액' 등을 쓰고 자신의 생년월일을 적는다. 액막이연을 날리면 한 해 액운이 날아간다고 믿었다. 더러는 연을 불에 태우기도 한다. 정월 대보름날을 '연날'이라고 하여, 액막이연을 날려 보내는 것이 풍속으로 자리 잡은 것은 조선 영조 때로 추정한다.

---

21 권상일(權相一, 1679~1759년)이 지은 책.

〈마을에서 들은 이야기〉
달성 상징연 제작 황의습 전통연 명인

연鳶은 곧 자연이고 자유입니다. 바람과 하나가 되는 것, 그것이 연이지요. 까마득한 옛날부터 우리 민족과 함께해 온 이 연의 매력은 이루 말로 다 설명할 수가 없습니다.

『삼국사기』제41권에 보면, 647년 진덕여왕 즉위년에 비담과 염종이 내란을 일으키지요. 그래서 반란군과 진압군이 명활성을 사이에 두고 전투를 벌입니다. 양측이 10여 일을 맞서 싸우는 중에, 하루는 하늘에서 큰 별똥별이 떨어집니다. 그렇게 되니까 비담이 '진덕여왕이 패망할 징조'라고 소문을 내서 민심이 이반되지요. 그러자 다음날 김유신 장군이 나서서 허수아비를 만들어 큰 연에 매달아 불을 붙여 하늘로 띄웁니다. 그리고는 어제 내려온 별똥별이 도로 하늘로 올라갔다고 하고, 군사들을 독려하여 결국 반란군을 진압하지요. 이것이 우리 기록에 나타난 연에 대한 최초의 기사라고 합니다.

연을 말하자면, 이순신 장군의 승리를 빼놓을 수 없지요. 임진왜란 때 이순신 장군의 23전 23승에 이 연이 크게 한몫했다는 겁니다. 왜냐하면 그 당시는 통신수단이 없었잖아요. 바로 이 연을 전장에

황의습 씨(1956년생), 대구광역시 남구 대명동

서 신호수단으로 이용했다는 것 아닙니까. 한번 생각해 보십시오. 그 넓은 바다와 육지를 서로 연결하여 어떻게 그 많은 전함을 일사불란하게 움직이도록 지휘했겠습니까. 바로 이 연이었습니다. 연을 띄워 신호를 해가지고 동쪽을 공격해라, 남쪽으로 공격해라, 또 군수물품을 들이라 이렇게 작전명령을 내린 겁니다. 현재 이순신 장군이 했다는 구체적인 기록은 없습니다만, 연사鳶士들 사이에는 통영비연이 풍설이 아닌 역사로 전해 내려오고 있습니다. 그 내용을 보면, 이순신 장군은 24개 연으로 명령을 전달했다고 해요. 그 신호연들은 제각각 다 이름이 있습니다. 예를 들어 '들쭉바지게 연'이란 게 있어요. 이 연이 뜨면 '군수품을 갖고 오라'는 것이고, 삼봉산 연이 뜨면 '삼봉산으로 모여라'는 겁니다. 그리고 윗부분이 까만데 붉은 점이 둘이면 '반장연'입니다. 이게 뜨면 '반장들 집합하라'는 뜻이죠. 그렇게 신호를 보내 전쟁을 치렀습니다. 이것 정말 대단한 것 아닙니까?

 방패연이 있었기 때문에 전장 상황에 따라 신속하게 대처할 수 있었던 겁니다. 방패연은 바람이 없어도 날릴 수 있고, 풍향과 관계없이 좌우상하로 보낼 수가 있어요. 꼬리도 없이 이렇게 나는 연은 세계에서 그 유례를 찾을 수가 없습니다. 그렇다 보니까 이 방패연은 연싸움에서도 단연 최고지요. 이 방패연을 보면 연 자체가 한자어 '방패 간干'자 아닙니까. 마치 방패로 적의 공격을 막듯이, 얼레에 가하는 힘의 방향에 따라 좌우상하 마음대로 연을 보낼 수 있는 거죠. 이 방패연의 장점은 외국 사람들도 모두 인정합니다.

 이렇게 아이들 손에서 손으로, 대를 이어 내려온 것이 우리 방패연입니다. 우리 어릴 때 연 한번 안 날려 본 사람 없잖아요. 겨울철, 특히 설 명절이 되면 연 많이 날렸지요. 내가 어릴 때만 해도, 대구 대명동, 본리동, 성당동 이쪽으로 전부 논이고 밭이고 그랬습니다. 그러니 연 날리기 좋았지요. 그때 정월 대보름이 되면 두류공원 근처 들판을 쫓아다니면서 연도 날리고 쥐불놀이도 하고 그랬어요.

 나이가 들어, 나중에 본격적으로 연을 접하게 된 것은 그렇습니다. 1981년도에 일본 철학교수가 쓴 책을 봤어요. 그 책에서 뭐라고 하는가 하니, 21세기에는 글로벌시대가 온다고 그래요. 그러면서 21세기에는 그 나라의 문화를 계승발전시켜야만 글로벌시대에 걸

맞게 갈 수 있다고 했습니다. 이미 40년 전에 그 사람은 그걸 내다보고 말하더라고요. '아하!' 싶었지요. 그래서 우리 것을 찾다 보니까 바로 이 방패연이었습니다. 어떻게 보면 그 책이 내 인생의 스승이 되었습니다. 그때부터 연에 몰입하게 되었는데, 인간에게는 누구나 날고자 하는 욕망이 있지 않습니까. 연날리기가 그것을 대리만족시켜주는 것이었습니다.

이 방패연을 날려 보면 정말 재밌습니다. 맛이란 게 있어요. 내가 만들어서 바람에 직접 물어보는 겁니다. 만든 연을 띄워보면 대번에 어디가 잘못되었는지 가르쳐 줍니다. 좌측, 우측, 잘못된 쪽으로 반드시 연이 기울어버리죠. 여기에

달구벌지연 기능보유자 황의습 명인이 2022년 2월 강정보 디아크 앞에서 정초 연날리기 시연을 하고 있다(사진 황의습 씨).

는 한 치의 거짓이 없습니다. 자연이 순수하게 있는 그대로 가르쳐 주는 거지요. 그렇게 기울 때는 어떻게 할 것이냐. 나는 연을 보며 그렇게 생각합니다. 이 연이라는 것은 꿈과 희망이다, 이상이다 생각하고 자연에 던져봅니다. 그러면 연은 이상이 되고 얼레는 현실이 되는 것입니다. 연줄은 꿈과 현실을 이어주는 끈이 되겠지요. 그래서 얼레의 움직임에 따라 꿈과 희망을 마음대로 보내는 겁니다. 바로 이 현실에서 어떻게 실천하는가에 따라 내 꿈은 좌로도 가고 우로도 가지 않습니까. 이게 내가 연을 바라보는 방식이지요. 연을 날리는 행위는

곧 스스로에게 꿈과 희망을 물어보는 일인 것입니다.

그러면서 자꾸 이 전통지연紙鳶에 빠져들게 된 거죠. 한창 몰입했을 때는 사흘을 멀다 하고 동촌 K2 공군비행장을 찾아갔습니다. 그곳에 근무하는 후배한테 가서 비행기는 몇 도로 떠서 발진하는지 묻습니다. 또 바람세기는 비행기 이륙에 어떤 영향을 미치는지 묻지요. 그러면 "아따, 형님 좀 그만해요. 어떻게 종이연하고 비행기가 같아요" 그래요. 그러면 동료분들이 상세하게 알려주는데 그게 전혀 무관한 게 아니더라고요. 덕분에 연날리기는 바람세기가 초속 5m 정도가 이상적이라는 것을 확인하게 되었습니다.

그러나 그때까지만 해도 전문적으로 한 것은 아니었어요. 그저 취미로 했지요. 그 당시만 해도 서울이나 이런 곳은 연 동아리도 많고, 연 날리는 사람도 많았습니다. 대구는 연 날리는 사람이 없었어요. 분지다 보니까 바람이 잘 불지 않고 해서 그런지 동아리도 없어요. 연 하는 사람은 나 혼자뿐이었죠. 뭐. 그때 김대성 씨라는 할아버지가 한 분 있었는데 그 분은 연을 만드는 분이었어요. 우연찮게 그 할아버지를 만나 연을 많이 배웠습니다. 물론 연을 만들지만 그분은 나처럼 연에 그림을 그리지는 않았어요. 연 그림을 그려서 전통작품으로 승화시킨 것은 내가 최초입니다. 요즘 시중에서 지연 하나에 3만, 4만원 주면 삽니다. 제 작품은 그렇지 않습니다. 보통 작품 한 점에 200만원 정도 합니다.

연은 크게 나눠 세 가지가 있습니다. 방패연, 가오리연, 창작연으로 나눕니다. 가오리연은 우리가 어릴 때 주로 날렸던 바로 그 연이고, 창작연은 독수리나 여러 가지 형상으로 만들거나 여러 개를 이어 붙인 줄연, 그런 게 창작연입니다. 이 중 내가 주로 하는 것은 방패연입니다. 우리 이 방패연은 너무 우수하기 때문에 보존해야 된다고 생각하고 고집하는 거지요.

과거에는 연을 설날부터 정월보름까지만 날렸습니다. 방패연, 가오리연, 큰 연, 작은 연…, 볼만했지요. 연싸움도 많이 했잖아요. 연실에 풀을 먹이고 사금파리를 깨서 연실에 바르지요. 요즘도 의성 같은 데서는 하고 있습니다. 하여튼 그렇게 놀다가 정월 대보름날이 되면 송액영복送厄迎福이라고 쓰고 연실을 끊어 날려 보내버립니다. 전통적인 연날리기

방식이지요. 그 이후로 날리면 손가락질을 받아요. 왜 정월보름 이후 연을 날리면 안 된다고 하느냐 하면, 연날리기는 노는 거잖아요. 농사철에 열심히 일해야 되는데 연이나 날리고 하면 안 되잖아요. 욕하지요. 그러니 정월 대보름 이후 연을 날리면 안 됐던 겁니다.

그러나 이젠 시대가 바뀌었잖아요. 그러니 동아리 활동하는 사람들한테야 여름 겨울이 어딨습니까? 그리고 특히 대구는 여름 겨울이 아니면 바람이 안 불어요. 분다 치더라도 좌우상하 마구잡이로 요동쳐요. 그래서 그런지 대구는 이상하게도 연날리기가 활성화되지 않아요.

그런데 가능성은 얼마든지 있어요. 학교 교과과정에도 연날리기가 있습니다. 문제는 선생님들이 연이 뭔지, 어떻게 만드는지 잘 모릅니다. 지난번 한번은 대구 시내 모 중학교 전교생을 대상으로 내가 연 만들기를 했어요. 모두 방과 후에 강당에 모여서 했지요. 만든 연을 가지고 전교생이 달성 화원유원지로 갔습니다. 그것들을 띄워 하늘로 올리는데 아이들이 기함을 하지요. 자기가 만든 연이 그렇게 하늘을 올라가니까 놀라는 거죠. 성취감에 완전 흥분을 하는 겁니다. 어른들도 연줄을 쥐어주면 동심으로 돌아가는데 오죽하겠습니까. 참으로 볼 만했습니다. 또 올해 정초에는 내가 강정보 디아크에 가서 연을 날렸습니다. 기가 막혀요. 대구에서는 연 날리기 최고 장소입니다. 바람의 세기나 탁 트인 조망이나 그야말로 연을 위한 곳이 디아크지요. 이만한 데가 없습니다. 탁 트인 강 위로 시원하게 강바람이 부니까 참으로 신바람이 났어요. 내가 봐도 참으로 볼거리였다니까요. 옆에서 보는 사람들이 박수치고 탄복을 하는 겁니다.

연을 날리면서 느끼는 매력이 바로 이 자연과의 교감입니다. 우주는 무한정입니다. 그 무한정의 힘을 직접 체감하는 겁니다. 연을 날리다가 보면, 바람이 세게 불잖습니까. 그러면 연을 당기는데 엄청나게 힘이 들어요. 못 당겨요. 그만큼 바람, 자연의 힘이 어떤 것인지 몸으로 느끼는 것입니다. 자연과 한 몸이 되고, 그 가운데 쾌감을 느끼는 거죠. 흔히 낚시하는 사람들이 손맛을 이야기합니다. 고기가 물어 히팅할 때 그 짜릿한 쾌감은 어디에도 비교할 수 없다고 하지요. 그렇지만 연을 날려보면 그건 아무 것도 아닙니다. 낚시는 고기를 낚을 때 단 한 번 그게 전부지만 연날리기는 온종일 그 짜릿한 쾌감을 맛볼 수 있습니다.

연날리기가 자연과 함께하는 장쾌함이 있다면, 연 만들기는 예술과 함께하는 섬세함이 있습니다. 방패연을 만드는 과정은 그렇습니다. 먼저 대나무 살대를 준비하는 게 중요합니다. 연에서 어떤 것 하나 중요하지 않은 게 있겠습니까마는, 살대는 무엇보다 중요합니다. 방패연이 그만큼 예민하기 때문이지요. 대나무는 3년생 이상 된 것으로 하는데 해풍을 맞은 것이라야 됩니다. 햇대로 연을 만들어 놓으면 나중에 종이를 우그러뜨리거나 좀을 먹어서 못 씁니다. 또 무조건 마디가 길어야지요. 큰 연을 만들 때는 어쩔 수 없이 중간에 마디 있는 것을 쓰기도 합니다만, 가능한 한 나는 마디 있는 댓살을 쓰지 않으려고 합니다. 횡으로 지르는 귀살 중 최고 긴 것이 46센티미터 정도 됩니다. 살대를 만들 대나무는 가져와서 전부 쪼개서 말립니다. 말릴 때는 쪼갠 것을 제 짝끼리, 세 가닥씩 삼형제 그대로 묶어둡니다. 만약 연을 만들 때 살대가 머릿살과 귀살이 각각 다른 나무의 것이면 연 중심잡기가 불가능합니다. 그렇게 대나무는 보통 10년씩은 말립니다. 오래 마를수록 좋습니다. 완전히 습기가 없어야 연의 수명이 오래가지요. 어떤 대나무 살은 20년 말린 것도 있습니다. 마른 나무는 좀이 먹지 않도록 처리하여 신문종이에 싸서 보관합니다.

다음으로는 연 종이입니다. 종이는 일반 한지를 사용하지요. 연 종이를 먼저 재단하는데 비율은 가로, 세로 2대 3을 기본으로 합니다. 이 비율이 가장 안정적이지요. 그러나 싸움연은 그래서는 안 됩니다. 사람에 따라서 조금 차이가 있지만 보통 2대 2.5 정도로 해요. 길이를 짧게 하면 연이 많이 들까부는 대신 그만큼 민첩해지지요. 심지어 거의 정사각형에 가깝도록 만드는 사람도 있습니다. 그런 연은 모두 싸움연이라고 보면 됩니다. 밀양에 계신 연사鳶士 한 분이 그런 연을 날리는데, 그분은 다리가 불편해서 휠체어를 타고 다닙니다. 연싸움을 하려면 이리저리 막 쫓아다니면서 조종해야 되잖아요. 그런데 그분은 그렇게 빨리 움직일 수가 없잖습니까. 그러니까 연이 매우 빠르게 움직이도록 연 길이를 극도로 짧게 줘버리는 거지요. 그 분 연싸움하는 거 보면 입이 딱 벌어집니다.

그렇게 재단한 한지는 모두 염색을 해서 사용합니다. 나는 염색 모두 천연염색으로 해요. 예를 들어 파란색은 쪽물을 들이고, 누런색은 쑥물을 들이지요. 몇 번을 들입니다. 너덧 번씩 들여야 깊이가 있고 운치가 있어요. 물론 예전에는 연을 이렇게 만들지는 않았을 겁니다.

염색물이 충분히 배어 종이가 완전히 마르면 그림을 그립니다. 그림은 주로 전통적인 문양을 그 뜻에 맞춰서 그립니다. 예를 들어 나비연 같은 경우는 그 속에 음양오행이 들었습니다. 하늘과 땅의 의미, 연과 나비를 서로 조화한 것이지요. 그렇게 태극도 그리고, 12간지에 따른 동물도 그리고, 독수리도 그리고, 옛 고사의 내용도 그립니다. 또 지역의 행사가 있을 때는 그 지역의 상징물을 그리기도 합니다. 지난 정초 디아크에서 날릴 때는 달성군 상징인 참꽃과 달성군 마크를 그려 날렸습니다.

그렇게 그림이 완성되면 연의 중앙에 둥글게 방구멍을 뚫습니다. 옛날 방패연 중에는 없는 것도 있습니다. 그러나 방패연이라고 할 때 가장 큰 특색이 바로 이 방구멍입니다. 이 구멍으로 바람을 통과시키므로 연을 좌우상하로 조종하는 것이 가능하거든요. 지역에 따라, 계절에 따라 바람의 세기가 다를 수밖에 없는데, 그것에 맞춰 바로 이 방구멍의 크기를 조절하는 겁니다. 대구는 바람이 좀 적은 편이니까, 나는 다른 사람보다 방구멍을 좀 작게 뚫는 편이지요. 방구멍은 컴퍼스 칼로 동그랗게 도려냅니다.

그리고는 살대를 깎습니다. 살대는 풀을 붙일 쪽은 평평하게 하고 등은 타원형으로 깎습니다. 살대를 깎을 때 보면 연이 꼭 여자와 같다는 생각이 들어요. 살대를 보면 허릿살은 가늘지요. 그 외의 살들은 모두 굵기가 같습니다. 그런데 귀살을 보면 머리 쪽에 비해 아래쪽이 좀 가늘지요. 날씬한 여성의 모양새입니다. 그래야 연이 가볍습니다. 연의 아래쪽 이름도 치마라고 합니다. 완벽한 여자지요.

살을 깎으면 살대를 붙입니다. 살대는 풀로 붙이는데, 예전에는 참쌀을 빡빡하게 끓여서 썼습니다. 요즘은 그렇게 하지 않고 주로 목공용 풀을 씁니다. 참쌀 풀에 비해 접착력이 강하고 또 잘 마릅니다. 살을 붙인 연은 그늘에서 하루 정도 말립니다. 그렇지만 여름에는 연을 잘 만들지 않습니다. 겨울에 주로 만들지요. 왜냐하면 여름에는 습기가 많기 때문에 살대가 늘어납니다. 그런 상태에서 연살을 붙이면 나중 겨울이 되면 연이 울게 되기 때문입니다.

살대를 붙인 연은 목줄을 맵니다. 연에서 가장 중요한 것이 또 이 목줄 매기죠. 나는 목줄, 즉 머릿줄과 귓줄, 공숫줄을 모두 하나로 묶습니다. 이것 잘못 매면 아무리 연을 잘 만들어도 연이 안 뜹니다. 연사는 이 목줄을 가지고 연을 조절을 한단 말이죠. 만약 좌우로 기울 적에 이것을 더 감고 늘리고 하는 겁니다. 이 목줄 매는 건 연사에 따라 조금씩 다릅니다. 특히 싸움연은 기동성이 있도록 바짝 올려다 맵니다. 또 이 머릿줄은 바람의 세기에 따라 조절합니다. 바람이 세면 감아서 연이 많이 옭도록 하여 공기저항을 줄입니다. 바람이 약하면 머릿줄을 풀어 표면적을 넓혀줘야 되겠지요. 예전에는 목줄은 명주실로 맸는데, 요즘 나는 낙하산 만들 때 쓰는 실을 사용하지요. 명주실도 없거니와 이 실이 질겨서 즐겨 씁니다.

이 모든 과정이 정밀하게 맞아야 옳은 연이 될 수 있습니다. 그래서 방패연은 과학이고 예술이라고 하는 겁니다. 나는 이 좋은 전통 연날리기가 계속 계승발전되기를 간절히 바랍니다. 그래서 청소년들한테 전통지연을 가르치는 데 심혈을 기울이고 있습니다. 또 대구에 전통연을 보급하기 위해서 연노래도 하나 만들었습니다. 한번 들어보십시오.

'날아라 훨훨 하늘 높이 훨훨 날아라 / 연실에 매달려 양 귀 휘날리며 / 하늘 높이 날아오른 방패연아 / 하늘 높이 날아라. 날아라 훨훨 하늘 높이 훨훨 날아라 / 머리를 흔들며 춤추는 가오리연 / 송액영복 비는 마음 액막이연아 / 하늘 높이 날아라 / 능금빛 하늘 높이 연을 풀어라 더 높이 날아올라 훨훨 날아라'

지금 이 노래는 여자 가수가 불렀습니다만, 남자 가수가 부르면 또 다른 맛이 나지 않을까 생각합니다. 노래를 보급하기 위해 유명 가수를 현재 섭외 중입니다.

그뿐만 아니라, 지금 한 가지 추진하는 일이 있습니다. 대구의 전통공예를 체계적으로 계승하기 위해 대구시 명인들과 달성 화원유원지 부근에 전통예술 명인촌을 만드는 일을 하고 있습니다. 대구시 명인은 전통지연뿐만 아니라, 서예, 공예 등 다양한 분야가 있지 않습니까. 그 사람들이 한 곳에 모여서 우리의 전통을 오롯이 계승한다면 얼마나 의미가 깊겠습니까. 그것이 이루어지면 대구는 또 다른 전통예술의 명소를 갖게 될 것으로 확신합니다. 그래서 전통명인예술촌에 또 하나, 나의 세계를 펼치고자 하는 것입니다.

"천왕님 들어가신다, 풍장을 울려라" – 당제

달성 몇몇 마을에서는 정월 열나흘 저녁 당제[22]를 지낸다. 당제는 마을의 안녕과 풍년을 기원하여 당산목이나 서낭당, 조산 등지에 지내는 것이 일반적이다. 당제는 정월 초엿새부터 초아흐레까지 마을을 상징하는 '천왕'을 내리고 제관을 정하는 것으로 시작된다.

당제 제상에 올릴 제수를 '제례형'으로 마련하는 마을이 있는가 하면, 더러는 '고사형'으로 장만하는 마을도 있다. 특히 고사형 제수를 장만하는 마을은 돼지머리에 술, 백설기, 떡, 나물 등을 준비한다. 과거에는 상을 당한 사람은 설을 맞으면 정월 보름날까지 남의 집 출입을 삼갔다. 이는 애도하는 입장에 있는 '죄인'이 남의 집을 방문하는 것은 격식에 맞지 않기도 하거니와, 당제를 지내는데 혹시라도 해를 끼칠까 스스로 근신해서이다.

달성의 각 읍면에서는 마을마다 나름대로 특색 있는 당제를 지내는 곳이 많았다. 그 가운데서도 논공읍 노이리 1리는 매년 소를 잡아서 제물로 썼을 만큼 당제를 성대하게 지냈다.

---

[22] 달성에서는 마을에 따라 당제를 동제 또는 당산제, 동신제, 동고사, 서낭고사, 부락제, 동지사 등으로 부르기도 한다.

노이리 1리 당제

노이리 1리는 과거 당제를 두 곳에서 지냈다. 마을 앞산과 뒷산에는 각각 10여 그루 아름드리 소나무가 서 있는 당산이 있었다. 앞산은 '할매 당산'이며, 뒷산은 '할배 당산'이었다.

노이리 1리가 두 곳에 당제를 지내게 된 것은 뒷산 아랫마을을 이루고 살던 사람들이 떠나면서부터이다. 옛날 뒷산 아래를 '바탕골'이라고 했는데 그곳에는 '바탕골 최씨'라는 일족이 살았다. 어느 해 돌림병으로 최씨 집안이 망하여 남은 사람들은 마을을 떠나고 폐촌이 되었다. 그 이후 당제를 지내지 않아 본 마을에서 함께 지내게 되었다. 그 때문에 노이리 1리에서는 당제 때 제관과 독축관, 집사를 각각 두 명씩 정했다.

당제는 정초에 마을 사람들이 모여 제관을 정하면서 시작된다. 대잡이가 대내림을 하여 마을의 집들을 돌며 대가 이끄는 대로 따라 들어간다. 이때 처음 들어간 집이 당제 제주가 되고 다음은 독축관, 집사가 된다. 이렇게 당제를 지낼 두 곳 모두 여섯 사람을 선정한다.

제주로 정해진 집에서는 당제 지낼 준비를 하며 주변을 정갈히 하여 절제된 생활[23]을 한다. 더불어 당제 때 제주祭酒로 쓸 술을 담그고 제물로 쓸 소를 잡을 도축꾼에게 몸을 정하게 할 것을 알린다.

제관이 정해진 후 정월 초열흘부터는 마을 앞 고목과 정자나무에 금줄을 친다. 산에서 깨끗한 황토를 떠와서 금토禁土하여 외부 잡인의 출입을 막는 것이다. 특히 제관 집은 대문에 솔가지를 달아 금줄을 치고, 금토를 하고 '정신'을 한다. 제관은 이날부터 몸과 마음을 정갈히 하여야 한다. 상가喪家 출입을 하지 않는 것은 물론, 상주와 대화를 해서도 안 되며 부부간에도 각방에서 생활한다. 또 외부인뿐만 아니라 가족과도 말을 삼가며, 특히 마을 사람이나 외부인을 보면 멀리 피한다. 이렇게 먼저 외면하면 외지인일지라도 제관으로 '정신 한다'는 것을 짐작한다. 먹는 것도 되도록 비린 음식을 먹지 않으며 매일 속옷을 갈

---

23 당제를 지낼 제주가 준비하는 기간 동안 절제된 생활을 하는 것을 달성에서는 '정신 한다', '정신 들인다'고 표현한다.

아입는다. 또 매일 찬물에 목욕재계를 한다. 목욕재계는 한 곳의 당제 지내는 3명이 마을 위쪽에 있는 웅덩이에 가서 함께한다. 얼음을 깨고 물속에 들어가는데 이때 '어, 차다'든가 '춥다' 등의 말을 해서는 안 된다.

제관들은 정신을 하는 중에 현풍 5일 장날이 되면 우시장으로 제물로 쓸 송아지를 사러 간다. 이때 제관들은 도축꾼과 함께 우시장에 가되, 소를 이리저리 살피지 않는다. 갓 코뚜레를 꿴 정도 크기의 소를 보면 한눈에 서로 짐작하여 정한다. 소 값을 치를 때는 소의 상태를 말하거나 에누리를 하지 않고 주인이 달라는 대로 준다.

그 외 당제 제물은 과일이나 건어 정도로 비교적 간략히 준비한다. 가정에서 지내는 제사와 달리 자반, 문어 등의 생물이나 탕은 당제 상에 올리지 않는다.

열사흘이 되면 도축꾼이 냇가로 가서 소를 도축하여 두 곳 당제에 쓸 수 있도록 제물을 나눈다. 제관들은 아침부터 큰 솥과 물, 땔감 등 제수를 장만할 도구나 멍석, 가림 포장 등을 모두 지게로 져서 두 곳 당산으로 옮긴다. 해 질 녘이면 제관들은 마지막 목욕재계를 한 후 새로 빨래한 옷으로 갈아입고 산에 오른다. 집사나 일하는 사람들은 당산 아래 솥을 걸고 불을 지펴 쇠고기를 삶는다. 소 껍데기는 칼로 털을 밀어내고 부산물은 밤이 깊도록 손질하여 제수를 장만한다. 이때 마을에서는 젊은이들이 한곳에 모여 고생하는 제관들을 위해 풍장[24]을 치면서 호응한다.

자시子時가 지나면 제주인 초헌관은 당산 3개 단 가운데 맨 윗단에서부터 차례로 술을 올린다. 술은 미리 담가 준비한 것으로 위의 맑은 청주만 떠서 쓴다. 첫 잔을 올린 후에는 독축을 한다. 고요한 날에는 앞, 뒤 당산에서 축문을 읽는 소리가 마을까지 들린다. 세 시, 네 시쯤이 되면 당제를 모두 마치고 제관들이 산에서 내려온다. 제관들이 내려오는 소리가

---

24 우리의 농가 전통 놀이인 풍물놀이를 과거에는 지방에 따라 '풍장 친다', '두레 논다', '쇠 친다'고 했다. 그러나 일제강점기 때 농민들의 소요를 우려한 일제는 '농악'으로 명명하여 관할 관청에 신고하도록 했다. 이에 1970년대 들면서 농악을 일제 잔재 청산 차원에서 풍물놀이로 환원했다. 풍물에는 다시 놀이와 굿으로 나누기도 한다. 근래 함께 쓰이는 사물놀이는 애초 놀이패의 이름으로, 오늘날에는 풍물놀이에서 차용한 가락을 현대음악으로 재해석한 연주법을 사물놀이라고 통칭한다.

들리면 마을의 각 집에서는 정월 대보름 아침에 먹을 오곡밥을 안친다.

정월보름날 날이 밝아 오곡밥을 먹고 나면 마을 사람 모두가 제주 집으로 모이도록 연락한다. 이때 마을 사람들은 광주리를 하나씩 가지고 온다. '정신 들인' 정갈한 제물인 쇠고기를 나눠가기 위해서이다. 제주 집에서는 제주로 쓰고 남은 술을 독째로 걸러서 내놓는다. 동네 사람들이 모두 모여 쇠고기로 음복한 후 풍장을 치고 집집마다 돌면서 지신을 밟는다. 그리고 그동안 쳐 둔 금줄과 솔가지는 대보름달이 떠올라 달집을 태울 때 함께 불사른다.

80여 가구가 살던 노이리 1리는 아래쪽 강가 사람들이 홍수로 흉년을 당하여 파종할 씨앗이 없으면 씨앗을 구하러 오는 마을이었다. 과거 사람들은 마을이 평화롭고 큰 탈 없이 지낸 것은 당제를 지낸 덕분이라고 믿었다. 그러나 지금은 당제를 지내지 않는다.

〈마을에서 들은 이야기〉
성하2리 당제 제주 박인봉 동장

우리 마을 당산목인 느티나무는 그야말로 신목이지요. 나이가 어떤 사람은 800년이 되었다고 하고, 600년이 되었다고도 하는데 적어도 500년 이상은 되었다고 보지요. 오랫동안 마을의 수호신 노릇을 해온 만큼 당산목이 영험해서 옛날부터 간절하게 빌면 한 가지 소원은 들어준다는 말이 전하지요. 그러니 우리는 당제 지내는 것을 당연하게 생각하고 지금도 매년 빠지지 않고 모시고 있습니다.

어른들이 전하는 말로는 약 100년 전에 당제를 지내는데 어디서 난데없이 멧돼지 한 마리가 뛰어들더래요. 그놈이 제상을 뒤엎고 난동을 부려 당제고 뭐고 엉망이 되었는데 그만 멧돼지가 그 자리에서 즉사해버리더라고 해요. 또 구마고속도로 건설 당시에 그런 일도 있었어요. 그때 한참 나돈 이야기로는 고속도로 휴게소가 실제로는 다른 곳에 예정되어 있었다고 해요. 그런데 느티나무 당산목이 워낙 보기가 좋으니까 이쪽으로 정하게 되었다고 그랬어요. 당산목이 있는 곳을 보면 잘 알겠지만 그곳이 휴게소가 되면서 주변을 조금 돋워서 보기 좋도록 정비를 하게 되었지요. 그래서 공사를 한다고 불도저가 들어와서 당제 지낼 때 제수를 차리는 돌판을 들어냈지요. 그런데 그다지 크지도 않은 이게 꿈적도 하지 않고 오히려 불도저 시동이 꺼져버리는 거라. 그래서 급히 동네 사람들이 가서 술을 한 잔 올리고 앞으로

박인봉 씨(1954년생), 대구광역시 달성군 현풍읍

주변을 잘 가꾸어 더 좋도록 하려고 한다고 고유제를 지내고 빌었지요. 그러고는 돌판을 옮길 수 있었습니다.

우리 마을에서 당제를 지낸 것이 언제부터인지 알 수는 없어요. 마을이 생기고부터 당제를 지냈다고 봐야겠지요. 저는 어릴 적부터 당제 지내는 것을 쭉 봐왔고 나이가 든 이후에는 제주를 도맡다시피 해왔지요.

당제는 정월 초엿새에 천왕님[25]을 내리면서 시작됩니다. 천왕을 내릴 때는 풍장을 치

---

[25] '천왕'은 열 길 정도의 왕대나무를 뿌리째 캐내 말끔히 손질하여, 빨간색과 흰색으로 물들인 천으로 된 '옷'을 둘러싸 감고, 그 끝에 꿩 깃털을 매단 신목(神木)으로 천왕기라고도 한다.

구마고속도로 건설 당시 불도저를 멈췄다는 일화를 간직한 현풍읍 성하2리 당산나무. 구마고속도로 대구방면 현풍휴게소 안쪽에 자리잡고 있다.

며 천왕님께 옷을 입히고 동네 사람들이 모두 모여 절을 올립니다. 그때 '대잡이'[26]가 신대 神竹를 잡고 "천왕님, 천왕님"하면서 천왕님께 청하여 여쭙습니다. 이번에 제주는 누가 하고 축관, 집사는 누가 하면 좋을지 그렇게 물어서 문답을 하는 거죠. 이때 대잡이가 제주가 될 사람을 말하면 그 사람이 천왕님을 모십니다. 말하자면 천왕대를 잡는 거지요. 그때 천왕님이 응해야만 제주를 할 수 있습니다. 물론 집안에 상을 당하거나 임산부 있는 집안 사람들은 애초 천왕 내리는 자리를 피하지요.

제가 어릴 때 한번은 그런 일이 있었지요. 우리 아버지가 워낙 제주를 오래 했으니까 한 해는 다른 사람이 좀 하도록 천왕님께 여쭈었지요. 여섯, 일곱 사람을 내세워도 도무지 천왕님이 응답을 안 하는 거라. 그래 마지막으로 우리 아버지가 잡으니까 천왕대가 떨리면서 응대를 해서 어쩔 수 없이 다시 모신 적도 있었지요.

제주가 정해지면 천왕님을 집으로 모십니다. 그날부터 제주는 당제 지낼 준비하고 정신을 들이게 되는 겁니다. 정신을 들인다는 것은, 우선 왼새끼를 꼬아 솔가지를 꽂은 금줄을 대문에 칩니다. 그리고 산에 가서 깨끗한 황토를 떠 와서 대문 앞으로 아홉 줌을 놓지요. 잡인이 들어오지 못하도록 하는 겁니다. 그러고는 매일 아침저녁으로 낙동강으로 가서 목욕재계를 해요. 그 외는 아예 바깥출입을 하지 않습니다. 집 안에서도 아예 말을 하지 않아요. 아무래도 말을 하면 이런저런 부정한 말이나, 다툴 말이 나올 수 있으니까 아예 피하는 거지요.

또 제사에 쓸 술을 담그는 것은 말할 것도 없고 아침, 점심, 저녁 하루 세 끼 더운밥을 지어 천왕님께 올리고 제를 드리지요. 제관이 쉽지가 않습니다. 그러니까 제관을 하는 한 해 동안은 동네 궂은일이나 부역 등도 모두 제해주는 거지요.

그렇게 정신을 들이는 가운데 현풍 5일장이 되면 제주는 축관, 집사와 같이 제수를 장

---

26 '대잡이'는 주변이 정갈하고 언행이 단정한 사람으로, 마을의 일에 헌신적이며, 신기(神氣)가 있는 원로로서, 신대를 잡으면 대가 저절로 떨리면서 응하여 대내림을 하는 사람을 말한다. 마을에서 대잡이를 할 수 있는 사람은 한둘에 불과하기 때문에 늘 하던 사람이 하게 된다.

만하러 갑니다. 당제 제수는 보통 가정의 제상 차림과 똑같이 합니다. 자반, 명태 다섯 마리, 문어 큰 것 한 마리, 홍합 등을 사지요. 그리고 과일로는 밤, 대추, 배, 곶감, 사과를 준비합니다. 나물로는 고사리, 도라지, 콩나물, 무나물을 올리지요. 제수를 살 때 값을 흥정하지 않는 것은 물론, 산 제수를 땅바닥에 놓아서도 안 됩니다. 제수를 장만할 때 제물을 맛을 보아서는 절대 안 되고 음식을 조리할 때도 입을 가리고 하지요.

단 한 가지, 가정집 제사와 다른 것이 있다면 마른 해삼을 꼭 제상에 올립니다. 건해삼을 김에 싸서 제상에 올리고 당제를 마치고는 그것을 사방 네 곳 땅에 묻습니다. 예전에는 제물로 돼지를 한 마리 잡았어요. 한 25관 정도 되는 것을 현풍장서 사기도 하고 마을에 키우는 것을 사기도 하지요. 돼지는 열나흗날 당산목 아래 가서 잡습니다. 잡은 돼지는 다시 마을에 가지고 내려와 삶는 거지요.

그렇게 제수 준비를 하고 열나흗날 저녁이 되면 제주와 축관, 집사뿐만 아니라 마을사람들이 모두 당제를 지내러 갑니다. 모두 깨끗이 준비한 한복을 입지요. 예전에는 유건을 썼는데 지금은 쓰지 않습니다. 열나흘 밤 11시 반에 올라가서 밤 12시 지나 보름날이 되면 곧바로 제를 지냅니다.

당제 지내는 것도 집의 제사와 별반 다르지 않으나 동민 모두가 절을 하고 또 동민을 위해 잔을 드립니다. 그러니 시간이 좀 더 많이 걸리지요. 또 따로 술을 올리는 사람도 많습니다. 예를 들어, 집에 큰일을 앞두고 있다거나, 자녀들이 멀리 떠나거나 하면 나중에 따로 술을 드리고 절을 합니다. 요즘에는 마을 사람이 아니더라도 영험하다는 소리를 듣고 와서 제사에 참례하는 사람이 더러 있습니다. 올해도 몇 사람이 왔습니다.

제사가 끝나고 나면 소지(燒紙)를 올리지요. 소지를 불살라 올리면서 동민의 안녕과 풍년을 비는 겁니다. 소지는 미리 준비해서 제상에 올려두는데 제주가 먼저 사르면 축관, 집사 그 외 참례한 동민이 모두 소지를 불살라 올리지요. 그러고는 그 자리서 간단히 음복을 하고 내려옵니다. 남은 음식은 밝은 날 온 동민이 모여서 음복하지요.

그날 정월 대보름날이 밝아 오전 10시쯤이 되면 다시 마을 사람들은 천왕님을 모시고 풍장을 치면서 당산으로 올라갑니다. 그렇게 조촐한 상을 봐서 천왕님한테 절을 하고 대잡이가 문답을 합니다. 올해 물 사정은 어떨 것이며, 농사는 풍년이 들 것인가, 마을에 큰일은 없겠는지 그렇게 쭉 문답을 하는 거지요. 거기서 한 해 동안 농사나 마을 일들이 어떻게 될지 가늠해보는 겁니다. 그리고는 다시 천왕님을 내려서 제주 집으로 모십니다. 하루가 더 지난 후 열엿새 날 10시가 되면 옷을 벗기고 천왕을 제자리에 갖다 두면 당제 모두가 끝나는 거지요. 예전에는 한 사흘 정도 천왕을 제주 집에 더 모셨는데 요즘은 하루만 더 모십니다.

제가 거의 도맡다시피 제주를 해왔기 때문에 개인적으로 불편한 점이 없지는 않지요. 무엇보다 주변에 초상이 나도 조문을 할 수가 없는 겁니다. 가까운 집안에 초상이 나도 가서 상주만 보고 와야 되지요. 그러면 모르는 사람은 조문을 않는다고 수군거리는 경우도 있습니다. 그런 것이 얼마간 있지만 어쨌건 우리는 당제를 지내므로 마을의 수호신이 우리를 지켜준다고 믿고 있습니다. 실제 6·25전쟁 때 이곳도 북한군이 들어왔지만 우리 마을은 피해를 본 것이 없고 월남전에도 마을 청년들이 많이 참전했지만 한 사람도 상한 사람이 없었지요. 지금도 마을이 모두 50가구 정도 되지만 당제를 두고 누구 한 사람 지내자 말자 말하는 사람이 없습니다. 만약 당제를 반대하면 당장 재앙이 오는 걸 아는데 그럴 사람이 없지요. 이렇게 우리 마을이 평안한 것이 모두 당제 덕분이기에 우리는 앞으로도 계속 지낼 겁니다.

"달 봐라, 달집 불 들어간다" — 정월 대보름

우리 세시풍속 가운데 정월 대보름이 놀이와 시절음식, 액땜, 금기 등이 가장 풍부하다. 옛 문헌에서도 그것을 상세히 기술하고 있다. 조선시대에는 순라를 맡고 있는 군문에서도 정월 대보름날은 야간 통행금지를 없애 밤놀이를 하도록 했다.

영남지방 풍속에는 오곡으로 잡곡밥을 지어 서로 나누어 먹는데 이를 하루 종일 먹는다. 이러한 풍습은 제삿밥을 나눠 먹는 옛 습속에서 비롯된 것이다. 또 아침 일찍 일어나 사람을 만나 갑자기 불러 대답하는 사람이 있으면 "내 더위 사가라"고 말한다. 이것이 '더위팔기'인데 더위를 팔면 여름철 더위를 먹지 않는다고 한다. 사람들은 백 가지 꾀를 내어 부르는데도 응대하지 않고 놀린다고 적고 있다.[27]

정월 대보름날 농가에서는 콩점을 쳐서 1년 농사 풍흉豊凶을 점친다. 콩점은 수수깡을 길이로 반을 갈라 그 안에 한 해 열두 달을 표시한 콩 열두 알을 넣는다. 다시 맞붙인 수수깡은 실로 동여맨 후 그것을 전날 밤 우물물에 담가 둔다. 정월 대보름날 새벽에 꺼내서 콩이 불은 것을 보아 어느 달에 비가 많이 올 것인지, 혹은 가물 것인지를 점을 친다. 이 콩점은 지역에 따라 달불음이라고도 한다.

달성에서는 정월 대보름 소 밥 주기로 농사 점을 치기도 한다. 아침에 찰밥과 갖가지 나물을 키[28]에 차려 소에게 준다. 이때 "소야, 밥 먼저 먹거라. 그래야 올해 풍년들지"라고 하면서 소한테 들이민다. 소가 밥에 먼저 입을 대면 그해 풍년이 들고, 나물에 먼저 입을 대면 흉년이 든다고 하여 이로써 농점農占을 본다.

달성의 농가에서는 새벽 동이 트기 전에 아이들이 뒤란에서 장대를 들고 "후여 후여" 하면서 새를 쫓는 시늉을 한다. 새 쫓기를 함으로써 새의 피해를 막는다는 속설에 따른 의사행위인 것이다.

제웅직성(까치밥)

그 해 직성에 든 사람은 액땜을 한다. 열나흗날 밤에 짚으로 만든 인형인 제웅을 개천이나 길가에 버리는 것이다. 제웅은 신라시대 뛰어난 화랑도였다. 나중에는 역신을 물리치는 힘

---

27 홍석모 지음, 장유승 역해, 『동국세시기』, 아카넷, 2016, 78쪽.
28 곡식을 까불어 알곡과 쭉정이나 검불을 가리는 농기구. 달성 방언으로는 '칭이'라고 함.

을 가졌다는 이야기가 처용랑에 전해져 오면서 '역신을 물리치는 화신'으로 민간에서 받들게 된 것이다.

직성이란 사람의 나이에 따라 운명을 맡은 9종의 별을 뜻한다. 그중에서도 제웅직성[29]은 흉한 직성으로 이것이 드는 해는 곧 액년이 된다. 제웅직성이 든 해는 액운이 들어 만사가 여의치 않을 뿐만 아니라, 병이 들거나 큰 화를 입는다고 한다. 그것을 막기 위하여 술법을 쓰는데 그 방법 중의 하나가 제웅이다. 대개는 제웅을 만들어 배 속, 즉 제웅의 가운데 허리부분에 밥과 엽전이나 지전 등 돈을 넣어 사람이 많이 다니는 길가에 버린다. 이때 다른 사람이 길을 가다가 만일 제웅을 보면 침을 세 번 뱉고 땅바닥에 발을 세 번 굴러야 액이 들러붙지 않는다는 속설이 있다. 제웅을 보고 그대로 지나치면 본 사람에게 액이 따라온다고 한다. 액운인 직성을 푸는 데 '단골(만신)'의 예방법을 따라야만 액을 쫓을 수 있다고 믿는 사람도 있다.

줄다리기

줄다리기는 마을이나 지역민의 단합을 상징하는 행사로 지역이나 마을 주민을 두 편으로 나누어 줄을 당겨 승패를 겨룬다. 이때 승패에 따라 그해 농사의 풍흉을 점치는 풍속이 전해 내려오고 있다. 달성군 가창면 우록1리에서는 정월 대보름날 풍장을 앞세워 마을을 동서로 나누어 줄다리기를 하는데 동편이 이기면 흉년이 들고, 서편이 이기면 풍년이 든다는 속설이 전해진다. 또 현풍읍에서는 구천(현 현풍천)을 경계로 하여 천남川南과 천북川北으로 편을 나누어 줄을 당겼다. 1927년 현풍천 다리가 건설된 이후부터는 원교리와 성하리 사이의 하천을 경계로 삼아 편을 나누어 줄을 당긴 것으로 기록에 전한다.[30] 이때 각각 이긴 쪽 마을에 풍년이 든다고 믿었다.

---

29 제웅직성이 드는 액년은 남자는 10, 19, 28, 37, 46, 55세고, 여자는 11, 20, 29, 38, 47, 56세에 든다.
30 달성군, 『달성백서』, 2014.

다리밟기

예로부터 정월 대보름에는 다리밟기를 했다. 빈부귀천, 남녀노소 할 것 없이 정월 대보름달이 뜰 때면 다리밟기에 나선다. 다리밟기를 하면 1년 동안 다리 병을 앓지 않고, 열두 개의 다리를 밟고 지나면 열두 달 액厄을 면한다는 속설이 전한다. 조선 중기 풍습을 기록한 책[31]에서는 '밤에 다리밟기놀이를 하는데 이것은 고려 때부터 시작된 것'으로 소개하고 있다. '태평한 시대에 있어서는 매우 성행하여 남자와 여자들이 극성스레 붐벼 밤을 새우며 그치지 아니하여 사헌부가 금지시키고 잡아가기에 이르렀다'는 기록이 보인다. 이처럼 다리밟기로 혼잡해지자 사대부가 양반들은 하루 앞당겨 열나흘에 하는가 하면, 안방마님들은 하루 뒤인 열엿새에 다리를 밟았다고 전한다.

달성에서는 예로부터 정월 대보름날 밤 현풍읍내 현풍교에서 다리밟기를 했다. 정월 대보름달을 보고 달집을 태워 소원을 빈 후 현풍교를 건너다니며 다리밟기를 한다. 자기 나이만큼 왕복해야 무병장수한다는 말이 있어, 모두 자기 나이 수만큼 다리를 건너다닌다. 이때 홀수의 나이인 사람은 건너갔다가 건너올 수 없게 된다. 그런 사람들은 나이와 맞추기 위해 다른 사람 등에 업혀서 다리를 건너 돌아온다.

금기 및 속설

정월 대보름 금기 중에는 이날 하루 동안은 개에게 먹이를 주지 않는 풍습이 있다. 이날 개 먹이를 주면 파리가 꼬이고 개가 비루[32] 오른다는 속설이 있어 굶기는 것이다. 반면 개와 관련하여 '백 집 밥 먹기' 풍습도 전한다. 봄을 타서 파리한 아이들에게는 백 집의 밥을 얻어오도록 한다. 얻어 온 밥은 절구를 타고 앉아 개를 마주 앉혀두고 개한테 밥을 한 숟가락 떠먹이고 아이도 한 순갈 떠먹으면 봄을 타지 않는다고 한다.

---

31 『지봉유설』은 지봉(芝峯) 이수광(李睟光)이 1614년 저술한 책으로 전해 내려오는 이야기부터 시문, 풍습, 지리, 자연현상 등에 관한 내용을 담고 있다.
32 비루는 주로 개나 말, 나귀 따위의 짐승의 피부가 헐고 털이 빠지는 병이다.

이날 각성各姓바지[33] 다섯 집 밥을 먹으면 여름철 더위를 타지 않는다는 말도 있어 아이들은 조리를 들고 이웃을 다니며 밥을 얻어먹는 풍습이 있었다. 얼굴에 마른버짐이 피는 아이들에게도 조리를 들고 가서 세 집을 돌며 찰밥을 얻어 오도록 한다. 세 집 찰밥을 얻어 오면 아이가 디딜방아에 걸터앉아 먹도록 한다. 그렇게 하면 마른버짐이 피지 않는다는 속설이 전한다. 한편 달성에서는 이날 백집의 밥을 얻어먹으면 무병장수한다는 말이 전해 내려온다.

지신밟기

달성의 각 마을에서는 정월 대보름날부터 지신밟기를 했다. 특히 다사읍 세천리에서는 정월 대보름날 당산제를 지내고 나면 2월까지 지신밟기를 했다. 지신밟기는 마을 천왕기를 앞세우고 풍장을 치며 집집마다 방문하여 땅기운을 눌러 액운을 쫓고 복을 기원하는 마을의 전통놀이다. 꽹과리, 징, 북, 장구 사물을 치면서 장단에 맞춰 지신풀이 소리를 하며 마당을 밟고 돌며 지신을 밟는다. 이어 부엌의 조왕신, 장독대의 장고방신, 마구간의 마구신, 곳간의 고방신, 뒷간의 정낭신을 차례로 찾아다니며 지신밟기를 한다.

"에헤야루 지신아 / 지신밟자 지신아 / 모시자 모시자 / 이 집 성주 모시자 / 천년성주 만년성주 / 수수만대 내려온 성주 / 초가성주 와가성주~"

지신밟기 풍장놀이 앞소리이다.
세천리는 낙동강 강변의 넓은 토지와 편리한 수운을 갖춘 풍요로운 마을이다. 예로부터 마을 창고에 풍물을 갖춰 두고 대보름, 단오, 백중날, 추석 명절 등에도 농악놀이를 했

---

33 과거 씨족중심의 집성촌 시절 마을에서 성씨가 다른 집을 뜻한다.

다. 세천리 풍물놀이는 인근 마을 이천, 박곡, 죽곡 등과 통합하여 오늘날 12차(12채)[34] 진굿 36가락의 '다사농악'으로 그 명맥을 이어오고 있다. 과거부터 연행해 온 전통을 고스란히 되살린 다사농악은 여타 경상도지역의 농악과도 다른 특징이 있다.

가락에 있어서는 경상도지방의 덧뵈기류[35]의 가락이 잘 표현되어 느린 살풀이나 덧뵈기, 빠른 자진 살풀이, 자진 덧뵈기, 막다드래기[36] 등에서 느긋한 흥겨움과 함께 빠르고 경쾌한 흥겨움을 준다. 마지막에 '노래굿'의 일종인 경상도지역 칭칭이굿이나 방해굿, 양반춤, 색시춤, 상모(상메), 무동 등의 연행으로 끝을 맺는 것이 특징이다. 그런 만큼 일반적으로 농악 한마당이 40여 분임에 비해 다사농악은 90분에서 120분까지 연행되는 전국에서 가장 긴 마당의 농악놀이이다.

〈마을에서 들은 이야기〉
다사농악 6대 상쇠 배관호 씨

풍물놀이는 집안 내림이었으니 배내서부터 배웠다고 할까요. 할아버지는 세천리 풍물놀이 때 징을 쳤고, 아버지는 4대 상쇠였지요. 그러니 풍물놀이는 좋아하고 말고를 떠나 우리 집 생활의 한 부분이었지요.

풍물놀이와 인연을 맺었던 첫 기억은 그래요. 아버지가 상쇠니까 매구니, 북이니, 상모니 마을 풍물을 모두 우리 집 고방에 넣어 두었어요. 아마 그때가 다섯 살쯤 가을이었을 겁니다. 풍물들을 햇볕에 말린다고 꺼내서 마루 앞 축담에 쭉 늘어놓고, 아버지하고 동네 어른들은 한쪽에 앉아서 담배를 피우고 계셨어요. 그래서 내가 상모를 하나 집어 머리

---

[34] 다사농악에서 '12차'라고 할 때는 놀이 진법 절차를 말할 때 쓰는 용어이며, '12채'라고 명명하는 것은 가락에 따라 나눈 농악놀이판의 구분법이다. 이때 진법이라 함은 농악이 과거 군사훈련의 일종으로 출발한 데서 나온 놀이의 대형이다. 12차 가락은 1차 골매기굿에서부터 12차 소리굿으로 마감된다.
[35] 덧뵈기는 국악 장단 자진모리로 절로 어깨춤이 나는 흥이 실린다.
[36] 막다드래기는 국악에서 매우 빠른 휘모리 장단류이다.

에 쓰고 돌려봤겠지요. 그러니 그게 덜컥덜컥 돌아가요. 그걸 본 동네 어른이 "어, 저 놈 상모 돌리네. 한번 옳게 씌워서 돌려보라고 하지" 그래요. 그래서 아버지가 상모를 씌워 주는데 상모 끈을 매듭 짓다가 턱끈에 살집이 찡겼어요. 그때 무척 아팠어요. 그러니까 그걸 안 잊고 생생하게 기억하지요. 그 전에는 풍물 연행을 할 때는 아이를 무동 태우고 상모를 돌렸는데, 당시는 무

배관호 씨(1961년생), 대구광역시 달성군 다사읍

동 태울 아이가 없어 맥이 끊겼다고 해요. 그래서 동네 사람들이 연행 갈 때 데리고 가자고 해서 그 이후로 놀이판에 따라나서게 된 거지요. 내가 집에서 장남이다 보니까 다 커서까지도 업고 다닐 정도로 아버지가 나를 많이 귀여워해줬지요. 나도 아버지하고 떨어지지 않으려 했으니 늘 풍물판을 같이 다녔지요.

그때 아버지가 상쇠를 맡을 당시 세천농악은 안성 바우덕 같은 전문 놀이패는 아니더라도 전국을 돌아다니며 지신밟기 풍물판을 여는 걸립패[37]였어요. 어떤 때는 봄철에 전국

---

37 절이나 마을 등에서 경비를 마련하기 위해 무리를 지어 집집마다 다니며 풍악을 울리고 곡식 등을 얻으러 다니는 패거리.

다사농악 6대 상쇠 배관호 씨가 이끄는 풍물놀이패가 풍물 시연을 하고 있다. 다사농악의 고깔은 전국에서도 유일하게 흰꽃 단색으로 꾸며져 어디서나 두드러진다(사진 배관호 씨).

을 한 바퀴 돌고 오면 모두 송아지 한 마리씩 살 정도로 큰돈을 만지기도 했으니까요. 한번은 아버지 따라 서울 갔던 기억이 선명해요.

아마 여섯 살 때였을 겁니다. 하루는 아버지하고 동네 사람들이 풍물을 모두 궤짝에 다 넣어 챙기더라고요. 어린 마음에도 '연행 가는구나' 생각했죠. 아버지는 나를 데리고 갈 생각이 없었어요. 나는 그걸 눈치채고 몰래 내 상쇠를 보자기에 싸서 궤짝 구석에 딱 끼워뒀습니다. 분명히 아버지가 길 나서는 것을 보면 따라나선다고 할 것 같으니까 엄마더러 나를 윗동네로 데리고 가라고 해요. 그래서 엄마가 윗동네 일 있다면서 가자고 하기에 모른 척 따라나섰지요. 윗동네 가서는 엄마한테 거름통에 오줌 누러 간다고 하고는 냅다

달아났지요. 아버지하고 늘 같이 다니던 길로 쫓아가니까 저만치 들길을 가고 있더라고요. 그래서 멀찍이 논두렁 밑으로 숨어서 따라 간 겁니다. 당시에는 달성에서 서울로 가려면 강을 건너야 되는데 다사에 나루터가 있었고, 또 그 위쪽에 선세라는 나루터가 하나 있었어요. 일제강점기 때는 선세에 면사무소가 있었죠. 아버지가 선세나루에 도착해서 건너편에다 대고 "사공, 사공" 하고 부르는 겁니다. 그래서 배가 강을 건너와 아버지가 배에 오르는 걸 보고 "아부지 예"하고 쫓아갔지요.

그때가 막 해가 질 무렵이었는데 집으로 돌려보낼 수는 없고 길을 지체할 수도 없고 그랬겠지요. 그냥 데리고 가버리면 아이가 없어졌다고 집에서는 난리가 날 것이고…. 그 시절은 전화도 없고 그랬으니, 할 수 없이 다사지서에 가서 방송을 한 겁니다. 옛날에 '앰프'란 것이 있었잖아요. 좀 사는 집은 집 벽에다 그걸 달아놓고 KBS라디오방송을 중계해서 들었지요. 그때 무장공비들이 나타나고 하던 그런 시대니까 급할 때는 그걸 통해 지역방송을 하고는 했어요. 경찰한테 부탁해서 아이를 서울 데리고 가니까 걱정하지 말라고 앰프로 방송을 한 겁니다.

그렇게 서울을 가서 판을 벌이게 되었는데 하루는 아버지가 구자춘 씨한테 전화를 걸었어요. 아버지하고 구자춘 씨는 나이는 한 살 차이지만 어릴 때부터 둘도 없는 친구였습니다. 아버지는 시골서 농사짓고 정미소를 운영하고 그렇게 살았지만 당시 경북대학교 철학과를 나와 교직생활도 한 엘리트였어요. 당시 구자춘 씨는 대구사범을 나와서 군대 갔다 온 후 중앙 정계로 진출해서 성공을 했지요. 두 사람은 한동네에서 자라면서 공부도 가장 많이 했고 하니 그만큼 친했어요. 그래서 전화를 하니까 사람을 시켜서 도시락하고 수건을 보내왔더라고요. 왜 옛날에 마치 대패 밥과 같은 얇은 나무도시락 있잖아요. 그것하고 수건 한 박스를 국회의사당 앞에 보내왔던 기억이 선명해요.

그런 아버지가 상쇠가 되어 꽹과리를 잡게 된 건 그랬어요. 어릴 때 할아버지가 징을 쳤는데 풍물만 놀면 아버지는 따라다니며 흉내를 냈다고 해요. 그러니까 할아버지가 귀엽다고 양철로 꽹과리를 만들어 줬나 봐요. 그걸 가지고 놀다가 나중에는 다시 깡통을 오려서 꽹과리를 만들어주셨다고 해요. 미군들 지프차에 달고 다니는 한 말들이 휘발유 기름 깡통 있잖아요. 그때는 꽹과리가 아주 귀하던 시절이었으니까. 그렇게 어릴 때부터 제대로 가락을 배운 셈이죠. 그 후에 학교 들어가면서 대구에 공부하러 다니게 되었어요. 한번은 하굣길에 보니까 방천리 밤숲에서 비산 날뫼북춤 사람들이 풍물연습을 하더래요. 구경하다가 꽹과리 한번 쳐보자고 하니까 쇠를 줘서 치니까 어른들이 "너 어데서 배웠노"라고 놀라더래요. 아버지는 중학교 2학년 때 처음으로 본격 상쇠 역할을 했다고 그래요. 어른들 도움 아래 소년농악대를 만들어서 풍물을 쳤다고 해요. 6·25 때도 학도병으로 군에 가서 자체 위문단에 들어가 거기서도 꽹과리를 쳤다고 해요. 제대 후 어른들한테서 이어받아 본격적으로 풍물판에 뛰어들어 전국 걸립패와 함께 공연을 다니게 되었습니다. 그렇게 평생을 꽹과리와 살던 아버지가 나중에 들어서야 사업을 한다고 나섰어요. 세상 물정을 잘 모르니까 잘 되지가 않았겠지요. 그렇게 실패를 하고 외지로 떠돌면서 쇠를 놓게 되어버렸지요.

그런 아버지를 따라다니다가 한 번은 낭패를 당한 기억이 있습니다. 그때 성주서 공연을 할 때였어요. 지금도 몸집이 그렇지만, 어릴 땐 무척 왜소한 편이었어요. 그런 아이가 12발 상모를 돌리니까 어른들이 보기에 신기하고 귀여웠겠지요. 막 공연준비를 하고 기다리는데, 어떤 어른이 귀엽다고 달랑 안고 가서 아이스크림을 사주는 겁니다. 왜 옛날에 고깔에 주걱 같은 것으로 떠주는 아이스크림 있잖아요. 그래서 그걸 먹으면서 아버지 있는 데로 갔는데, 아, 아버지가 없는 거라. 아버지가 무동을 태워서 들어가야 되는데, 아이가 없으니까 할 수 없이 그냥 입장해버린 겁니다. 그래 보니까 저기서 아버지가 쇠를 치고 있는 거라. 온 입에 아이스크림이 묻은 채로 그냥 쫓아 들어가서 상모를 돌린 적도 있었지요.

12발 상모 무동은 국민학교에 들어가서도 계속되어 3학년이 될 때까지 했습니다. 어디 판이 열린다고 그러면 아버지가 학교에 얘기해서 데리고 가곤 했지요. 그때 풍물놀이는 진주 강변, 밀양 솔밭, 성주 둑 밑, 대구시민운동장 같은 데서 했어요. 대구 대회는 아버지가 주최하기도 했는데 전국에서 풍물하는 사람은 아버지 모르는 사람이 없었습니다. 간혹 아버지 이름은 몰라도 '왼짝배기 상쇠'라고 하면 모두 다 알아요. 그렇게 풍물패들은 서로 잘 아니까 어디 판을 연다고 하면 모두 달려와요. 전문 걸립패로 남사당, 여사당이 있었고 부산 아미농악, 김천 빗내농악, 대구 비산농악, 삼천포농악 등이 있었어요. 그때 풍물놀이는 큰 천변 같은데 천막을 치고 노는데, 사람들이 극장 들어가듯이 표를 끊어서 들어와서 봐요. 때로는 흥행에 성공할 때도 있고 실패할 때도 있고 뭐 그렇지만, 풍물패들은 다음에 또 어디서 누가 연다고 그러면 가서 놀아 주고 그랬어요.

나중에는 내가 다니는 국민학교에서도 풍물을 논 적이 있어요. 예전에는 학교 운동회를 하면 온 동네잔치잖아요. 서재국민학교 운동회에서 아버지하고 함께 시연을 한 적이 있어요. 내가 마지막으로 무동을 탄 것은 강창교 개통식 때였습니다. 달성하고 고령을 잇는 다리를 놓고 기념 농악경연대회를 열었지요. 그때 국민학교 3학년이었는데, 그 대회에서 우리가 1등을 하고 내가 장려상을 받았지요. 그리고 그 후로는 공부하라고 해서 무동을 그만두었어요.

어릴 때부터 그렇게 풍물놀이에 빠져 살아서 그런지 공부보다 운동이 좋았어요. 왜 그런지 중학교 때는 기계체조가 그렇게 하고 싶더라고요. 그렇지만 당시에는 기계체조를 할 마땅한 곳이 없었어요. 그래서 운동에 빠져 살았습니다. 태권도, 십팔기, 궁술, 궁중무예 등 한때는 도장만 다섯 곳을 전전하며 다닌 적도 있어요. 그러면서도 생각은 풍물을 떠나지 못하는 겁니다. 자다가도 머릿속에서 쇳소리가 나면 벌떡 일어나 스텐 밥그릇을 가지고 상쇠가락을 두들기는 겁니다. 그래야 직성이 풀려요. 그렇게 밤에도 시끄럽게 두들겨대니까 앞집 아줌마가 절더러 "미친 자슥"이라며 미쳤다고 그랬어요.

머릿속에는 항상 풍물 가락이 따라다니며 울려요. 이래서는 도무지 '쇳소리'에서 헤어날 수 없겠다 싶어 무작정 집을 떠나 전라도 고창으로 갔어요. 거기서 떡 방앗간에 취직을 했습니다. 그런데 일을 하면서도 고무통에 붙은 쌀알을 털어낸다고 통통 치면 그게 꼭 북소리 같고, 쇠 다라이를 치면 그게 꼭 징소리 같이 들려요. 도저히 안 되겠다 싶어 집으로 오니까 세천 풍물패는 해체되어버린 후였지요. 열여덟 살쯤 됐나, 그때 농촌에서는 4H

운동이 한창 활발할 때였어요. 4H에서 오락경진대회를 한다고 해서 급히 동네 청년들로 풍물단을 모았습니다. 흥이 좀 있는 친구는 장구, 북을 주고 그렇지 못한 친구는 소고를 들리고 해서 연습을 했지요. 달성군대회에 나가서 1등을 했지만 경북도 대회에서는 아쉽게도 우수상에 그치고 말았습니다.

스무 살 후반 무렵, 대구에 있는 섬유공장에 취직을 했어요. 그런데 어쩌다가 한번 녹음테이프를 듣게 되었는데, 그 소리하는 사람이 아버지가 풍물할 때 징 치던 이광수라는 사람 목소리와 똑같은 거라. 그 집안은 3대로 징을 쳤어요. 그런데 이광수 씨가 소리를 잘 했거든. 비나린데 진짜 멋있더라고요. 그때 그게 사물놀이란 것도 모르고 들었어요. 그전에는 사물놀이란 게 없었어요.

그럴 즈음, 대구 섬유공장에 취직해서 일하면서 미싱골목을 자주 다녔는데 하루는 그쪽을 가다가 보니까 '달구벌 사물놀이'라는 간판이 보여요. 그래서 뭔가 하고 들여다봤더니 쇠를 치고 그래요. 얼마간 뜸을 들이다가 하루는 들어가서 인사를 했습니다. 방도수라는 분이었는데, 달성 신당사람이었어요. 어디 사느냐 묻기에 세천리 산다니까 고종형 이름을 대요. 그렇게 인연을 맺어 그곳을 드나들게 되었지요. 그런데 내가 자꾸 거기에 빠져들어 미치게 되는 겁니다. 직장도 그만두고 오토바이 타고 가서 혼자서 연습을 하는 겁니다. 누가 가르쳐 주는 사람도 없고 하니까 상모 쓰고 뛰고, 제비를 넘고, 벽에다 막 박고, 그런 식으로 무식하게 연습을 했지요. 그러다 보니 하루는 일어설 수가 없겠더라고요. 처음에는 다리 알이 배어 그런 줄 알았더니, 너무 심하게 뛰어서 신경이 끊겨버린 거였습니다. 그렇게 절뚝거리면서 오늘, 내일 병원 가야지 하면서도 가지 않고 또 연습장에 가서 뛰게 돼요. 뛸 때는 아픈 줄을 몰라. 그렇게 계속 뛰다 보니까 어느 날 문득 다리가 날듯이 가뿐하게 풀려버려요. 침도 한번 안 맞았는데, 그게 나아버린 겁니다. 그 이후로는 아무리 뛰어도 힘든 줄을 몰라요.

그러던 때가 1988년이었는데, 그 당시에 처음으로 농악도 문화재로 지정될 수 있다는 걸 알았어요. 달구벌사물놀이가 대구시 지정 무형문화재로 등록이 되었더라고요. 달구벌 사물놀이는 비산농악 사람들이 주축이 된 것이거든요. 문화재가 된다는 걸 알고 나서부터는 '아하' 싶더라고요. 고향 세천리 농악도 정리해야 되겠다는 생각이 든 거죠. 그래서 동네 어른들이 골목에 앉아 있으면 가서 인사하고 물어보기 시작했어요. 어른들이 술을 좋아하니까 술을 받아 가서 장단하고 가락을 물어서 기록하기 시작한 겁니다.

그런데 이 풍물 12채 연행이란 것이 옛날부터 말은 있었지만 그게 모호해요. 아버지도 12채 36가락이 있다는 말은 들어도, 그 내용이 무엇인지 정확히 들어본 적이 없었다고 그래요. 그러다가 딱 한 번, 12채란 것을 본 것이 진주대회 때였다고 해요. 그때 점심시간에 밥 먹으러 갔는데 심사위원으로 오신 분 한 분이 그러더래요. "요즘 쇠 치는 사람들이 너무 모르고 친다. 가락을 치는 격식이 있는데, 그게 없이 마구잡이로 쇠를 친다" 그러면서 풍물을 하려면 가락 쓰임새를 알고 쳐야 된다면서 두루마리 하나를 쭉 펼쳐 보이더랍니다. 그런데 거기 보니까 아무것도 없어. 그저 1채 해서 점 하나에 두 칸 띄워 점 하나, 2채 해서 점 둘에 띄워서, 다시 점 둘, 뭐 그런 식이었다고 해요. 칸도 아니고 길이대로 점을 찍어 뒀다고 해요. 악보나 글을 적어 놓은 것도 아닌데, 그게 12채 가락이라고 하더래요. 그때 12채라는 실체가 처음 세상에 알려진 것이기도 해요. 그 이후로도 그걸 본 사람이 없습니다. 여기서 채는 가락을 뜻하는데 전라도 가면 징을 한 번 치면 1채, 두 번 치면 2채, 이런 식으로 나누죠. 경상도 쪽은 징이 아니고 꽹과리 가락을 가지고 12채로 나눕니다. 그런데 이 가락이 다 안 나와요. 어른들도 12채 가락을 치는 것을 본 적이 없다고 해요. 제일 많이 치는 사람이 8채까지 치는 걸 봤대요. 그렇지만 나는 12채라는 게 근거 없는 말이 아니라고 확신했지요. 그래서 그것 12채를 찾는데 나름대로 한세월을 보낸 겁니다.

다행인 것이 저한테 소리에 대한 그런 타고난 기질이 좀 있었나 봐요. 어려운 가락은 남들은 1년을 연습해도 안 되는데 난 옆에서 듣고 있다가 그냥 해보면 돼요. 웬만한 건 들으니까 머리에 쑥 들어가 되어버려요. 그래서 사람들이 나더러 타고났다고 그래요. 그런만큼 비록 내가 공부는 못했지만, 이 방면에 관한 한 그 누구보다도 잘 안다고 생각합니다. 또 그만큼 연구도 했고요. 그럴수록 더 예민해지더라고요. 말하자면 담 너머에서 쇠를 쳐도 남자가 치는 것, 여자가 치는 것, 소리가 어떻게 다른지 알게 되더라고요. '아하, 이거였구나!' 싶었지요.

그런데도 또 그게 간단한 문제가 아닌 겁니다. 도대체 12채를 분별할 수 있는 기준이 뭐냐 이거지요. 똑같은 가락인데 가락을 칠 때, 지역마다 타법이 다 다르다는 겁니다. 또 그 지역에서 공통적으로 많이 쓰는 가락이 있는가 하면, 바로 옆 동네만 해도 가락이 달라지는 겁니다. 그런 것을 보면서 소리의 맛과 꽹과리 칠 때 위치, 꽹과리채까지 구분하게 되더라고요. 같은 가락인데 왜 다르게 들리는가. 박을 묘하게 잡아주는 것, 맛을 내는 것, 타법을 다르게 하는 것, 접지하는 방법 하나에서까지 전혀 다르게 들린다는 걸 알게 된 겁니다. 이게 사실은 글이나 이론으로 되는 게 아니에요. 소리를 딱 듣고 그 누구도 몰라도 그 사람들만이 아는 소리, 그것이 핵심이고 비밀입니다.

그래서 '이게 뭔가' 하고 틈틈이 연구하고 기록하고 했지요. 또 의문 나는 게 있으면 아버지하고 같이 풍물하던 분들, 동네 어른들 있잖아요 그분들을 찾아갔습니다. 술을 사가지고 가서는 막무가내로 묻고는 했지요. 지금 생각하면 천만다행이었어요. 아쉬운 것은 아버지한테 그런 것들을 체계적으로 물어보지 못한 겁니다. 79세에 아버지가 돌아가셨는데 전에는 쇠를 못 치도록 하도 말리니까 물어볼 수가 없었어요. 아버지한테 거짓말을 하고 쇠를 쳤으니까요. 풍물 다니면서도 일 나간다 그러고…. 그렇게 몰래 풍물을 해서 서울서 공연을 하게 되었지요. 처음에는 아버지께 공연하니까 한번 오시라니까 안 오시더라고요. 두 번째 서울 세종문화회관 공연 때 와서 보시고는 "너 그만하면 전문가 되었으니 쇠는 일하면서 취미로 해라. 나빠서 하지 말라는 건 아니다. 좋은 거다. 그러나 내가 해보니까 춥고 배고프더라. 어떻게 그런 예술의 길을 네가 가도록 하겠나" 그래요. 그리고는 풍물에 대해서는 아무리 물어도 입을 안 떼요.

그러다가 1990년 대구시민회관 발표회에 와서 보시고는 이튿날 고기 사줄 테니 나오라고 그러시더라고요. 그때는 더 이상 말려도 안 되겠다 생각하셨는지 그래요. 연행은 그만큼 했으면 됐다. 그러나 예전에는 연행만 하면 됐는데 요즘에는 연행만 잘해서는 안 된다. 대학교수를 찾아가든지 해서 이론 공부를 하라고 말씀하시더라고요. 그 이후로 이야기할 기회가 있어 '금회북춤'에 대해 물어봤어요. 어떻게 하면 북춤을 잘 추느냐고 물었어요. "북 돌아가는 대로 따라가면 된다" 그냥 그게 다예요. 참 서운했는데, 세월이 지나고 보니까 나중에 그게 이 말이구나 하고 느끼지는 순간이 와요. 한번은 풍물놀이에 대해 물었습니다. 가락이 이렇고 저렇고 그러니까 '그거 너 어릴 땐데, 그게 기억이 나더냐? 나도 기억이 가물가물한데 네가 어떻게 그걸 다 기억하냐'고 그래요. 그러고는 조금씩 말문을 열었어요. 또 한 번은 지신밟기 소리를 하는데 그게 애매해요. 그래서 아버지 앞에서 한번 해 보이고 물으니까 "너도 잘하네" 그러시더라고요. 그때부터 아버지가 쇠에 대한 이야기를 하는데, 그냥 선문답하듯 해주시더라고요. 내가 아버지한테 배운 건 이런 식이었어요. 그렇게 11년 걸려 체계적으로 정리한 겁니다. 말하자면 12채 36가락이 복원된 거지요.

그 후 세월이 흐르면서 세천농악은 면단위로 규모를 넓혀 다사농악이 됩니다. 다사농악의 연원은 그래요. 옛날부터 풍물놀이는 뭐니 뭐니 해도 상쇠고, 우리는 상쇠의 계보를 아주 중요하게 여겨요. 아마 그 이전에도 물론 상쇠가 있었겠지만, 확실하게 생몰연대와 이력을 알 수 있는 상쇠는 초대 1898년생인 추수호 씨입니다. 그 어른은 남사당패에서도 활동을 했어요. 이리로 내려와서는 근처에 세천리밖에 농악이 없으니까 여기에 터를 잡은 거죠. 어른들이 말하기를, 겨울철이 되면 동네 사람들 줄을 세워 놓고 작대기를 들고 가르쳤다고 그래요. 그리고 2대 추학엽, 3대 구태암, 그리고 4대째가 저의 선친 '기 자, 순 자' 배기순입니다. 아버지 때서야 세천농악이 체계화되어 기반을 잡고 전국대회도 주최했지요. 그런 바탕 위에서 5대 상쇠는 정연조 어른이 맡았고 6대는 내가 상쇠를 이어받게 된 거지요. 제가 앞서 말한 대로 12채 36가락을 정리하게 된 게 그때가 1995년이었어요. 100%라고는 할 수 없지만 제가 12채 대부분을 정립해낸 겁니다.

제가 다사농악 12채 36가락을 체계화했다고 해서 물론 끝이 아닙니다. 저도 1992년부터 '배관호 사물놀이'를 했습니다. 1993년 대구 대봉동에 대백프라자가 처음 생기고 그때 2시간 반짜리 공연을 1일 2회, 이틀간 했지요. 그 이후 2003년에는 배관호 사물놀이 10주년 실황음반 제작을 했습니다. 배관호 사물놀이를 완성한 거지요. 지금 사물놀이는 김덕수, 김영배 음악과 함께 배관호 사물놀이가 3대 사물놀이 음악으로 자리 잡았습니다. 그래서 누구 사물놀이하면 어떤 풍물에서 가져왔는지, 어디서 따와서 쓰는지 모두 알 수 있지요. 결국 사물놀이라는 것이 전국에 있는 풍물의 음악적 특징을 모아서, 무대음악으로 편곡을 해서 만든 것이니까요.

그런데 지금에 와서 사물놀이가 발달하고 보니까, 생각지도 않게 전통풍물이 많이 쇠퇴해버렸어요. 본래의 풍물이 거꾸로 사물놀이의 영향을 받아서 변질이 되기 시작한 겁니다. 그걸 보면서 이거 심각하구나 생각했지요. 그리고는 전통풍물과 사물놀이를 구분하고, 분별해야 되겠다 싶었습니다. 내 음악도 사물놀이를 바탕으로 만들다 보니까 '아, 이거 큰일 났구나' 하는 자각이 든 거지요. 입바른 소리가 아니라, 전통이 중요하다는 것을 절감하게 된 겁니다. 그러는 것은 내가 비록 음악학 박사나 그런 사람은 아니지만, 전문연주자로서 소리 하나만은 구분할 수 있도록 올곧은 정신 하나는 지켜야겠다는 생각에서 입니다. 그래서 풍물과 사물놀이를 철저히 구분하려고 하지요. 그렇게 하다 보니까 나는 어쩔 수 없이 '경상도 풍물하는 놈' 소리를 들어요. 그것 때문에 이름만 다른 게 아니라, 배관호 사물놀이는 가락구성과 맛도 다르다는 평가를 받겠지요.

그런 만큼 앞으로 풍물놀이의 전통을 지켜내는 것이 무엇보다 중요하다고 생각합니다. 제자들이 전통의 풍물놀이를 하나라도 더 알도록 하는 것이 내 일이겠지요. 또 하나 더 있다면, 다사농악이 1995년 처음 전국대회 나가 농악부문 1등, 98년 전국대회 1등을 했지만 아직 대구시 무형문화재로 지정을 받지 못하고 있습니다. 지금 대구시 대표로 2010, 2011년도에 하고, 현재 3년 연속 대구시 대표 풍물로 활동하고 있어요. 30년 세월이 넘도록 이러고 있으니까 그것이 제 개인적으로는 한이지요. 앞으로 대구시 무형문화재가 되는 것, 그것이 저뿐만 아니라 다사농악 관계자 모두의 바람입니다.

시절음식

정월 대보름은 정초 큰 명절로 다양한 시절음식을 장만하여 이웃과 나누어 먹는 풍습이 있었다. 이른 아침 귀밝이술을 비롯하여 달떡을 빚고, 오곡밥을 지어 백白집밥을 먹는 풍습이 있었다. 조선시대 홍석모의 『동국세시기』에는 정월 대보름 오곡잡밥五穀雜飯과 찰밥을 지어 먹은 것으로 나타나고 『열양세시기』에는 약밥을 해 먹었다고 기록하고 있다.

오곡밥
멥쌀에 조, 수수, 콩, 팥의 다섯 가지 곡식을 넣어 지은 밥을 오곡밥이라고 한다. 이날 아침 일찍 오곡밥을 지으면 안주인은 조왕(부엌신)이나 성주단지 또는 뒤주에 먼저 올려 집안 살림을 관장하는 신에게 정성을 들이고 풍년농사를 기원했다.

찰밥
찹쌀에 불린 팥을 얹어 지은 밥이 찰밥이다. 찰기가 많아 정월 대보름에 찰밥을 먹으면 1년 동안 근기根氣가 있어 속이 든든해진다고 한다.

묵나물(묵은 나물)
이날은 오곡밥에 더불어 집에서 기른 콩나물과 고사리, 도라지, 시래기, 취나물, 호박고지, 무말랭이, 가지말랭이 등 갖은 말린 나물로 반찬을 장만한다. 묵나물, 즉 말린 나물을 먹으면 더위를 타지 않는다고 한다.

달성 등 경북 일원에서는 특히 아주까리 잎을 말려뒀다가 묵나물로 무치거나 쌈을 싸 먹기도 한다. 정월 대보름날 아주까리 나물을 먹으면 꿩알을 줍는다는 말이 전해 내려온다. 이날 아주까리 잎이나 토란 잎, 배추 잎, 김 등에 오곡밥을 싸 먹는 쌈을 복쌈이라고 한다. 또한 이날은 고춧가루가 든 김치를 먹지 않는데, 김치를 먹으면 풀쐐기에 쏘인다고 한다. 특히 정월 대보름에 비린 청어를 먹지 않으면 '비루 탄다'는 말이 예로부터 전해 내려온다. 비웃이라고 부르는 청어를 구이나 찌개로 요리해 먹기도 한다.

부럼 깨물기

정월 대보름날 아침에는 딱딱한 껍질의 과일, 즉 부럼을 깬다. 생밤, 호두, 은행, 땅콩, 잣, 무 등을 나이 수대로 깨무는 풍습이 경상도 지방 등에서 전해 내려오고 있다. 부럼을 씹으며 "부스럼 깨먹자, 부스럼 깨먹자"고 하는데, 이것은 부럼과 '보름'이 비슷하고, 또 '부스럼'과 '부럼'이 비슷한 데서 연유한 것이다. 때문에 보름날 부럼을 깨물면 일 년 내내 부스럼이 나지 않는다는 속설이 전한다.

귀밝이술

정월 대보름 아침 조반을 들기 전 찬술 한 잔 마시면 한 해 동안 귀가 밝아진다고 전한다. 이른 아침 모두 "귀 밝아져라, 눈 밝아져라"고 하면서 술을 한 잔 마신다. 술을 마시지 못하는 부녀자들도 입술을 적시는데, 이를 귀밝이술이라고 한다. 달성에서 귀밝이술은 주로 막걸리나 청주를 데우지 않고 마셨다.

약밥(약식)

찰밥을 지어서 대추, 밤에 기름, 꿀, 간장을 섞어 다시 찌고 잣을 더한다. 이름 하여 약밥이라고 하고 상원의 맛난 음식으로 삼아 제사에도 올리는데 신라에서 유래한 오랜 풍속이다.

『동경잡기』에 따르면, 신라 소지왕 10년 정월 보름날 왕이 천천정天泉亭으로 행차했다. 그때 까마귀가 날아와서 은합銀盒을 하나 떨어뜨렸다. 그 은합에 적혀 있기를 '열어 보면 두 사람이 죽고, 열어보지 않으면 한 사람이 죽는다'고 적혀 있었다. 이에 대신들이 한 사람은 임금이요, 두 사람은 신하를 말하는 것이라고 하여 은합을 연다. 그 안에는 '궁중의 거문고 갑을 쏘라'고 적혀 있었다. 왕은 말을 달려 궁으로 들어와 활을 당겨 거문고 갑을 쏘았다. 갑 안에는 내원內院에서 향을 올리는 중이 들어 있었다. 중은 왕비와 내통하여 왕을 시해하기로 모의하였던 것이다. 이에 왕은 중과 왕비를 처형하고 까마귀에 은혜를 갚기 위해 약밥을 지어 먹였다. 이것이 나라의 풍속으로 정월 대보름을 까마귀 날로 삼아 약밥을 지어 먹던 것이 지금의 시절음식이 되었다.

옛 글[38]에서 보듯이 약밥은 옛 문헌에서 보이듯 오래전부터 전해온 절식이다. 약밥을 만드는 법은 찹쌀을 씻어 불린 후 물기를 뺀 다음 김이 오른 솥에서 찐다. 중간에 다시 소금물을 뿌리고 고루 뒤섞어 고슬고슬하게 찐다. 쪄낸 찹쌀밥에 꿀, 참기름, 간장을 넣고 손질한 밤, 대추, 잣을 넣어 고루 섞어 그릇에 담는다. 솥에 물을 부어 약식 그릇을 넣고 다시 중탕을 한다. 옛사람들은 이를 약이 되는 음식이라 하여 약밥이라고 했다.

놀이

달집태우기

달성에서는 정월 대보름날 마을의 청년들이 가까운 산에 올라 달집을 만든다. 달집은 나무로 세 개의 기둥을 세우고 짚으로 이엉을 엮어 씌운다. 삼면 중 동쪽을 틔워 김치구덕 모양이 되도록 짓는다. 달집 안에는 새끼를 꼬아 둥근 형태의 달을 만들어 매단다. 달집에 불을 놓으면 액운이 없어지고 풍년이 든다고 한다. 마을 사람들은 달이 떠오르는 것을 보고 절을 하고 달집에 불을 지른다. 민간에서는 달이 뜨는 것을 먼저 보면 재수가 좋다고 하여 마을마다 높은 산에 올라 먼저 달을 보고 불을 질러 연기를 피워 올리기도 한다. 달집을 태울 때 아낙네들은 저고리 동정을 떼서 태워 액운을 없앤다. 또 소지에 소원을 적어 태우기도 한다. 달집에 불을 지르고 난 후 타다가 남은 기둥을 가져다 부엌 아궁이 고래에 밀어 넣으면 아들을 낳는다는 속설이 있다.

---

38 홍석모 지음, 장유승 역해, 『동국세시기』, 아카넷, 2016, 74쪽.

쥐불놀이

정월 보름날 달이 뜬 밤에 아이들은 관솔이나 마른 소똥 따위에 불을 붙여 논두렁 밭두렁을 다니면서 불을 지르며 논다. 이는 겨울 동안 논밭의 마른 풀에 불을 질러 월동하는 해충들을 죽이고 새해 농사를 준비하는 의미를 지닌다. 근래에 들면서는 구멍 뚫은 깡통에 숯을 넣고 철사 줄을 매달아 돌리면서 둥근 형태의 불빛을 즐기기도 한다.

"문을 열면 만복이 들어오고…" – 입춘

입춘은 24절기의 하나로 봄의 시작을 알린다. 입춘은 주로 정월에 들지만 때로 섣달에 들기도 한다. 특히 윤달이 드는 해에는 섣달과 정월 두 번의 입춘을 맞기도 한다. 봄을 다시 맞는다는 의미로 이를 재입춘, 재봉춘再逢春 또는 쌍춘절雙春節이라고 한다. 과거 궁중에서는 춘축春祝이라고 하여 백관들이 지은 봄맞이 춘첩자春帖子를 붙였다. 각 가정에서도 대문이나 기둥, 문 위에 복을 기원하는 글을 써 붙였다. 이때 글을 입춘방 또는 춘련이라고 하는데, 주로 '입춘대길 건양다경',[39] '소지황금출 개문만복래'[40] 등을 쓴다.

해넘이

입춘은 절분節分이라고 하여 한 계절이 끝나는 날로 '해넘이'라고 했다. 민간에서는 이날 문 앞이나 방에 콩을 뿌리는 풍습이 전해온다. 콩을 뿌리므로 마귀가 들어오다가 콩알을 밟고 미끄러져 해코지를 못하도록 한다는 것이다.

---

[39] 입춘대길(立春大吉) 건양다경(建陽多慶)은 '입춘을 맞아 크게 길한 일이 생기고, 새해에는 경사스러운 일이 많이 있기를 소원한다'는 뜻이다.
[40] 소지황금출(掃地黃金出) 개문만복래(開門萬福來)는 '땅에 비질하면 황금이 나오고, 대문을 열면 만복이 들어오기를 기원한다'는 의미이다.

특히 입춘은 새 봄의 시작을 알리는 때이므로 이때를 전후하여 내리는 비를 입춘수라고 한다. 입춘수에는 왕성한 기운이 있어 그 빗물을 받아 모아 술을 빚어 남자가 마시면 아들을 얻는다는 속설이 전해온다.

아홉차리

입춘날[41] 아홉수의 일을 해야 한 해 액운을 면한다는 속설이 있다. 나무꾼은 아홉 짐의 나무를 하고, 농사꾼은 아홉 발의 새끼를 꼬며, 아녀자들은 아홉 가지 옷을 빨래하고, 글방아이도 천자문을 아홉 번을 읽는다. 이는 동양의 전통 수리철학에서 '아홉' 수가 최상의 양수陽數로 꼽는데 기인한 것이다.

---

41 지역에 따라서는 정월열나흗날 아홉차리를 하는 곳도 있다.

세시풍속

2월

2월

"영등바람에 도낏자루가 난다" – 영등날

2월 초하루는 '영등날', '영등할매날'이다. 이날은 영등할매한테 제를 올리고 비손하는 날이다. 이때쯤이면 영남지방에서는 '2월 바람에 도낏자루가 날아다닌다'는 말이 있을 만큼 강한 바람이 부는 날이 많다. 민간에서는 이를 두고 바람을 주관하는 풍신인 영등할매가 땅으로 내려왔기 때문으로 생각한다.

 2월 초하루 바람이 불면 그해 흉년이 든다고 한다. 이는 영등할매가 딸을 데리고 내려와 치마가 날려 예쁘게 보이려고 한다고 여기기 때문이다. 또 이날 비가 오면 며느리가 차려입은 치마에 얼룩이 지게 하려고 비를 뿌린다고 한다. 그러면 풍년이 들 것으로 점친다.[1]

 달성에서는 이날 새벽에 정화수를 길어다가 떡과 음식을 장만하여 부엌에 차리고 비손한다. 이는 영등할매가 며느리를 데리고 오도록 비는 것이다. 2월 초하루 강신한 영등할매는 2월 스무날 경이면 다시 하늘로 올라간다고 믿는다. 만일 이날 간지가 토끼날이면 곡

---

[1] 김영조, 『하루 하루가 잔치로세』, 인물과 사상사, 2011, 127쪽.

식이 귀하게 된다고 믿고 꺼린다.

머슴날

새해 농사가 시작되는 2월 첫날은 '머슴날'이다. 머슴이 있는 집에서는 한 해 농사를 잘 지어 달라고 머슴들을 격려한다. 이날 정월 대보름날 세워두었던 볏가리를 헐어내어 그 곡식으로 밥을 짓고 떡을 만들어 하루 푸짐하게 먹인다. 또 주인은 풍물을 내주고, 돈을 주어 하루 동안 먹고 마시며 춤추고 놀도록 한다.

달성에서는 2월 초하루가 농사일을 시작하는 날인 만큼, 머슴들한테 큰상 한 상을 차려낸다. 육고기와 어물 등을 두루 갖춘 아침상을 머슴이나 일꾼들한테 내놓는 것이다. 특히 이날 머슴상의 어물반찬은 토막을 치지 않고 온마리 고기로 올린다. 이는 생선을 토막 치면 장마 때 논둑이 터진다는 말이 전하기 때문이다.

이날 머슴들은 들판으로 나가 풍물을 치고 '들지신밟기'를 하며 하루를 즐긴다. 달성의 남평문씨세거지 인흥마을에서는 머슴들이 놀면서, 안주인들의 성품과 생김새를 꽃에 은유하여 노래를 부른다.

> 허리곱살 할미꽃은 수야댁 꽃일레라
> (후렴)그 꽃 속 이슬 받아 수야댁 주라하소
> 붉은 똑똑 복사꽃은 온혜댁 꽃일레라
> 맵고도 짠 고추꽃은 소태댁 꽃일레라
> 알금 살금 대추꽃은 용진댁 꽃일레라
> 뒷동산 패랭이꽃은 내지댁 꽃일레라
> 사랑 앞에 목단꽃은 국골댁 꽃일레라
> 도리 납작 접시꽃은 금촌댁 꽃일레라
> 논두렁 밑 메밀꽃은 관동댁 꽃일레라

> 천수봉에 찔레꽃은 모은댁 꽃일레라
> 허리낭창 담배꽃은 오길댁 꽃일레라
> 빠끔빠끔 들깨꽃은 현창댁 꽃일레라
> 포리쪽쪽 가지꽃은 웃갓댁 꽃일레라[2]

이 노래는 1950년대까지도 머슴들이 불렀다.

소 밥상들이기

2월이 들면 농사의 상일꾼인 소들도 들판에 나가야 한다. 달성에서는 머슴들에게 한 해 농사를 시작을 위로함과 마찬가지로 소들에게도 밥을 한 상 차려 대접하는 풍습이 있다. 이를 '소 밥상들이다'라고 한다. 이날 쇠죽에는 특별히 마른 풀과 콩을 넉넉히 넣어서 쑤어 준다.

놀이

바람개비 돌리기

2월 들어 영등바람이 불면 아이들에게는 바람개비를 돌리는 철이다. 달성에서는 바람에 팔랑팔랑 돌아간다고 해서 '팔랑개비'라고 한다. 예전 아이들은 댓가지를 얄팍하게 깎아 양쪽 끝에 둥글거나 네모난 색종이를 어긋나게 풀로 붙여 만들었다. 댓가지 중간에는 구멍을 뚫어 못을 박는다. 못 끝을 가는 통대나무나 껍질을 벗겨낸 마른 삼대에 헐겁게 꽂아 바람이 불어오는 쪽으로 달리면서 바람개비를 돌린다. 댓가지 둘을 겹쳐 네 가지 색의 바람개비도 만들 수 있다. 근래에는 정사각형 색종이 네 귀퉁이를 대각선으로 오려 그 끝을 중앙으

---

[2] 노랫말에서 수야댁, 소태댁 등은 안주인이나 며느리들의 친정 지명을 따서 지은 택호이다.

로 모으고 한복판에 못으로 찔러 고정한다. 그것을 돌림 축으로 하여 삼대에 꽂아 돌리기도 한다.

말타기 놀이

바람이 차가운 2월 달성의 아이들은 담벼락이나 짚동에 기대 말타기 놀이를 한다. 말타기 놀이는 두 편으로 나눠 가위바위보로 공격 편과 수비 편을 가른다. 수비 편에서는 한 사람을 담벼락에 기대 마부로 삼는다. 나머지 아이들은 마부 가랑이 사이에 머리를 끼워 두 다리를 잡는다. 그것을 시작으로 앞 사람의 가랑이 사이 머리를 끼운 채 다리를 잡고 허리를 숙인다. 공격 편은 멀리서 달려와 맨 앞의 마부 쪽부터 차례로 말 등에 올라탄다. 이때 말 등에 오르다가 땅에 발이 닿거나 떨어지면 공격과 수비가 바뀐다. 또 수비 편에서 말이 무너지면 다시 시작한다. 공격 편이 말 등에 모두 오르면 마부와 맨 앞의 말 탄 사람이 가위바위보를 하여 다시 공격과 수비를 정한다.

줄넘기놀이

여자 아이들은 마당이나 공터에서 줄넘기 놀이를 한다. 두 벌로 굵게 꼰 새끼줄을 술래 둘이서 양끝을 잡고 돌리고 나머지 아이들은 돌아가는 줄을 뛰어넘으며 술래가 부르는 노래에 맞춰 그 동작을 한다. '뒤를 돌아라'고 하면 줄이 땅에 닿는 사이 폴짝 뛰면서 뒤로 돌고, '땅을 짚어라'고 하면 손으로 땅을 짚는다. 그러는 중에 줄에 걸리면 술래가 되어 줄을 돌려야 한다.

> 꼬마야, 꼬마야 줄을 넘어라 / 꼬마야, 꼬마야 뒤를 돌아라 / 꼬마야, 꼬마야 줄을 넘어라 / 꼬마야, 꼬마야 만세를 불러라 / 꼬마야, 꼬마야 줄을 넘어라 / 꼬마야, 꼬마야 땅을 짚어라 / 꼬마야, 꼬마야 줄을 넘어라 / 꼬마야, 꼬마야 잘 가거라.

"개구리가 나오니 봄이로구나" – 경칩

경칩은 1년 24절기 중 세 번째로 개구리가 겨울잠에서 깨어난다는 날이다. 이날은 토역土役, 즉 흙일을 해도 동티[3]가 나지 않는다고 한다. 농가에서는 겨우내 미뤄뒀던 담을 쌓거나, 담벼락을 바르는 일을 한다. 또 이날 흙을 파다가 이겨서 벽에 바르면 빈대가 설치지 못한다는 속설이 전한다.

조선 세조 때 강희맹이 편찬한 『사시찬요』에는 경칩날 세시풍속으로 부부가 각각 암수 은행 알을 나누어 먹으며 사랑을 확인했다고 기록하고 있다. 또 민간에서는 경칩 날 밤, 처녀총각이 좋아하는 사람과 은행 알을 나눠 먹고 암은행나무와 수은행나무를 돌면 사랑이 이루어진다는 말이 전한다.

시절음식

쑥떡, 쑥버무리
과거 식량이 부족하던 시절, 민간에서는 춘궁기 한 끼 끼니로 쑥떡과 쑥버무리를 해먹었다. 쑥떡은 보드라운 쑥을 뜯어 삶아내 물기를 빼낸 후 미리 준비한 찹쌀가루를 쪄서 섞고, 떡메로 쳐서 콩고물을 묻힌다. 쑥버무리는 여린 쑥을 뜯어 쌀가루를 섞은 후 채반을 깔고 찐다.

삼해주 · 송순주松筍酒
삼해주는 떡을 쪄서 솥 밑에 가루 누룩을 넣고 소주를 첨가한다. 정월 첫 해일이 되면 여기

---

[3] 동티는 흙이나 나무, 돌 따위를 잘못 건드려 지신의 노여움을 사서 받는 재앙이나 건드리지 말아야 할 것을 잘못 건드려서 생긴 걱정이나 불행을 말한다.

에 소나무 새순을 조금 넣어 발효시켰다가 다음 달 2월 해일에 먹는다. 삼해주라는 이름은 술이 익는데 3해일(12×3), 즉 36일이 걸리므로 붙여진 이름이다.

송순주 또한 삼해주와 비슷하다. 소나무 순이 많이 나는 3월 초에 송순을 쩌서 가루를 만들고 여기에 떡을 바탕으로 소주를 첨가한다. 가루 누룩을 삼해주보다는 두 배가량 더 넣어서 달포나 두 달쯤 지난 후 술을 빚어 마신다.

달성의 묘골 박씨 가문에서는 예전에 설과 추석 등 명절에는 반드시 송순주와 삼해주를 담갔다. 평소에도 귀한 손님을 접대하기 위해 향기가 은은히 풍기는 삼해주와 송순주를 마련해 두었다. 그러나 근래 들어 간편하게 살 수 있는 술이 흔하여 옛 술은 구경하기 힘들어졌다.[4]

4　이영진, 『달성 마을이야기』, 민속원, 2015, 144쪽.

세시풍속

3월

3월

"비슬산 참꽃 폈네, 화전놀이 가자꾸나" – 삼짇날

삼월 초사흘, 삼월 삼짇날은 강남 갔던 제비가 돌아오는 날이다. 이날 아침 일찍 제비를 보면 한 해 동안 몸이 가벼워진다는 속설이 전한다. 이날을 달리 답청절踏靑節이라고도 한다. 답청절은 새로 돋아나는 풀을 밟으며 봄을 즐긴다고 해서 그렇게 부른다. 예로부터 이날에는 새 봄이 돌아옴을 기뻐하며 술과 음식을 마련하여 경치 좋은 산이나 물 맑은 계곡을 찾아 꽃놀이를 했다.

답청절

조선총독부 기관지에는 조선시대는 유생儒生들이 술과 고기를 준비하여 산정하변山亭河邊에 모여 시를 지으며 청유淸遊를 즐긴다고 했다. 또 서당의 학동들은 서당에 모여 시를 지으며 개접開接, 즉 봄 서당공부를 시작했다고 전한다.[1]

---

[1] 단국대 동양학연구원 엮음, 최인학·김민지 옮김, 『총독부 세시풍속』, 채륜, 2014, 50~52쪽.

조선시대 기록에는 '도성 풍속에서 산이나 계곡에서 물놀이하는 것을 꽃놀이라고 한다. 이것은 삼짇날 답청에서 유래한 풍속이다'고 했다. 그렇게 답청놀이로 하루를 즐긴 며느리들은 고된 농사일이 시작되기 전 마지막 놀이이기 때문에 집에 돌아와 울바자를 붙잡고 운다고도 했다.[2]

화전놀이

반가班家에서는 참꽃을 멥쌀가루에 섞어 동그랗게 반죽하여 기름에 지져 먹는데, 이것을 유전油煎 또는 화전花煎이라고 한다. 지역에 따라서는 이를 두견화전, 즉 진달래전이라고도 부른다. 옛 기록[3]에도 '이날 참꽃을 따다가 찹쌀가루에 반죽, 둥근 떡을 만드는데 그것을 화전이라고 한다'고 하고 '참꽃을 녹두가루에 반죽하여 만들고 녹두로 국수를 만들기도 하며 녹두가루에 붉은색 물을 들여 그것을 꿀물에 띄운 것은 수면水麵이라고 하는데 이것들은 시절음식으로 제사상에도 오른다'고 했다.

경상도 지역에서는 봄기운이 무르익어 참꽃이 만발하면 마을마다 '회취'를 연다. 집성촌의 경우에는 문중 어른의 허락을 받아 소용될 음식을 각 가정에서 준비하고 더러는 돈을 추렴하여 보태기도 한다. 회취날이 되면 몸치장, 옷단장을 한 부녀들은 삼삼오오 마을을 나선다. 음식 장만할 재료, 조리도구와 장구 등 풍물을 가지고 산야나 천변으로 가는 것이다. 회취하는 곳에 모두 모이면 떡이나 과일 등 미리 준비한 음식과 술을 마시며 논다. 아이들은 회취하는 곳에 따라가 꽃술을 따서 서로 걸고 당기면서 꽃싸움을 벌이기도 한다.

특히 달성에서는 진달래를 참꽃이라고 한다. 삼짇날 참꽃이 피면 화전놀이를 한다. 이 날 부인들은 무리지어 경치 좋은 비슬산 자락으로 화전놀이를 가는 것이다. 부녀들은 화전 가는 날 하루는 참꽃으로 모양을 낸 화전을 부쳐 먹으며 가사를 지어 읊고 꽃노래를 부르

---

2 홍석모 지음, 장유승 역해, 『동국세시기』, 아카넷, 2016, 123쪽.
3 김영조, 『하루 하루가 잔치로세』, 인물과 사상사, 2011, 160쪽.

며 하루를 즐긴다. 또 부녀자들이 화전놀이 가서 참꽃을 꺾어 방망이로 만들어 장단 맞춰 두드리며 노는데 이를 '꽃다림'이라고 한다.[4]

〈마을에서 들은 이야기〉
2022년 가창 한천서원 화전놀이 주관 노현아 씨

화전놀이는 여성들의 풍류이자 시회詩會입니다. 오늘날에 와서 화전놀이를 하는 것은 명맥이 끊겨가는 여성들의 가장 큰 명절을 되찾는다는 의미가 있습니다. 그런 만큼 화전놀이는 우리의 고유민속놀이라고 할 수 있겠지요. 어떻게 보면 과거 남존여비 사회풍속이 만들어낸 유별난 민속이라고도 할 수 있을 겁니다.

화전놀이라는 것은 예로부터 삼월 삼짇날에 들이나 산에 나가 참꽃으로 전을 부치고 떡을 빚어 먹던 봄놀이에서 유래했습니다. 조선시대 젊은 여성

노현아 씨(1960년생), 대구광역시 남구 대명동

---
[4] 단국대 동양학연구원 엮음, 최인학·김민지 옮김, 『총독부 세시풍속』, 채륜, 2014, 42쪽.

2022년 3월 달성군 가창면 한천서원에서 한국인성예절교육원 주최로 우리 전통문화 계승발전을 위한 화전놀이가 열렸다(사진 노현아 씨).

들은 바깥출입이 자유롭지 못했잖아요. 그런데 1년 중 단 하루 화전놀이 하는 날만큼은 집안 어른의 허락을 받아 꽃놀이 가서 종일 즐길 수 있었어요.

그런 화전놀이가 언제부터 시작되었는지는 옛 한시를 통해서 짐작할 수가 있습니다. 우리가 학교 다닐 때 배웠던 시 있잖습니까? 황진이 무덤 앞에서 '청초 우거진 골에 자난다 누웠난다 홍안은 어데 두고 백골만 누웠는고'라는 시 말입니다. 그걸 읊었던 백호 임제의 시 가운데는 그런 게 있습니다. '작은 시냇가에 솥뚜껑을 돌에 받치고 / 흰가루에 푸른 기름 둘러 두견화를 지져서 / 두 저로 집어 먹으니 향기가 입안 가득하여 / 한 해의 봄빛이 배 속으로 전해지누나'라는 시가 있습니다. 시 자체가 화전놀이 정경 그대로지요. 그런데 이 백호 임제는 조선 중기, 임진왜란이 일어나기 전에 살다간 사람이잖습니까? 이를 볼 때 이미 조선 중기에 화전놀이가 있었다는 걸 확인할 수가 있습니다. 물론 이 시의 주인공이 남

성인 만큼 여성들은 어떤 식으로 참여를 했는지 알 수 없습니다. 그러나 임제는 평안감사를 지낸 벼슬아치인 만큼 본인이 스스로 '솥뚜껑에 푸른 기름을 둘러' 화전을 부쳤다고 보기는 무리가 있을 것 같습니다. 여성이 함께했을 것으로 보는 것이 자연스럽지요.

그뿐만 아니라, 과거의 화전놀이가 어떻게 진행되었는지는 「화전가」로도 되짚어 볼 수가 있습니다. 그런데 주목할 점은 이 화전놀이가 나중에는 여성들만 참여한 여성들만의 잔치로 변했다는 것이죠. 지금도 전해 내려오는 내방가사 화전가 행간에 그런 것들이 보입니다.

과거에는 마을들이 집성촌이 많았잖습니까. 그러니까 삼짇날이 다가오면 으레 그럴 줄 알지만, 형식적이나마 집안 어른들에게 언제 화전놀이를 하겠다고 말씀드리고 허락을 받습니다. 어른들 허락이 떨어지면 사방의 부녀들한테 통문을 돌리는 겁니다. 그런 다음 부녀들이 동네를 돌며 쌀가루며 참기름 따위를 형편대로 추렴합니다. 넉넉한 집은 쌀 한 말도 내놓고, 궁한 집은 참기름 반 홉도 내고 그러는 거죠.

화전놀이 날이 되면 반가의 규수들은 아침 일찍부터 화장을 하고 옷매무새를 다듬어 치장을 하겠지요. 그러고는 여종들을 시켜 떡이며, 쌀가루며, 전을 부칠 '놋소래'[5]를 이고 지고 따르게 하여 상춘놀이 가는 겁니다. 마을 부녀자들이 모두 계곡 물가 너럭바위 같은 곳에 자리를 잡으면 놋소래나 솥뚜껑을 걸어놓고 참꽃을 따다가 전을 부치는 거죠.

전은 주로 쌀가루나 찹쌀가루로 부칩니다. 그것을 익반죽이라고 해서 뜨거운 물로 설익히며 반죽을 하는 거죠. 반죽을 새알만 한 크기로 떼 내, 동글납작하게 하여 참기름이나 들기름, 산초기름을 두른 놋소래에 올려 지집니다. 한쪽이 얼추 익으면 뒤집어 익히면서 따 온 참꽃을 올려 모양을 내는 거죠. 대추나 잣 같은 것을 얹기도 합니다. 더러는 전을 넓게 펴서 익힌 다음 그 위에 꽃이나 쑥 같은 것을 얹고 말아서 줄기 모양을 내기도 하고, 떡살로

---

5 놋쇠로 만든 밑이 평평하고 약간의 운두가 있는 접시 모양의 그릇. 「덴동어미 화전가」에 놋소래가 나온다.

찍은 것처럼 모양을 내기도 하여 갖가지 솜씨를 자랑하는 거지요. 지진 화전은 먼저 나이 많은 분들한테 드립니다. 그러면 어느 규수 솜씨는 어떻다며 품평을 하겠지요.

그렇게 화전을 부쳐 먹으면서 미리 준비해 온 지필묵으로 화전가를 짓습니다. 한글로 짓는 화전가는 4·4조의 운율로 계속해서 이어지는 가사로 특별한 양식은 없습니다. 내용은 대략 그날 화전놀이의 정경을 읊고, 시집살이의 애환 같은 것도 쓰고, 신세한탄을 늘어놓기도 하지요. 이런 다양한 내용들이 들어가기 때문에 화전가가 어떻게 보면 규방가사의 백미로 손꼽히는지도 모릅니다. 오늘날 경북 북부지방에서 전해오는 유명한 「덴동어미 화전가」[6] 같은 경우는 매우 길어서 마치 한편의 소설과도 같습니다. 시집가서 남편과 네 번이나 사별한 사연을 적어 놓고 있지요. 물론 그런 화전가는 화전놀이 현장에서 지었다고는 생각되지 않습니다. 화전가는 사전에 지어가지고 가서 사설로 푸는 경우도 있고 화전놀이를 마치고 돌아와서 감회를 읊은 것도 많이 있거든요. 그렇게 화전가를 지어 노래하듯 읊고 나면 웃어른들이 듣고 품평을 하여 어느 집 규수는 글 솜씨가 좋다고 그렇게 칭찬을 하는 거지요.

화전놀이는 이처럼 참으로 귀한 우리의 풍속입니다. 그런데 점차 그것이 사라져가니까 아쉬운 거죠. 그래서 저희 한국인성예절교육원에서는 이 화전놀이 전통의 맥을 이어가고자 매년 달성지역을 중심으로 하여 행사를 하고 있습니다. 금년에는 가창 한천서원에서 열렸습니다. 화전을 부쳐 나눠 먹고 화전가를 지어 서로 겨루기를 하여 우수작품에는 시상을 하며 즐거운 하루를 보냈습니다. 내년에는 도동서원에서 할 계획입니다. 우리 고유의 이런 미풍양속, 화전놀이가 후세까지도 잘 이어졌으면 하는 바람입니다. 여성만의 이런 고유한 놀이가 하나쯤 있는 것, 괜찮지 않습니까?

---

6 「덴동어미 화전가」는 약 100년 전 경상도 순흥(영주)지방에서 전해 내려오는 화전가. 그 내용 속에는 한 여인의 비극적인 인생살이가 고스란히 담겨 있어 사람들 사이 널리 읽히고 있다.

〈가창 화전가〉

반가웠다 친구들아 화전놀이 즐겁던가
긴긴겨울 찬기운도 춘삼월에 훈풍부니
양지쪽에 봄눈녹듯 자취없이 사라지고
꽃이피고 새가우니 우리다시 만났구나

(중략)

겨울가면 봄이오니 이것저것 알뜰살뜰
화전놀이 준비해서 가창으로 가는길이
꿈길인양 설레인다 맑은물을 가득담은
대구젖줄 가창댐을 굽이굽이 휘휘돌아
줄지어선 벚꽃터널 하얀꽃눈 펄펄내려
무릉도원 여기런가 봄날정취 가득하다

(중략)

마파람에 게눈처럼 하루해가 어디갔나
친구들아 오늘일을 머릿속에 새겼다가
속상한날 힘든날에 다시꺼내 펼쳐보며
인생살이 고단함을 잠시나마 달래보자
일년동안 오늘처럼 건강하게 지내다가
모이는날 되거들랑 번개같이 달려오소[7]

---

[7] 권숙희(영남내방가사연구회 초대회장) 씨의 2014년 가창 비슬산 화전놀이 때 「화전가」 일부.

삼짇날 민속

삼월 삼짇날은 양陽의 기운이 충만한 날이다. 이날 머리를 감으면 머리카락이 윤기가 흐르며, 머릿결이 물 흐르듯 곱고 부드러워진다고 한다. 또 머리를 감고 빠진 머리카락을 부추밭이나 솔밭에 묻으면 머리카락이 부추나 솔잎이 자라듯 무성히 자란다고 전해 내려온다. 갓난아기의 배냇머리를 깎아주면 머리카락이 잘 자라고 머리에 부스럼도 나지 않는다고 한다.

달성에서는 이날 장을 담그면 맛이 좋다고 하여 장 담는 집이 많다. 옛날에는 '산치성'이라고 하여 가정에서 정淨한 산에 가서 정성을 들이기도 했다. 달성 사람들은 이날 흰나비를 보면 상복을 입게 되고, 노랑나비를 보면 길吉한 일이 생긴다고 여긴다. 특히 뱀을 보면 운수가 길하다고 점치기도 한다. 이날 약물을 먹으면 한 해 동안 무병하고 측간을 고치거나 집수리를 해도 무탈하고 호박을 심으면 잘 된다고 한다.

달성의 유가읍 유곡2리 외동마을에서는 당산나무 잎이 피는 것을 보고 신수점을 친다. 나뭇잎이 한꺼번에 피면 그해 운수가 좋을 것이라고 내다보고, 드문드문 피면 운수가 좋지 않을 것이라고 점친다. 달성 하빈면 하산2리에서는 남녀 모두 동쪽으로 흐르는 물에 겨울의 묵은 때를 씻는다. 그리고 화전花煎과 화주花酒를 마련하여 조상에 고사를 지내고 부녀자들은 절에 가서 불공을 드렸다. 한편 논공읍 남리, 유가읍 금2리에서는 새봄을 맞이하는 삼월 삼짇날 전후, 청년들이 주축이 되어 마을 어른들을 초청하여 술과 음식을 대접하고 풍장을 치며 하루를 즐겼다.[8]

---

8 달성군, 『달성백서』, 2014.

"한식날 오동나무 심은 뜻은…" — 청명·한식

한식寒食은 동지로부터 105일 되는 날로 다섯 번째 절기이다. 청명은 한식과 함께 조상묘에 성묘를 올리고 묘 주변에 나무를 심는 등 음택陰宅을 손질하는 때이다.

이때부터는 봄기운이 무르익어 나무에 물이 왕성하게 오른다. 청명·한식에는 부지깽이를 거꾸로 꽂아도 싹이 튼다는 옛말이 있다. 한창 물이 오른 버들가지는 살짝만 비틀어도 속대가 빠져 나온다. 아이들은 버들가지 속대를 빼낸 껍질로 버들피리를 만들어 불고 다닌다. 이런 왕성한 생명력 때문에 여자아이를 낳은 집에서는 청명·한식에 오동나무를 심는다. 오동나무는 나중에 아이가 커서 시집갈 때 가져갈 장롱의 재목이 되는 것이다.

한편, 예로부터 한식에는 찬밥을 먹는 풍습이 있다. 한식날 찬밥을 먹는 데는 두 가지 연원이 전해 내려온다.

하나는 조선시대 '반화頒火, 개화改火, 사화賜火'라고 하여 불을 나눠주는 풍습과 맥을 같이한다. 『태종실록太宗實錄』에 따르면 내병조內兵曹에서 불을 일으켜 왕에게 바쳤다는 기록이 나온다. 내병조에서 느릅나무와 버드나무를 마주 비벼 일으킨 불을 왕에게 바치면, 왕은 다시 그 불을 문무백관과 지방고을 수령들에게 나눠주었다. 왕이 장화통藏火筒이라는 통에 불씨를 담아 내려준 불은 고을의 수령들이 받아 다시 백성들에게 나눠준다. 이때 백성들은 묵은 불씨를 끄고 새 불을 받을 때까지 하루를 기다린다. 새 불이 당도할 동안 밥을 지을 수 없어 그 하루 찬밥을 먹는 데서 한식이 유래되었다는 것이다. 예로부터 달성에서는 불은 신성한 것으로 여겨 집안에 불씨를 꺼뜨리지 않고 지키는 것이 안주인의 중요한 책무였다. 때문에 안주인이 남의 집에 불씨를 빌리러 가는 것은 수치스러운 일로 여겼다. 또 불을 빌려주는 집에서도 집안의 기운을 앗아간다고 하여 불씨를 내주는 것을 매우 꺼림칙하게 생각했다.

또 하나, 한식날 찬밥을 먹는 것은 개자추의 충절에 연원을 두고 있다. 춘추전국시대 진나라 문공이 난리를 피해 개자추 등 여러 신하와 함께 국외로 탈출했다. 방랑생활을 하

한식날을 맞이하여 화원읍 본리리 인흥마을 남평문씨세거지에서 일가가 모여 조상 묘소를 손질한 후 성묘를 하고 있다(사진 문제성 씨).

던 문공 일행은 먹을 것이 없어 굶어 죽을 지경에 이르렀다. 이때 개자추가 자신의 넓적다리 살을 베어 구워서 문공을 먹여 살린다. 죽을 고비를 수없이 겪은 후 귀국하여 왕의 자리에 오른 문공은 고생한 신하들에게 공훈에 따라 벼슬을 내린다. 그러나 개자추에게는 아무런 후사가 없었다. 이에 개자추는 깊은 산속으로 들어가 은거해버린다. 뒤늦게 이를 알게 된 문공은 개자추를 불렀지만 스스로 나서지 않았다. 이에 문공은 산에 불을 질러 개자추가 나오도록 했으나 개자추는 끝내 나오지 않고 불에 타서 숨지고 말았다. 그 후 문공은 그의 충절과 곧은 마음을 애도하여 개자추가 죽은 날은 불을 금하고 찬 음식을 먹도록 했다. 개자추가 죽은 날 밥을 짓지 않는데서 한식이 유래했다고도 한다.

"화병에는 곡우물이 제일이라" – 곡우

달성에서는 곡우가 되면 농가에서 못자리를 만든다. 이날 비가 오면 풍년이 든다고 믿는다. 부녀자들은 곡우약물을 마시러 갔다. 곡우약물은 깊은 골짜기 다래나무나 박달나무, 자작나무, 가래나무 것이 좋다. 약물은 나무껍질에 칼집을 내거나, 가지 끝을 자른 후 휘어서 밤 동안 병에 받는다. 민간에서는 곡우약물이 위장병, 신경통, 당뇨, 피부병에 좋다고 알려져 있다. 특히 고부간의 갈등으로 생긴 속병에 효험이 있다는 속설이 있어 젊은 새댁들이 즐겨 마셨다고 한다.

옛 문헌에는 매년 3월 활쏘기대회가 열렸다고 기록하고 있다. 이때가 되면 무사와 선비, 반촌사람, 향촌사람 할 것 없이 모두 모여서 과녁을 펼쳐 걸고 편을 나누어 활쏘기 승부를 겨루었다. 조선시대부터 활쏘기대회는 향리나 지역, 한량과 무사 등으로 편을 나눠 시합을 벌였는데, 이를 편사便射라고 했다. 편사에서 한쪽 인원은 각각 15명으로 정하여 겨룬다. 과녁은 80간(약 145m) 거리의 사정射程에 높이 12자, 너비 8자의 나무판을 세우고 원을 그려서 표시한다. 시합은 사정射亭에서 사수들이 3순三巡씩 모두 15발을 쏘아, 과녁을 벗어난 살 수를 헤아려 승패를 결정짓는다. 봄철 활쏘기대회에 참가한 편사들은 곱게 치장한 기생들의 술시중을 받으며 하루를 흥겹게 논다. 화살이 연이어 다섯 살이 과녁에 명중을 하면 기생들이 북을 울려 '지화자' 소리를 하여 흥을 돋우며 한바탕 춤을 춘다. 문무양반들의 놀이인 활쏘기대회에는 참가자뿐만 아니라 구경꾼들로 인산인해를 이루었다고 기록은 전한다.[9]

---

9 최상수, 『한국의 미―세시풍속』, 서문당, 1988, 106~108쪽.

시절음식

탕평채

봄날, 삼월 중에 먹는 음식으로 탕평채가 있다. 탕평채는 조선시대 당파싸움을 해결하기 위한 자리에 낸 음식으로 그 이름이 널리 알려졌다. 영조대왕은 탕평책을 논하는 자리에 청포에 사색의 탕평채를 상에 올렸다고 전한다. 탕평은 『서경』에 나오는 '왕도탕탕 왕도평평'[10]으로 인재등용 원칙을 말한다. 그런 바, 탕평채의 오색은 음양오행에 뿌리를 두고 있다. 녹두묵의 흰색은 서인, 붉은 고기는 남인, 푸른 미나리는 동인, 검은 김은 북인을 상징한다. 탕평채는 이것들이 모두 한데 어우러져 맛의 조화를 이루듯 조정도 당색을 떠나 서로 조화를 이루기를 바라는 영조대왕의 치세의 뜻이 담긴 음식인 것이다. 이 탕평채는 매우 시원하여 늦은 봄날 먹기가 좋다고 했다.[11]

    탕평채를 만드는 법은 청소두, 즉 녹두를 물에 불려 절구에 찧는다. 그것을 천에 걸러 내 물을 끓인 후 그릇에 담아 식혀서 녹두포菉豆泡를 만든다. 녹두포는 가늘게 썰고 돼지고기, 미나리, 김 등을 넣어 식초간장으로 간을 하여 차게 해서 먹는다.[12]

산떡

흰떡을 방울 모양으로 만들고 그 속에 팥을 넣는다. 떡에는 다섯 가지 색을 입혀 작은 것은 다섯 개, 큰 것은 세 개씩 이어 구슬처럼 꿰어서 낸다.

---

10 왕도딩딩(王道蕩蕩) 왕도평평(王道平平)은 왕이 인재를 능용할 때 자신과 가깝다고 쓰고, 멀다고 쓰지 않으면 안 된다는 뜻이다.
11 홍석모 지음, 윤숙자 외 엮음, 『음식으로 들여다보는―동국세시기』, (주)백산출판사, 2020, 43쪽.
12 단국대 동양학연구원 엮음, 최인학 · 김민지 옮김, 『총독부 세시풍속』, 채륜, 2014, 48쪽.

수면

녹두로 국수를 만들고 혹은 붉게 물들여 꿀물에 띄운 것을 이름하여 수면水麵이라고 한다. 꿀물을 붉은 색으로 낼 때는 진달래나 오미자 등을 써서 녹두국수를 담아서 내는 것이다. 녹두국수는 녹두녹말을 묽게 반죽하여 구멍이 뚫린 바가지에 쏟아붓는다. 이때 녹두의 면발이 뜨거운 물에 익도록 하여 곧바로 건져낸 후 찬물로 식힌다. 수면은 화채의 일종으로 시절음식인 만큼 녹두녹말에 진달래꽃을 함께 넣어서 반죽하기도 한다.[13]

놀이

땅따먹기

장차 보리타작을 하기 위해 황토로 잘 다져둔 타작마당은 아이들에게는 더없이 좋은 놀이터가 된다. 봄 햇살이 따사로운 널찍한 빈 타작마당에서 아이들은 땅따먹기 놀이를 한다.

땅따먹기는 땅바닥에 커다란 둥근 원을 그리고 각각 원 안 양 끝에 반원형으로 한 뼘 크기 정도의 자기 방을 그린다. 두 아이가 가위바위보로 먼저 공격할 것인지 정한다. 이긴 쪽이 먼저 단추만 한 납작한 돌을 자기 집에 놓고 손가락으로 튕긴다. 돌은 세 번 튕겨서 다시 자기 집안으로 들어와야 한다. 이때 세 번 튕겨 돌이 멈췄던 자리를 이어 금을 긋는다. 넓혀진 공간은 자기 집으로 차지하게 된다.

만일 세 번 튕기는 동안 돌이 큰 원 밖으로 나가거나, 세 번째 돌이 자기 방안으로 들어오지 못하면 공격권이 상대방에게로 넘어가게 된다. 또 상대의 집안으로 침범해도 마찬가지로 공격권을 잃는다. 이후부터 공격자는 자기가 차지한 집의 어느 위치에서든지 출발할 수 있으나 큰 원에서 한 뼘 안으로 걸치게 되면 탈락한다. 번갈아 공격하면서 마지막에는

---

13 홍석모 지음, 윤숙자 외 엮음, 『음식으로 들여다보는―동국세시기』, (주)백산출판사, 2020, 41쪽.

누가 많은 땅을 차지하는지 겨룬다. 주로 여자 아이들이 즐겨하는 놀이다.

닭싸움

사내아이들은 넓은 공터에서 닭싸움을 즐겨 한다. 커다란 원을 그리고 양쪽으로 편을 나눈다. 양편은 큰 원을 자기 집으로 삼아 원의 한쪽에 문을 낸다. 또 양편은 집 반대쪽에 작은 원을 그려 쉼터를 하나씩 만든다. 집안과 쉼터에서는 두 발로 땅을 디딜 수 있다. 그러나 원 밖에서는 누구나 한쪽 발을 양반 자세로 하여 양손으로 발목을 잡고 깨금발을 뛰어야 한다. 양편은 서로 맞붙어 다리나 어깨 등을 밀치며 공격하는데, 이때 한쪽 손을 놓거나 넘어지면 탈락한다. 탈락한 사람은 원 밖으로 나가야 한다. 때로 한 사람씩 승부를 겨루는 경우도 있다. 보통 진 편은 이긴 편 아이들을 업고 마당을 한 바퀴 도는 벌칙을 받는다.

세시풍속

4월

4월

"연등 달고 부처님 전에 합장하네" – 초파일

사월 초파일의 전통행사나 놀이는 일제강점기까지만 해도 화려하게 펼쳐졌다. 당시 기록을 보면 석가 탄신일을 욕불일浴佛日이라고도 하여 사람들은 새 의복으로 갈아입고 부근의 사원에 참배한다고 전한다. 또 이날 저녁 무렵에는 등석燈夕이라 하여 오색종이를 단 등을 밝혀 실외에 높이 올려 단다고 적고 있다.

조선시대 기록에는 "초파일이 되면 아이들은 제각각 등燈을 달고 그 기둥 아래 석남잎을 넣고 찐 떡과 함께 삶은 콩과 미나리로 상을 차린다. 이러한 것은 석가 탄신일을 맞아 손님을 모시고 함께 간소하게 즐기기 위함이다"라고 했다.[1]

이를 볼 때, 예로부터 사월 초파일에는 등을 달고 간소한 음식을 장만하여 손님과 더불어 즐긴 것을 알 수 있다.

초파일 행사와 관련하여 일제강점기 조선총독부 기관지는 연등풍습에 대해 자세히 기

---

1 홍석모 지음, 장유승 역해, 『동국세시기』, 아카넷, 2016, 135~136쪽.

록하고 있다. '지금도 개성에서는 매해 이날이 되면 하늘은 제등으로 가득 차고 가게 앞은 조화에 둘러싸이고 집집마다 매단 색등롱色燈籠은 보기에도 화려하여 매우 장관을 이룬다'고 초파일 풍경을 묘사하면서, '밤이 되어 제등과 등롱에 불이 켜지고 사거리마다 불꽃놀이가 시작되면 더욱더 화려함이 더한다'고 했다.

또 옛날에는 도회지와 시골을 막론하고 여러 곳에서 8일부터 23일까지 등간燈竿이라는 긴 장대를 세워 등대를 만들었다. 그 꼭대기에 꿩 깃이나 솔가지를 꽂아 장식한 후 오색비단 깃발을 달고 가족 수대로 색등을 달았다고 한다.

사치스러운 사람은 큰 대나무를 수십 개 묶어 세우기도 하고, 또는 오강五江² 주변에서 돛대를 운반해 와 사다리를 만드는 경우도 있었다고 전한다. 어떤 사람들은 해와 달의 형상을 한 굴러다니는 등을 달기도 하고 화약을 종이에 싸서 끈으로 묶고 불을 붙여서 불꽃놀이처럼 즐기기도 했다. 혹은 꼭두각시를 만들어 옷을 입히고 끈으로 묶어 등간 꼭대기에 매달아 요동치도록 하여 놀기도 했다고 전한다. 이를 볼 때 과거에는 연등행사에 얼마나 공을 들였는지 짐작할 수 있다.

옛날 경성에서는 평소 야금夜禁이라 하여 인경人定이 울린 뒤에는 길을 다니는 것을 금지했는데, 사월 초파일 밤만은 야금을 해제했다. 이날은 저녁 무렵부터 성내의 모든 사람이 총출동하여 남북의 산기슭에 오르거나 혹은 거리를 거닐며 구경한다. 경성은 불야성의 거리와 수많은 사람으로 장관을 이루었다고 당시의 광경을 전하고 있다.³

---

2 한양 한강 주변의 다섯 강촌.
3 단국대 동양학연구원 엮음, 최인학·김민지 옮김, 『총독부 세시풍속』, 채륜, 2014, 50~52쪽.

〈마을에서 들은 이야기〉
초파일 행사 봉행 장원사 주지 해광스님

사월 초파일 부처님 오신 날은 말할 것도 없이 불교 최대 행사지요. 석가모니 부처님의 탄생을 축복하는 매우 뜻깊은 날인 만큼 절집 잔치답게 봉축 법회뿐만 아니라 관등觀燈 의식과 탑돌이도 합니다. 이때 관등의식은 등불을 밝혀 석가모니 부처님의 탄생을 기쁜 마음으로 축복하며, 무명업장無明業障[4]을 소멸하고자 기원하는 것입니다. 초파일 관등의식은 연원이 삼국시대로 거슬러 올라간다고 하지요.

해광스님(1958년생), 대구광역시 달성군 유가읍

많은 문헌과 기록에서 전하고 있습니다만, 특히 『삼국사기』에는 '임금이 황룡사에 행차하여 연등을 관람하고 백관들에게 잔치를 베풀었다'는 기록이 보이지요. 그를 미루어 볼 때 관등의식은 이 땅에 불교가 들어오면서 시작되었다고 봐야겠지요.

---

[4] 무명업장은 번뇌로 말미암아 진리에 어둡고, 불법을 이해하지 못하는 상태와 더불어 전생에 지은 죄로 하여 이생에서 받는 갖가지 장애를 일컫는다.

사월 초파일 법회(사진 달성군)

　오랜 전통을 가진 이 관등의식을 불자들과 절집에서는 매우 중요하게 생각합니다. 해마다 초파일 행사에 쓸 등을 만드는 작업 역시 간단한 일이 아니지요. 많은 일손이 필요합니다. 때문에 절집에서는 설을 지내면서부터 틈나는 대로 등을 만듭니다. 특히 연꽃 모양의 연등蓮燈을 만드는 작업은 매우 까다롭고 시간도 많이 걸리지요. 만드는 과정을 보면, 우선 나무나 철사로 만든 등의 얼개에 하얀 종이를 덮어서 등을 만듭니다. 그리고는 아주 얇은 종이에 물을 들여서 하나하나 손으로 비벼 연잎 모양으로 잡지요. 그 연잎을 만들어 놓은 등에다가 하나씩 붙이는 겁니다. 말은 간단하지만, 숙련된 사람도 연등 하나를 만드는 데 두세 시간씩 걸립니다.

　이런 일은 스님 혼자서 하기에는 벅차기에 더러 보살들이 와서 도와줍니다. 학생회나 청년회 등 신행단체가 있는 절은 그들이 손을 많이 보태기도 하지요. 그렇지만 학생들이나 젊은 사람들이 만든 것은 아무래도 서툴러 모양새가 안 나기 일쑵니다. 그래서 나중에 등을 달 때 사이사이 끼워서 달지요.

그렇게 서너 달 걸려 만든 등을 수백 개씩 차곡차곡 쌓아 놓고 초파일이 되도록 기다립니다. 또 절에서는 일찌감치 등을 달 줄을 절 마당에 쳐두지요. 초파일이 가까워지면서 신도들이 찾아들고 등이 달리기 시작합니다. 이윽고 초파일이 되면 조용하던 산사가 모여드는 신도들로 아침부터 북적거리고 소란스러워집니다. 신도들은 가족들 이름을 써넣은 등표를 등에 붙여서 원하는 자리에 가져다가 다는 거지요. 할머니들은 등을 달아놓고 연신 합장을 하며 가족의 건강과 가정의 안녕을 빌기도 합니다.

이렇게 해서 절 마당은 울긋불긋 등으로 꽉 들어찹니다. 그야말로 축제의 장으로 봄날 하루 꽃 잔치가 펼쳐지는 것이지요. 절에서는 초파일 오전 10시 반이 되면 봉축법회가 시작됩니다. 그러면 모인 사부대중은 일제히 법당 부처님을 향해 합장을 하고 절을 하면서 '석가모니불'을 염불하지요. 석가모니 부처님의 탄생을 축복하는 겁니다.

봉축법회가 끝나고 나면 곧바로 점심공양을 하지요. 불자들은 시원한 나무 그늘 아래 같이 온 사람들끼리 앉기도 하고, 평상이나 뜨락에 신문지 한 장을 깔고 앉아서 공양을 하는 분도 있습니다. 비록 미나리 물김치 한 보시기와 나물밥 한 그릇이지만 이날만큼은 꿀맛일 터이지요. 더러 보면 어린 아이들도 어찌나 맛나게 먹는지 같이 온 엄마가 후원 공양간에 가서 공양주한테 달리 부탁을 해서 더 받아와 먹기도 합니다. 떡과 과일도 이날만큼은 풍성하지요. 부처님 전에 올렸던 떡과 과일을 내려와 신도들께 나눠드립니다. 어떤 보살님은 자기 몫으로 받은 과일 한두 개를 특별히 봉지에 싸서 집으로 가져갑니다. 불전에 올렸던 음식을 어린 아이에게 먹이면 머리가 총명해진다는 속설이 옛날부터 전해오기 때문이지요. 풍설일지 모르지만 그것이 할머니의 손주사랑이겠지요.

그렇게 날이 어두워지면 등마다 초를 끼워 넣고 불을 켤 준비를 합니다. 낮에 달아놓았던 등에 일제히 불을 밝히면 산속 절 마당은 꽃등불로 일렁이기 시작하지요. 그 등불에서 뿜어져 나오는 은은한 불빛은 화려하지도 사치스럽지도 않아, 고요하고 평화스럽게 느껴집니다.

등마다 불을 다 밝히고 나면 스님은 저녁예불을 마친 후 탑돌이를 하지요. 탑이라는 것과 탑돌이의 의미가 그렇습니다. 석가모니 부처님 사후에 8만4천 개의 탑을 모아 부처님의 사리舍利를 모십니다. 그렇기 때문에 탑은 절집에서도 가장 경건한 곳으로 불교의 상징이기도 한 것입니다. 그 탑을 돌면서 부처님의 공덕을 기리고 또 복을 비는 것이지요. 옛 문헌에 보면 탑돌이 공양을 일심으로 하여 복을 받았다는 기록이 자주 보이지요. 그래서 초파일 절집에서는 사부대중과 함께 탑돌이를 하는 겁니다.

탑돌이가 시작되면 신도들도 합장하고 스님 뒤로 길게 줄을 지어 돌지요. 그러면서 '석가모니불'을 소리 내어 부르며 석가모니 부처님 탄생을 일념으로 축원합니다. 사뭇 경건하지요. 산속에 등불이 환히 밝혀진 가운데, 염불소리가 낭랑하게 울려 퍼지면 이미 중생계가 아니지요. 모두가 피안으로 향하는 대열에 동참하고 있는 것입니다. 그렇게 초여드레 달이 기울도록 '석가모니불', '석가모니불' 염불소리는 이어지고 등불도 하나둘 줄기 시작하면 부산했던 초파일 하루가 끝이 나는 것입니다.

시절음식

증병

멥쌀가루에 약간의 물을 섞어 반죽한 것을 따뜻한 곳에 두어 하룻밤 숙성시킨다. 이것이 발효되면 표면이 방울 모양이 된다. 그 위에 대추와 석이石耳를 얇게 잘라 얹어 찐 다음 사각형 또는 마름모꼴로 자른다. 이것에 벌꿀 또는 설탕을 발라서 먹는다. 이 떡은 푸른색과 흰색 두 종류가 있는데 푸른색은 당귀를 넣은 것이다.[5]

---

5 단국대 동양학연구원 엮음, 최인학·김민지 옮김, 『총독부 세시풍속』, 채륜, 2014, 53쪽.

어채

생선과 국화잎, 파, 석이, 전복, 계란 등을 실처럼 얇게 썰어 버무린 다음 초간장에 찍어 먹는다. 이것을 어채라고 한다.[6]

미나리강회

『동국세시기』에는 '미나리를 데친 것에 파를 넣고 회를 만들어 산초장으로 간하여 술안주로 먹는데, 이는 초여름에 먹을 만한 것이다'고 소개하고 있다. 미나리강회는 잎을 떼 낸 미나리와 손질한 실파를 뜨거운 물에 각각 데쳐 찬물에 헹군다. 물기를 뺀 미나리와 파를 한 줄기씩 함께 돌돌 말아서 초간장에 찍어 먹는다. 요즘의 가정에서도 어렵잖게 볼 수 있는 요리로 일명 근총회芹葱膾라고 한다.

    옛사람들은 미나리강회를 먹으면 호열자와 같은 전염병에 걸리지 않는다고 믿었다. 이는 감기에 걸렸을 때 파국을 끓여 먹으면 효험이 있다는 것과 같은 대증요법이다. 또 미나리를 복어요리에 넣어 먹는 것 역시 이와 다르지 않다. 미나리가 복어 독을 해독시키는 오랜 경험에서 비롯된 것이다.

---

6   앞의 책, 53쪽.

세시풍속

5월

5월

"꽃 댕기 매고 그네 뛰는 저 처자야" – 단오

"단오를 속가에서는 술의일戌衣日이라 부르는데 '술의'란 우리말로 수레를 뜻함이라. 이날 쑥을 뜯어 찧어 쌀가루를 넣고 초록빛이 나도록 반죽하여 수레바퀴 모양으로 떡을 만들어 먹는데, 이를 연유로 수릿날이라고 하는 것이다"라고 옛 기록[1]은 적고 있다.

음력 오월 초닷새는 단양, 중오 또는 수릿날이라고 한다. 예로부터 이날은 4대 명절의 하나로 전해 내려왔다. 수리는 '높다', '위', '신'을 뜻하는 우리 옛말로, 수릿날은 '신의 날', '최고의 날'을 뜻한다. 이처럼 단옷날은 1년 중 양기가 가장 왕성한 날이다. 이날 오시午時에 뜯은 약쑥을 다발로 묶어 대문 옆에 세워 두면 재액을 물리친다고 전한다. 민간에서는 단옷날 오시에 약쑥과 익모초, 찔레꽃을 뜯어 말린다. 가장 약성이 좋을 때 이들을 뜯어서 한 해 동안 상비약으로 쓰고자 하는 것이다.

조선시대 반가의 선비들은 시詩 짓는 친구들을 초대하여 단옷날 하루를 즐겼다. 향을

---

[1] 홍석모 지음, 최대림 역해, 『동국세시기』, 홍신문화사, 2015, 87쪽.

피워두고 경건한 분위기 속에서 그림을 그리기도 하고 더불어 음악을 듣기도 했다. 과거 선비들이 단옷날 시회에서 지은 시가 오늘날까지 전해 내려와 당시의 시속을 엿볼 수 있다.

> 아침볕은 쨍쨍히 발 사이로 비치고
> 향 연기는 모락모락 피어오른다.
> 노랫소리 그윽하고 아름다운데
> 여운은 석류꽃을 도는 듯하네.[2]

단옷날에는 남자들은 씨름을 하고 여자들은 그네를 뛰며 하루를 즐긴다. 이날 남자들은 창포뿌리를 잘라 허리에 차고 다니고, 여자들은 창포뿌리를 잘라 비녀로 꽂고 다니는 풍속도 있다. 창포뿌리를 몸에 지니면 액운을 막고 두통이 없어진다고 한다. 또 창포 삶은 물에 머리를 감으면 윤기가 난다고 하여 이날은 창포물에 머리를 감고, 또 잡귀를 물리친다고 하여 창포술을 마신다. 이맘때쯤은 한창 앵두가 익을 철이라, 앵두화채를 만들어 먹기도 한다. 농가에서는 대추나무 시집보낸다고 해서 도끼로 대추나무를 두드리거나, 가지 사이 돌을 끼워 넣기도 한다. 이렇게 하면 대추가 많이 열린다고 전해온다.

부채 선물

조선시대에는 단오절 부채 선물 풍습이 성행했다. 고서[3]에는 단오절 부채 선물과 관련하여 자세한 기록이 전한다. '공조와 전라도, 경상도 두 곳 감영과 통제영에서는 단오가 되면 부채를 진상한다. 그러면 조정에서는 이를 시종관 이상 삼영[4]에까지 모두 예에 따라 차이 나게 나누어 준다. 부채를 받은 사람은 다시 그것을 자신의 친척, 친구, 묘지기, 소작인에게 나

---

2   최행귀 외, 『우리 겨레의 미학사상』, 299쪽 기준조의 시 「단양가절(端陽佳節)」 인용.
3   김매순 지음, 최대림 역해, 『열양세시기』, 홍신문화사, 2015, 164쪽.
4   조선시대 훈련도감, 금위영, 어영청의 세 곳의 군영을 말한다.

누어준다. 이로써 속담에 시골에서 생색내는 것은 여름에는 부채요, 겨울에는 책력이라고 한다' 이처럼 부채 선물은 나라의 중요한 일 중에 하나였다.

또 광해군 때에는 '단오에 진상한 유선油扇은 여러 도감에 거의 나눠 주고 내탕고에 저축된 것이 없는데 갑자기 쓸 곳이 있을지 모르니 유선 각 삼백 자루를 속히 정밀하게 만들어 올려 보낼 것을 경상도, 전라도 감사에게 하유下諭하라고 일렀다'고 기록하고 있다.

이를 미루어 보면, 단오 부채 선물은 4곳의 국가기관이 힘을 기울여 시행하는 연례행사로 조정에서는 진상한 부채를 9품에서 7품의 미관말직과 군졸까지 나누어 준 것이 확인된다. 또 하사한 부채는 묘지기나 소작인한테까지 보내는 것으로 볼 때, 온 나라의 백성이 단오 때는 부채를 주고받았음을 알 수 있다. 광해군 때 기록에서 보듯, 조정 곳간에는 항시 부채를 쌓아놓고 하사품으로 활용했던 것으로 보인다. 절선節扇 진상 풍습은 조선 말기 고종 때까지 계속되었으며, 이와 같은 습속에 따라 민가에서도 단오 때면 방구부채나 태극선 따위를 주고받는 것이 유행했다.

씨름대회

단옷날 대표적인 민속놀이인 씨름은 전국에 걸쳐 펼쳐졌다. 씨름대회는 상고시대부터 해오던 놀이로 단옷날이면 강변 넓은 백사장에서 씨름판이 열렸다. 우리나라 사람 누구나가 알 듯, 씨름은 두 사람이 샅바를 두르고 맞붙어 넘어뜨리는 경기다. 샅바를 거는 위치에 따라 왼씨름, 오른씨름, 띠씨름으로 구분한다. 왼씨름은 샅바를 오른쪽 다리에 끼우고 어깨는 왼쪽에 대고 하는 씨름이며, 오른씨름은 그 반대이다. 띠씨름은 허리에만 띠를 두르고 한다. 대부분 지역에서는 왼씨름을 많이 한다.

씨름은 다양한 재간을 부려 상대방을 넘어뜨리게 되는데, 그 기술은 대개 44가지가 있다. 크게는 들재간, 팔재간, 다리재간으로 나눈다. 들재간은 흔히 배지기를 말하는 것으로, 상대를 앞으로 끌어당겨 배 위로 들어 올린 후 옆으로 돌면서 넘기는 기술이다. 들재간에 능한 씨름꾼은 그 기술의 시원스러움 때문에 씨름판에서 언제나 환영을 받는다. 팔재간은

달성군 단옷날 행사 중 씨름대회(사진 달성군)

상대를 밀거나 당기면서 팔로 감아 젖혀서 넘기는 기술이다. 다리재간은 상대를 발이나 다리로 걸어서 당기고, 밀고, 틀어 옆으로 돌며 후려서 넘어뜨리는 기술을 말한다.

과거의 씨름은 오늘날처럼 역사力士들이 1대 1로 맞붙어 승자 대 승자가 다시 겨루는 방식이 아니었다. 한 사람의 역사가 나서면 다른 사람이 그에 도전하여 계속 판을 벌여 승부를 겨뤘다. 이때 더 이상 맞붙을 역사가 없어, 마지막에 승리한 장사를 '판막음 장사'라고 하여 우승자가 되는 것이다.[5]

과거 씨름판에서 우승한 '판막음 장사'한테는 흔히 상으로 황소 한 마리가 주어졌다. 차등에는 광목 한 필을 주는 것이 관례이다. 단옷날 씨름대회에서 우승한 장사는 황소 등

---

5 최상수, 『한국의 미-세시풍속』, 서문당, 1988, 132쪽.

을 타고 친구나 이웃들과 함께 풍물을 앞세우고 마을로 돌아와 큰 잔치를 벌였다.

그네뛰기

단옷날에는 여자들의 민속놀이인 그네뛰기가 널리 행해졌다. 그네뛰기는 본래 '추천鞦韆'이라고 하여, 중국 북쪽 변방의 융족에서 시작되어 중국으로 전래된 풍습이다. 중국 고서에 '북방의 융족이 한식 때 그네뛰기를 하여 가볍고 민첩한 것을 연습하는데 추천이라고 한다. 추천은 본래 산융山戎의 놀이였는데, 제齊나라 환공桓公이 북쪽의 산융을 친 후로부터 이 놀이가 중국에 전해졌다'고 기록하고 있다.

우리나라에서 그네뛰기 풍습은 언제부터 시작되었는지 정확한 기록은 없다. 다만 『송사宋史』에 고려 현종(재위 1009~1031년) 때 사신 곽원郭元이 전하기를 '고려에는 단옷날 그네를 뛴다'고 하였다. 이로 미루어보아 고려 중엽 13세기에 이미 그네뛰기가 성행했음을 알 수 있다. 우리나라 문헌에는 『고려사』 열전 「최충헌 전」에 처음으로 나타난다. '단옷날 충헌이 그네뛰기를 백정동궁에서 베풀고, 문무文武 4품 이상을 초청하여 사흘 동안 연회를 열었다'고 기록하고 있다.

그네뛰기는 조선시대에 들어와서 더욱 성행하여 많은 시가詩歌와 그림으로도 남았다. 조선 말기 시인 녹차綠此 황오黃五는 「추천사」라는 시를 남겼다.

> 새색시가 옛 색시보고 말하기를
> 우리집 시부모님은 복이 많으리다
> 올해 단옷날에 기껍게 나를 보내주어서
> 백 척 버드나무 아래서 그네를 뛰었네[6]

---

6   최상수, 『한국의 미—세시풍속』, 서문당, 1988, 118쪽.

근래 들어 그네뛰기는 지역에 따라 높이뛰기나 방울차기, 쌍그네뛰기 등의 종목을 정하여 대회를 열기도 했다. 이들 대회에서는 푸짐한 상품을 주어, 많은 부녀들이 참가하여 단오 하루를 즐겼다.

달성에서는 그네를 '군데', '근데', '그늬'라고 부른다. 단옷날 그네뛰기는 현풍읍 대리에서 근래까지 유례를 찾아볼 수 있다. 대리에서는 단오를 앞두고 동네 청년들이 집집마다 돌아다니며 짚단을 한 집에 다섯 단 정도씩 걸어 그네를 엮었다. 모은 짚단은 추려서 북데기는 버리고 속대만 뽑아 한 나절 봇도랑물에 적셔둔다. 저녁이 되면 청년들은 정자나무 아래 둥글게 모여 앉아 새끼를 꼰다. 꼰 새끼는 모아서 다시 셋으로 여자아이 머리 닿듯 엮는다. 그것을 다시 둘로 합하여 엮어서 어른 팔뚝만큼 굵은 동아줄로 만든다. 그넷줄 꼬기를 마치면 그네 발판을 만든다. 발판은 부지깽이 굵기의 나무 두 개를 그넷줄이 들어갈 만큼 틈을 벌려 나란히 놓고 새끼줄은 엇지게 엮는다. 그넷줄은 뒷산 큰 나무 굽은 가지에 매달아 처녀들이 그네를 타도록 한다.

그네는 혼자 타는 외그네와 둘이서 마주보고 타는 쌍그네가 있다. 그네타기 시합도 하는데 공중 높이 매단 베 조각을 입으로 물어 떼는가 하면, 그네 앞에 장대를 높이 세워 닿는 것으로 겨루기도 한다. 또 그네를 뛸 때는 '모기 날리자, 모기 날리자' 하면서 그네를 구른다. 그렇게 하면 여름에 모기한테 물리지 않는다고 하여, 단옷날에는 남녀노소 누구나 한 번씩 그네에 올라 모기 쫓기를 한다.

다음은 시집간 새색시가 친정에 다니러 와서 단옷날 뒷동산에서 그네 뛰는 정경을 그려낸 내방가사의 일부이다.

〈추천가〉
영격건곤 초판할제 우리인생 생겼도다 슬프다 우리인생
남녀로 분별있어 공맹자의 유훈으로 남귀여천 불쌍하다
어찌타 우리몸은 여자몸이 되었는고 원통한사 우리여자

순임금의 위품으로 여필종부 되었는가 산수타향 낯선곳에
눈물가려 어이갈고 오매불망 부모고향 언제다시 상봉할고
일편단심 슬픈마음 잊을날이 없었도다 반가울사 기사춘풍
어이그리 다정한고 비몽사몽 몽중속에 고향산천 다시왔나
후원동산 늙은솔은 옛모양이 불쌍하고 선계유수 맑은물은
쉬지않고 흘러가고 당상학발 양친전에 눈물뿌려 문안하고
동계형제 삼사촌은 면면각각 인사로다 앞뒤집의 놀던동류
그동안에 잘있던가 누구누구 모였던고 수야모야 다모였다
어와우리 벗님내야 이때가 어느때야 기묘전 삼춘이라
계천에는 세류로다 붉고푸른 푸른잎은 경치를 이루었고
나는새 춤추나니 춘흥을 돋우었다 무심한 남자들은
수리위에 높이올라 허다공원 명승지를 유람차로 다니다가
주사청유 찾아가서 한잔술로 담론하고 이삼배의 취흥이라
청춘가 한마디의 일역이 다진토록 유쾌이 논다만은
불행한 우리여자 천지간 무슨죄로 여자로 태어나서
방직을 일을삼고 골물로 낙을삼고 하루이틀 허다세월
귀찮고도 괴로워라 어와우리 벗님네야 세월이 신속하여
삼춘행락 다지나고 오월이라 단오일은 추천지의 가절일세
만고영결 춘향이도 광한루에 추천이라 최미한 우리몸이
추천이나 하여보세 반공중 높은가지 그네줄 느려놓고
청춘남녀 뛰놀적에 해가는줄 모를내라 남풍은 서리같고
예상풍은 낙엽이라 목적은 청청하고 홍산은 붉었도다
그네위에 높이올라 세상만사 잊었도다 청강의 흐른물은
추천과 한빛이라 여기저기 백양목은 구름밖에 흘러가고

남산손님 두견새는 객의수심 자아내고 떼를지은 봉접새는
　　　시름짓고 날아간다[7]

"나라님 비 내리시니 올해도 풍년일세" —태종우太宗雨

조선을 건국한 태종이 승하한 날은 오월 초열흘이다. 이날 내리는 비를 '태종우'라고 한다. 그 연원을 옛 문헌은 상세히 기록하여 전하고 있다.

'5월 10일은 태종 임금이 돌아가신 날이다. 태종 임금은 재위 22년(왕위 18년, 상왕 4년, 도합 22년) 동안 하늘을 공경하고 백성 다스리기에 부지런하시어 이른 아침부터 밤늦게까지 게으름이 없으셨다. 병이 위독하실 때도 하늘을 보고 날이 가문 것을 걱정하시면서 "내가 죽어 옥황상제님께 빌어 한바탕 비가 오게 하여 우리 백성들에게 은혜를 베풀리라"하셨다. 그 후 왕이 승하하시어 임종을 보고 문 밖으로 나오자 곧 하늘에서 한바탕 비가 쏟아졌다. 그 후로 매양 태종 임금의 기일이 되면 꼭 비가 오므로 백성들은 이 비를 태종우라 했다'[8]

조선시대에는 태종우가 내리면 그해 풍년이 든다는 속설이 있었다. 그 때문에 이날 내리는 비를 태종의 은덕으로 생각하여 백성들이 크게 감읍했다.

영남 선비 권상일이 쓴 『청대일기』에는 태종우에 대한 기록이, 오월 초열흘 일기에 두 번에 걸쳐 나온다.

'한밤중에 비가 내리니 큰 가뭄 끝에 오는 이 비가 상서로움이 아니겠는가. 백성들을 불쌍하게 여기는 우리 태종 임금의 혼령이 오래도록 사라지지 않으니 감읍한 마음이 그지 없다'[9]는 기록이 보인다.

7　제공자 : 류수향(안동시 임동면 고천리), 정리 : 권숙희.
8　김매순 지음, 최대림 역해, 『열양세시기』, 홍신문화사, 1989, 166쪽.
9　숙종 37년(1711년) 일기.

또 28년 후에도 '요즘 가뭄이 심하여 우물도 다 말랐다. 보리가 그대로 말라 농가에서 아우성이다. 밥을 먹은 뒤에 비가 쏟아져 종일 내렸다. 성조聖祖의 영령이 아직도 없어지지 않았으니 신민의 감읍이 끝이 없다'[10]고 적어 태종대왕의 성덕을 기리는 마음을 나타내고 있다.

"동무들아, 밀사리[11] 하러 가자" – 망종

벼, 보리, 밀과 같이 껍질 끝이 길고 까끄라기가 있는 곡식을 심을 시기라고 해서 망종芒種이라 일컫는다. '햇보리를 먹을 수 있는 망종'이라는 말이 있듯, 망종 때가 되면 보리를 베고 모내기가 시작될 때이다.

달성에서는 이때가 일 년 중 가장 바쁜 때라 '죽은 송장도 꿈쩍인다'는 말이 있다. 예전 농가에서 춘궁기에 먹을 것이 없을 시절에는 풋보리는 베어다가 쪄서 떡보리를 만들어 먹었다. 민가에서는 망종 때 풋보리를 베어다가 그을어 하룻밤 이슬을 맞힌 후 먹으면 허리 병이 낫는다고 해서 '보리그스름'을 해먹기도 한다.

아이들은 풋 밀을 베어다 불에 그슬어 밀사리를 해먹는다. 밀사리는 아직 푸른 기가 도는 밀의 중동을 무질러 와서 모닥불을 지피고 그 위에 올린다. 밀 대가리의 까끄라기가 몽그라지도록 그슬어지면 불에서 들어내 양 손바닥으로 비빈다. 입 바람을 불어 밀 껍질은 날리고 익은 알곡을 먹는다. 밀사리를 해먹고 나면 얼굴에 시커먼 검댕이 묻어나 아이들은 서로 보고 웃으며 놀린다. 먹을 것이 귀한 시절 아이들이 즐기던 놀이다.

---

10 영조 15년(1739년) 일기.
11 '밀사리'는 들판의 남의 밀을 베어다 구워서 먹는 '서리'의 일종으로, 달성을 포함한 경상도지역의 방언이다.

시절음식

수리떡

문헌에는 수리떡에 대해 '쑥 잎을 따다 찧어 쌀가루에 섞어 반죽하여 초록색이 나도록 하여 이것으로 떡을 만드는데 수레바퀴 모양으로 빚어 먹는다'고 전한다. 수리떡은 데친 쑥과 멥쌀가루를 고루 섞어 빻아서 반죽하여 동글납작하게 만든다. 이것을 단단한 나무나 도자기로 만든 떡살로 수레바퀴 문양을 찍어 솥에 넣고 쪄서 참기름을 발라낸다. 떡살로 수레바퀴 모양을 낸다고 해서 수리취떡을 '차륜병車輪餠'이라고도 한다. 굳이 수레바퀴 문양을 넣는 것은 한 해 동안 하는 일이 막히지 않고 잘 굴러가도록 비는 뜻이 담겼다.[12]

약떡

쑥과 익모초 등 갖가지 약풀을 단오 전날 밤 바깥에 널어 이슬을 맞혀두었다가 단옷날 아침 떡으로 빚는데 이를 약떡이라고 한다.

떡보리

과거 농촌에서는 보리를 거두기 직전이 가장 곡식이 궁한 시기이다. 먹을 양식이 떨어진 달성의 민가에서는 보리가 익기 시작하면 떡보리를 만들어 허기를 달랬다. 떡보리는 아직 푸른 기가 있는 풋보리 이삭을 꺾어 와서 멍석 위에 놓고 발로 비빈다. 보리 까끄라기가 모두 바스러지고, 보리이삭의 낟알이 떨어지도록 하는 것이다. 보리 수염이 몽글린 낟알은 솥에 넣고 볶는다. 노릇노릇하도록 볶인 보리낟알은 절구에 넣고 찧은 후 키질하여 껍질을 날린다. 이를 떡보리라고 하는데, 떡보리로 밥을 지으면 떡보리밥이 된다. 또 갖은 푸성귀를 넣고 죽을 끓이면 떡보리갱죽이 된다. 보릿고개 시절 떡보리는 촌가에서는 반가운 먹을거리

---

[12] 홍석모 지음, 윤숙자 외 엮음, 『음식으로 들여다보는―동국세시기』, (주)백산출판사, 2020, 82쪽.

였다.

놀이

공기놀이

봄이 지나고 햇살이 따가워지면 아이들은 나무 그늘 아래 모여 공기놀이를 한다. 작은 밤톨만 한 돌멩이 다섯 개를 바닥에 놓고 가위바위보로 놀이 순서를 정한 후 모두 '몇 살 나기'를 할 것인지 정한다. 가위바위보에서 이긴 아이는 놀이에 들어간다. 공깃돌 한 알을 공중에 던진 후 그 순간 바닥에 있는 것을 하나씩 줍는 한 알 줍기부터 시작한다. 이때 줍는 공깃돌이 아닌 바닥의 다른 공깃돌을 건드리면 실패로 간주한다. 다시 둘씩 줍기, 다음 셋에 하나, 마지막으로 네 알 줍기를 한다. 바닥의 공깃돌 줍기를 마치면 다섯 알 모두를 공중에 던져 손등에 올린 후 다시 손으로 잡아챈다. 이때 손에 잡히는 개수에 따라 '한 살, 두 살'로 셈한다. 손등에 공깃돌을 하나도 올리지 못하거나, 하나도 잡지 못할 경우에는 다음 아이가 처음부터 시작한다.

또 공깃돌을 땅바닥에 가득 부어 둔 후 제각각 한 알을 공중에 던져 한꺼번에 여럿을 잡는 놀이도 있다. 이때는 공깃돌이 마지막 한 알까지 없어졌을 때 누가 많이 모으느냐를 두고 승부를 가른다.

세시풍속

6월

6월

"동쪽으로 흐르는 물에 머리 감으니…" – 유두

유월 보름날은 유둣날이다. 유두는 동류두목욕東流頭沐浴의 줄인 말이다. 이날은 원기가 왕성한 곳인 동쪽으로 흐르는 물에 머리를 감는 데서 시속이 비롯되었다. 이 물에 머리를 감고 목욕을 하면 액을 쫓고, 여름에 더위를 먹지 않는다는 속설이 있다. 유둣날 머리 감는 풍속은 신라 때부터 전해 내려왔다. 그런 한편,『용재총화』[1]에서는 "고려 때 환관들이 동천에 머리를 감고 술을 마시던 풍속에서 유래한 것이며, 흐르는 물에 머리를 감았다고 해서 '유두'라고 불렀다"고 적고 있다.

  이에 대한 또 다른 해석으로 민속학자 최상수 교수는 자신의 견해라고 전제하고 '유두'는 신라 때 옛말의 뜻을 취한 것이라고 주장한다. 그는 "유두를 소두梳頭, 수두水頭라고도 표기하는데 이는 수두, 즉 '물마리(마리는 머리의 옛말)'이니 그 뜻이 물말이(=물맞이)로서 오늘날에도 신라의 고지故地인 경상도 지방에서는 '유두'를 '물맞이'라고 함을 알 수 있다"고

---

[1] 조선 중기 문신 성현이 지은 책이다.

했다.[2] 예로부터 유두절은 물맞이하는 날이라는 것이다.

유두절을 전후하여 달성에서도 부녀자들 사이에 약숫물 마시러 가는 풍습이 성행했다.

이날 가묘家廟가 있는 집에서는 참외와 수박, 밀국수, 밀전병 등 제철 과일과 음식을 가묘에 차려 유두제사를 지낸다. 부녀자들은 집의 성주에도 햇과일을 올렸다. 이를 일러 '유두천신流頭薦新한다'고 했다.

논에서는 풍년을 비는 용신제 또는 농신제라고 하여 논고사를 지냈다. 논고사는 모를 심은 논의 물꼬나 논두렁에 간단한 음식을 차리거나 삼대에 꽂아놓고 고사를 지내는 것이다. 논고사 음식으로는 대부분 가정에서 밀가루 반죽을 숙성시켜 찐 밀떡을 올렸으나, 부잣집에서는 참떡이라고 하여 송편을 빚어 놓기도 했다. 논고사를 지내면 아이들은 아침부터 논두렁을 돌아다니면서 삼대에 꽂힌 송편이나 밀떡을 빼먹었다. 논고사 때 더러는 밥과 음식을 논에 뿌리며 풍년농사를 기원하기도 한다.[3]

유둣날 참외 꽃이 떨어지고 열매가 맺히기 시작하면 외제를 지낸다. 외제 때는 국수를 삶아 참외밭에 가서 참외덩굴에 국수 가락을 걸치고 '외가 주렁주렁 내리소'라고 하면서 빈다.

또 유두일에는 물을 관장하는 신성한 동물인 용에게 제사를 지낸다. 이를 용제 또는 얼렁쇠라고 하여 논물이 풍족하도록 치성하는 것이다. 용제는 주로 머슴이나 일꾼들이 지낸다. 밤에 봇머리나 논에 수숫대를 세워 둘러치고 시루떡과 술, 전 등 간단한 제물을 차려 놓고 절을 한다. 용제를 지낼 때는 비가 오는 것처럼 도롱이를 입고 삿갓을 쓴다.

마을에 따라서는 모내기를 시작하기 전에 보계洑契를 연다. 이때 계원들은 함께 봇도랑을 보수하고, 용제를 지낸 후 음복을 하며 풍년농사를 기원하기도 한다. 보계는 같은 봇도랑의 물을 이용하여 농사짓는 농가들이 결성한 계이다.

---

2 최상수, 『한국의 미—세시풍속』, 서문당, 1988, 137쪽.
3 달성군, 『달성백서』, 2014.

"하늘이 노하니 양산을 접으시오" – 기우제

과거에는 모내기철 비가 오지 않으면 흉년을 면할 수 없었다. 관개시설이 정비되지 않고 천수답이 많던 시절, 가뭄이 계속되면 하늘에 비는 것이 유일한 비책이었다. 관아에서는 관헌들이 직접 나서서 기우제를 지냈다. 농가에서도 여러 가지 의식을 행하기도 하고 생활에 있어서도 금기를 지켜 근신하는 자세를 가졌다.

과거 달성에서는 매년이다시피 가뭄이 들었다. 가뭄이 이어지면 현풍현감이 비슬산 대견사지에 올라 기우제를 지내거나, 유가사 괘불을 모셔놓고 불공을 드렸다. 또 현풍 5일장을 시장바닥보다 높은 현풍천 다리 아래로 옮겨 임시로 개설했다. 거리를 다니는 행인들에게는 부채질을 하거나 양산을 받치고 다니지 못하도록 했다.

각 마을에서도 기우제를 지냈다. 마을 기우제는 간단한 제수를 마련하여 인근에 있는 높은 산으로 올라가 '달불'을 놓았다. 달불은 정월 대보름 달집을 불사를 때와 같이 청솔가지나 푸새 따위를 모아 연기가 많이 나도록 큰 불을 지피는 것이다. 이는 연기가 하늘로 올라가 구름이 되어 비를 내리도록 한다는 믿음에 근거한 것이다. 달불은 비가 내릴 때까지 몇 차례에 걸쳐서 불을 질렀다.

달성의 민가에서는 농사철에 비가 오지 않고 한해旱害가 드는 것은 비슬산 정상에 누군가가 몰래 묘를 썼기 때문이라고 믿었다. 비슬산 정상에 묘를 쓰면 그 자손은 번성하는 대신 하늘이 노해서 비가 내리지 않는다는 속설이 전해 내려오고 있다. 그 때문에 비슬산 자락 마을에서는 비슬산 정상 부근에 묘지를 조성해도 표시가 나지 않도록 평장平葬하는 사람들이 있다고 전해 내려온다. 가뭄이 계속되면 비슬산 인근 사람은 산 정상에 올라 몰래 쓴 묘를 찾아 파묘破墓를 하던 풍습이 있었다. 마을의 청년들이 작대기와 괭이를 들고 비슬산 천왕봉에 올라 산줄기 일대에 묘를 쓸 만한 자리를 찾아다니며 땅바닥을 찔러 묘를 찾아 파헤쳤다고 전한다. 기우풍습과 관련하여 '비슬산 파묘'의 효험 여부는 확인할 수 없으나, 비슬산 천왕봉 주변에는 현재도 묘지가 있으며 못자리를 파낸 흔적도 남아 있다.

유가사 기우제

일찍이 유가읍과 현풍읍에서는 한해가 들면 유가사 스님이 재를 올렸다. 현풍 인근의 큰 절인 유가사에는 괘불이 있었는데, 괘불을 현풍천 바닥에 모셔놓고 큰 스님을 앞세워 기우제를 올렸다. 이때는 읍면장을 비롯하여 각 기관장들이 모두 참석했다. 기우제는 비가 올 때까지 며칠간 계속해서 염불을 하면서 하늘에 빌었다.

비슬산 대견사지 기우제

달성에서 비슬산 대견사지는 기우제로 유명한 곳이다. 1988년 대가뭄 당시 대견사지 탑전 너른 터에서 기우제를 직접 지냈던 주민들의 회고담이 지금까지 전한다.

당시 기우제는 현풍상가번영회가 주관하여 시행하였다. 기우제 지내기 3일 전부터 현풍읍 소재지 각 가정은 3일간 정신을 들이도록 했다. 각 집 대문 앞에는 황토로 금토하고, 대문에는 버드나무 가지와 솔가지를 걸었다. 황토는 부정한 기운이 침범하지 못하도록 가정을 정화하는 것이고, 버드나무 가지와 솔가지는 빗줄기를 형상화한 유감주술 행위이다. 또 주민들은 모두 3일 동안 금주하도록 했다. 이는 비를 관장하는 신한테 물을 허투루 쓰지 않는다는 것을 집단으로 보이는 시위인 것이다.

비슬산 기우제는 덕망이 높고 예의범절에 밝은 깨끗한 사람으로 제주와 축관, 집사 3명을 선정했다. 제수로는 돼지 한 마리를 준비하고 적과 포는 우환이 없고 깨끗한 마을의 집에 부탁하여 마련하도록 했다. 기우제를 지내는 당일에는 제물을 대견사지에 차려 놓고 달불을 밝힌 다음 제사를 지냈다. 한밤중 기우제를 올린 후 제관과 참석자들은 촛불을 켜 두고 비가 오기를 기원했다. 제관들은 밤 동안 산 정산에서 머물다가 해가 뜨고 산을 내려왔다.

대견사지에서 기우제를 지낸 다음날에는 대니산 정상에서, 3일째는 충혼탑이 있는 사직산에서 기우제를 지냈다. 당시 기우제를 지낸 3일째 새벽에 단비가 내렸다고 전한다.

〈마을에서 들은 이야기〉
갈실마을 부덕불婦德佛 함안 조씨 후손 조갑준 씨

갈실마을에는 가뭄과 관련하여 전해 내려오는 이야기와 유적이 있지요. 아마 마을을 들어오다가 큰 못을 봤을 겁니다. 그 못을 바깥사람들은 '노홍지'라고 하는데, 우리는 갈실못이라고 해요. 우리도 전해들은 것이지만 그 갈실못에 얽힌 이야기가 전해 내려오지요.

예전부터 이 마을에는 우리 함안 조씨가 들어와 대를 이어 살았어요. 200년 전쯤, 우리 집안 할

조갑준 씨(1944년생), 대구광역시 달성군 옥포읍

머니 가운데 인물이 출중하고 행실이 반듯한 며느리가 한 사람 살았답니다. 시집오기 전 본성은 알 수 없고, 우리 집안으로 시집을 왔으니까 모두들 그냥 조씨 며느리라 그렇게 부르지요. 그런데 한 해는 마을에 돌림병이 돌아 남편과 시부모뿐만 아니라 하나 있던 아들까지 모두 잃고 말았어요. 그러니 자식도 없이 만고청상 홀몸이다 보니 매일 밤낮 한숨으로 세월을 보냈겠지요. 그나마 다행인 것은 토지가 많고 살림이 넉넉하여 살아 가는데 어려움은 없었다고 해요.

그러던 어느 해 이 마을에 큰 가뭄이 들었어요. 보시다시피 우리 마을은 이 골짜기에

가뭄을 당해 못을 파도록 재산을 내놓은 함안 조씨 며느리의 부덕을 기리기 위해 마을 주민들이 부덕불을 세웠다. 당초의 부덕불을 도난 당한 후 2014년 달성군에서 새롭게 조성하여 갈실못에 안치했다.

서도 맨 끝 마을이어서 옛날에는 하늘에서 비가 떨어지지 않으면 모두 굶어죽을 수밖에 없었을 터지요. 그래서 들판의 곡식들은 타들어 가고 농부들은 하늘만 쳐다보고 있는 판이었지요. 조씨 며느리 역시 흉년을 당하게 된 것은 매한가지였겠지요. 걱정을 하던 조씨 며느리는 큰 못을 파서 물을 가둬 물 걱정을 덜어야겠다고 생각했던 거지요. 그래서 현풍현감을 찾아가서 집안 대대로 내려오던 은으로 만든 거울을 내놓으면서 못을 파달라고 부탁을 합니다.

조씨 며느리의 청을 받은 현감은 갈실마을 골짜기에다가 못을 파기로 정하고 공사를 일으켰지요. 일꾼들을 모아 한참 땅을 파다가 보니까 땅속에서 기름하게 생긴 큰 바윗돌이 하나 나온 거라. 그래서 일하던 사람들이 모두 달라붙어 그 돌을 빼서 들어내고 다시 땅을 파기 시작했어요. 그런데 난데없이 하늘에서 천둥번개가 치고 큰비가 쏟아지기 시작한 겁니다. 그렇게 며칠을 두고 비가 오고 못에 물이 들어차니까 사람들이 기뻐하고 있는 참인데, 그런데 멀쩡하던 조씨 며느리가 갑자기 쓰러져 죽고 맙니다. 마을 사람들이 비가 오고 못을 판 덕분에 다행히 그해 풍년농사를 짓게 되었는데, 그것이 죽은 조씨 며느리의 착한 마음씨에 하늘이 감동받아 그렇게 된 거라고 생각하게 되었지요. 그래서 마을 사람들은 못을 팔 때 나온 돌로 조씨 모습을 깎아 세웁니다. 그 석상을 부덕불, 즉 조씨 며느리의 덕을 기리는 부처라고 부르게 되었지요. 말하자면 미륵불인 것입니다.

그런데 예전의 갈실못은 지금보다는 훨씬 작았어요. 본디는 지금 전망대가 있는 못의 중간쯤에 못 둑이 있었어요. 그 안쪽은 늘 물이 고이는 자리인데, 그곳이 아마도 전해 내려오는 이야기의 바로 그 못이겠지요. 요즘 가물어서 못에 물이 많이 빠져 자세히 보면 과거 작은 못 둑이 보일 겁니다. 그것을 일제강점기에 아래쪽에 더 크게 둑을 막아 만들었지요. 둑 맞은편에 보면 '노홍지'라고 하여 소화 14년(1939년)에 기공, 16년에 준공했다고 적힌 붉은 비석이 서있을 겁니다. 부덕불도 지금의 못 중간쯤 공동묘지 입구에 있었다는데, 그때 못 둑 있는 곳으로 옮겨서 안치했겠지요.

우리 어린 시절 초등학교 다닐 때는 학교 갔다 오다가 불상 위에 올라가 타고 앉아 놀고 그랬어요. 그때 두 팔로 감싸 안으면 한 아름 안에 안겼어요. 크기가 아마 잘 하면 장정 두 사람이 들면 들 수 있을 정도로 자그마한 게 예뻤어요. 그 불상은 돌이 천연바위로 좀 검은색이 돌았지요. 그런데 그 부덕불을 1998년에 누가 훔쳐 가버리고 말았어요.

그래서 군郡에서 부덕불을 다시 조각하여 모시기로 한 겁니다. 어느 날 하루는 군청 문화관광과에서 연락이 와서 새로 부덕불을 조각한다면서 같이 좀 가자고 해요. 옛날부터 불상을 봐왔고 또 직계후손이고 하니까 새로 짓는 불상이 기존에 있던 것과 비교해서 어떤지 좀 봐달라는 것이었어요. 그래서 군 직원과 함께 불상을 조성하는 작업장을 가봤지요. 가니까 대략 불상 윤곽을 잡아두고, 얼굴을 조각한 상태더라고요. 그런데 딴 건 몰라도 눈의 모양새가 우리가 예전에 보던 그 부덕불과는 좀 차이가 많이 나 보이는 거라. 그래서 조각가에게 이야기했더니만 수정해보겠다고 그러더라고요. 그래서 지금과 같이 고친 겁니다. 그러나 옛날 부덕불 할머니는 두건 쓴 것이 선명했는데, 지금 부덕불은 두건 자리가 좀 흐릿하지요. 하여튼 과거 부덕불의 원형을 정확히 알 수가 없으니, 전하는 기록을 참고하여 조각을 했다고 하더라고요. 그렇게 부덕불은 2014년 달성군이 생긴 지 100년을 맞아 달성을 빛낸 인물 중 한 사람으로 선정되어 새롭게 안치하게 되었지요.

좌대를 해서 앉혀놓고 보니까, 조각은 군에서 해줬지만 봉안 제사는 자손인 우리가 모시는 게 맞겠다는 생각이 들었어요. 그래서 길일을 받았는데, 그때가 아마 5월인가 그랬을 거요. 오전 9시에 봉안제사를 모시는데 비가 얼마나 쏟아지는지 참석한 사람들 모두 흠뻑 젖어버렸지요. 얼마나 비가 세차게 내렸으면 그날 군수가 와서 축사를 하고는 감기에 걸렸다고 해요. 그것을 봐도 우리 부덕불 할머니가 비를 몰고 온다는 것이 전혀 터무니없는 이야기는 아닌 것 같더라고요.

예전에는 마을 사람들은 갈실못에 물을 뺄 때는 이 부덕불 앞에 제상을 차리고 절을 올렸다고 해요. 이 못에는 물이 나오는 구멍이 둘이 있는데, 만일 제사를 올리지 않으면 큰 구렁이가 물구멍을 막아버려 못이 말라 이듬해는 흉년이 든다는 이야기가 전해져 내려오고 있어요. 이것은 조금 과장된 이야기인 것 같지만, 지금도 물을 뺄 때면 못을 감독하는 사람이 간단히 건어 한 마리 놓고 술 한 잔 드리고 절을 합니다. 먼 옛날 전설과 같은 이야기지만, 어쨌건 갈실못 때문에 그 아래 농토는 가뭄을 모르고 살지요. 그 덕을 베푼 주인공이 우리 함안 조씨 할머니란 것이 자랑스럽지요.

시절음식

햇밀가루로 국수나 떡을 하고 갓 딴 참외, 수박으로 조상신과 지신에 유두제사를 올리고 이웃과 나눠 먹으면 악귀를 쫓고 여름 더위를 먹지 않는다고 전한다.

유두국수流頭麯

햇밀로 뺀 국수를 닭을 삶은 육수에 말아 먹는다. 유두국수를 먹으면 더위를 타지 않는다는 속설이 있다.

수단과 건단

멥쌀가루를 쪄서 긴 넓적다리股 같이 생긴 단병團餅을 만든다. 이것을 구슬과 같이 잘게 잘라 꿀물에 넣고 얼음을 채워서 먹는다. 제사음식으로도 올리는데, 이름하여 수단이라고 한다. 또 건단이 있는데 물을 넣지 않는 것이며 말하자면 냉도와 같은 종류로 혹은 이에 찹쌀가루를 사용하기도 한다.[4]

각서角黍

『성호사설』에는 '단옷날 밀가루로 둥근 떡을 만들어 먹는데, 고기와 나물을 섞어서 속을

---

4 홍석모 지음, 장유승 역해, 『동국세시기』, 아카넷, 2016, 163쪽.

채운 뒤 줄잎 같이 늘인 조각을 겉에 싸서 양쪽에 뿔처럼 나게 한다'[5]고 적고 있다. 뿔 모양 떡이라고 하여 '각서'라고 한다.

놀이

고누

더운 여름, 정자나무 아래서 어른들은 장기를 두고 아이들은 그 옆에서 고누를 둔다. 고누는 땅바닥에 고누판을 그리고, 말을 움직여 공격과 수비를 하는 놀이다. 이때 말은 주로 밤톨만 한 돌이나 사금파리를 써서 서로 알 수 있도록 구분한다. 판의 모양에 따라 다양한 고누가 있다. 가로 세로 네 줄을 정방형으로 긋는 넉줄고누, 말판을 사각 거미줄 모양으로 하여 말 셋을 나란히 놓이도록 하는 곤질고누가 있다. 또 동그라미를 중심으로 열십자를 그리고 각각 앞쪽에 집을 그려 상대가 움직이지 못하도록 하는 호박고누 등이 있다. 달성에서는 고누를 '꼰 둔다'고 한다.

꼴 따먹기

절기가 여름으로 치달아 들판의 풀이 무성해지면 소를 키우는 농가에서는 겨울 동안 먹일 풀을 뜯어 말려야 한다. 달성에서는 소에게 먹일 풀을 뜯는 일을 '꼴 뜯는다'고 한다. 이 일은 주로 아이들이 맡아서 하는데, 하루에도 두어 망태는 낫으로 베다 날라야 한다. 여름날 아이들이 꼴을 뜯다가 지겨워지면 한숨 돌리는 동안 평평한 나무그늘 아래서 꼴 따먹기 놀이를 한다.

　놀이는 각자 뜯은 꼴을 한 줌씩 내서 모은 다음, 열 걸음 정도 사이를 두고 양쪽에 두

---

[5] 홍석모 지음, 윤숙자 외 엮음, 『음식으로 들여다보는―동국세시기』, (주)백산출판사, 2020, 97쪽.

줄 금을 긋는다. 가위바위보로 낫을 던지는 순서를 정한다. 꼴찌를 한 아이부터 한쪽 금에서서 맞은편 금쪽으로 낫을 던져 땅바닥에 꽂는다. 이때 낫이 꽂히지 않고 쓰러지면 탈락하게 되고, 꽂힌 낫을 다른 사람이 쓰러뜨려도 탈락하게 된다. 그렇게 하여 가장 금 가까이 낫을 꽂은 사람이 우승자가 된다. 우승자는 그 판에 모아둔 꼴을 모두 차지한다. 한 판이 끝나면 다시 꼴을 '태워서' 시작한다. 아이들이 쉬는 동안 심심풀이로 하는 놀이이기에 꼴을 많이 잃어 함께 집으로 가기 힘들게 된 동무를 위해 다 같이 꼴을 뜯어 보태주기도 한다.

세시풍속

7월

7월

"견우직녀 만나 아들 하나 점지를…" – 칠석

칠석날 밤 민가의 아낙들은 칠성신께 정신을 들인다. 낮 동안 우물물을 퍼내 깨끗하게 청소한 후 장독대 위에 정화수를 떠놓거나 시루떡을 차린다.

갓 시집온 새댁은 아들을 점지해달라고 빌고, 시어머니는 집안이 평안하게 해달라고 빈다. 또 이날 밤 처녀들은 견우성과 직녀성을 바라보며 바느질을 잘하게 해달라고 빈다. 칠석날 어떤 집은 집안에 모신 성주단지에 든 쌀을 갈기도 한다.

조선시대에는 사람들이 이날 햇볕이 잘 드는 밖에 옷이나 곡식, 책 따위를 널어서 말리는데, 이것은 오랜 풍습이라고 했다.[1]

---

1 홍석모 지음, 장유승 역해, 『동국세시기』, 아카넷, 2016, 177쪽.

곡식, 옷, 책 말리기

칠월 칠석 무렵이면 장마가 물러가고 본격적인 여름 날씨가 이어진다. 민가에서는 폭양이 내리쬐는 날, 그동안 장마로 습기가 차고, 좀이 먹기 쉬운 곡식이나 옷, 책 등을 밖으로 들어내 말린다. 농가월령가 칠월 노래에도 '장마를 겪었으니 곡식도 거풍擧風하고 의복도 포쇄曝曬[2]하소'라는 구절이 나온다.

달성의 인흥마을 '인수문고'[3] 「서적수호규약」 7개조 가운데는 '매년 정기적으로 칠월 칠일 한 번 (책을) 포쇄하여 좀이나 습기를 제거한다'고 규정하고 있다.[4]

봉숭아 물들이기

여자아이들은 칠석 즈음이면 손톱에 봉숭아 물들이기를 놀이 삼기도 한다. 봉숭아 물들이기는 봉숭아 꽃잎을 따서 찧어 명반을 섞어 손톱 위에 올린다. 그것을 봉숭아 잎사귀로 감싸 실로 묶어 하룻밤 지나고 나면 손톱이 빨갛게 물든다. 옛 문헌은 놀이의 연원을 '빨간 색은 귀신이 꺼려하는 색으로 벽사의 의미를 담고 있다'고 해석한다. 규방 처녀들은 첫눈이 내릴 때까지 손톱 봉숭아물이 지워지지 않으면 연정을 품은 낭군을 만나게 된다고 믿었다.

반보기

우리나라 옛말에 '근친覲親 날 받은 새색시, 물동이 이고 대추나무 쳐다보며 웃는다'고 했다. 근친은 떨어져서 사는 자식이 부모를 뵙는 일을 말한다.[5] 여기서는 시집간 여성이 부모

---

2 포쇄는 '폭서(曝書)'라고도 하여, 책이나 옷 따위를 바람에 쐬고 햇볕에 말리는 것을 일컫는다. 특히 고려시대 이후 조선시대에는 외사고(外史庫) 등에 보관된 기록물들이 훼손되지 않도록 정기적으로 관헌을 보내 포쇄하도록 했다.
3 달성군 화원읍 인흥리 남평문씨세거지 종가 '수봉정사'에서 자손과 인근 주민의 교육을 위해 마련한 서고. 수봉정사에서는 서적의 관리를 위해 '서책을 참고하고 열람할 때 반드시 정사 내에서만 하고 밖으로 가져 나갈 수 없다'는 내용 등 「수봉정사 서적수호규약」 7개조를 만들어 시행하고 있다.
4 문희웅, 『인흥록』, 거경서사, 2003, 103쪽.
5 장주근저작집간행위원회, 『한국의 세시풍속』, 2013, 334쪽.

를 뵈러 가는 것으로, 친정 다니러 가는 것이 그만큼 기다려진다는 뜻이다. 그만큼 예전에는 출가한 딸이 친정 가는 일은 쉽지 않았다. 과거에는 첫 친정을 다니러 가는 것은 어느 정도 여유가 있는 집의 경우라도 3년은 지나야 갈 수 있었다.

친정을 자주 갈 수 없기에, 시집간 딸과 친정 식구는 밖에서 잠깐 만난다. 바쁜 농사일이 끝난 시기에 인편을 통해 미리 날짜와 장소, 시각을 잡아 중간쯤에서 만나는 것이다. 이것을 반보기, 또는 '중로상봉中路相逢'이라고 한다. 딸과 친정 식구는 각자 음식과 토산물을 가지고 시냇가나 산고개 같은 데를 정하여 기다려서 서로 만난다. 오랜만에 만난 가족들은 가지고 온 음식을 풀어놓고 먹으면서 이야기를 주고받다가 날이 저물면 집으로 돌아간다.

반보기는 지방에 따라 팔월 한가위 때 하는 곳도 있지만, 달성에서는 농사일이 조용한 칠월칠석날에 했다. 칠석날 반보기를 하는 것은 일 년에 한 번 만난다는 견우와 직녀 이야기에 연유한 것으로 보인다.[6]

이 반보기는 지역에 따라 친정 식구들뿐만 아니라 옛 동무를 만나는 여성들의 축제와 같은 성격을 띠게 되었다. 영남지방에서도 일제강점기까지 반보기가 성행했다. 기록으로 전하는 달성 인근 지역의 이름난 반보기 장소로는 비슬산을 사이에 두고 있는 청도의 유호연지 군자정이다. 군자정은 중종 26년(1531년)에 세워졌는데, 여인들이 모여 회포를 풀던 반보기 장소였다고 옛 문헌은 전한다. 청도, 밀양 등의 연접지로 혼인관계를 맺은 달성 사람들도 이곳 유호연지 군자정에서 반보기를 했을 것으로 추정된다. 군자정의 반보기와 관련하여 민요가 전해져 내려오고 있다.

하도 하도 보고 지워
반보기를 허락받아
이내 몸이 절반 길을 가고

---

6 최상수, 『한국의 미―세시풍속』, 서문당, 1988, 148~149쪽.

친정 어메 절반 오시어

새 중간의 복바위에서

눈물 콧물 다 흘리며

엄마 엄마 울 엄마야

날 보내고 어이 살았노

딸아 딸아 연지 딸아

너를 삶아 먹을 것을

너를 끓여 먹을 것을

그랬더면 니 꼬라지

일 험악하지는 않지

밥 못 먹고 살았구나

잠 못 자고 살았구나

금옥 같던 두 손이사

갈구리가 되었구나

구실 같은 두 볼이사

돌짝밭이 되었구나

금쪽 같은 정내 딸이

부엌 간지[7] 다 되었네[8]

---

7   간지는 강아지의 경상도 사투리이다.
8   오민석 외, 『세시풍속—가을 가고 봄이 오고』, 민속원, 2011, 176~177쪽.

시절음식

석탄병惜呑餅

석탄병은 떡의 이름에서 말하듯 차마 삼키기 아깝다고 할 만큼 맛이 좋은 떡이다. 『규합총서』와 『조선요리제법』에도 기록되어 있다. 경상도 등 남부지방에서 주로 만들어 먹었는데, 이는 감을 주재료로 하기 때문이다. 재료로는 감가루, 계핏가루, 생강가루를 비롯하여 녹두고물, 밤, 대추, 잣, 유자청과 꿀이 들어간다.

만드는 법은 한나절 물에 불린 멥쌀을 빻아 체로 쳐서 고운 가루를 내려 받는다. 역시 불린 녹두는 맷돌로 껍질을 벗겨내고, 불에 익혀 소금 간을 하면서 으깨 고물을 만든다. 껍질을 깎은 감은 얇게 썰어서 충분히 말린 다음 절구에 넣고 찧어서 가루로 준비한다. 껍질을 벗긴 밤과 씨를 뺀 대추는 먹기 좋게 썰고, 껍질 깐 잣은 잘게 다진다.

시루바닥에 채반을 놓고 그 위에 면포를 깔아 녹두고물을 골고루 뿌린다. 감가루, 계핏가루, 생강가루와 밤, 대추, 잣에 유자청, 꿀물을 섞어서 면포 위의 시루에 안친다. 그 위에 다시 녹두고물을 뿌린 후 감가루 등 섞은 것을 안치는 방식으로 몇 겹을 쌓는다. 마지막에는 다시 녹두고물을 뿌린 후 면포를 덮는다.

솥 위에 시루를 올리고 강한 불로 찐다. 그러다가 김이 오르면 뚜껑을 덮고 한소끔 푹 찐 다음, 대꼬챙이로 찔러 흰 가루가 묻어나지 않으면 불을 뺀다. 잠시 뜸을 더 들인 후 식혀서 시루를 엎어서 들어낸다.

"염천 더운 날 모래찜질 가자꾸나" – 삼복

복伏에 대한 기원은 중국에 그 뿌리를 두고 있다. 옛 기록은 '후한의 유희劉熙가 지은 『석명釋名』에 보이거니와, 복은 오행설에 있어서 가을의 서늘한 금金의 기운이 여름의 더운 화기를 두려워하여 복장伏藏⁹한다는 뜻에서 생긴 말이다'고 적고 있다. 또 '주周나라 때는 없었으며, 진나라 덕공 2년(BC 678~676년)에 비로소 시작되었다'고 기록하고 있다. '이후 진秦 한漢 이후에는 삼복을 숭상하여 한때 조정에서는 육미肉糜를 신하들에게 나누어 주었고, 민간에서도 여름철 식욕감퇴를 방지하기 위해 육식을 하였다'고도 소개한다. 이로 미루어 볼 때, 삼복의 풍습은 후한 이전부터 있었으며 더위를 물리치기 위해 조정에서 여섯 가지 곡식을 하사하고 사람들이 육식을 즐겨 먹은 것을 알 수 있다.¹⁰

한편 조선시대는 삼복 중에 겨울철 쟁여두었던 장빙고를 헐어 얼음을 나누어 주었다. 당시 기록에는 '각 사司에서 얼음을 나누어 준다. 나무패를 만들어 주어 능실凌室¹¹에서 받아가도록 했다'고 전한다.¹²

이를 미루어 볼 때, 지방에서도 이때 장빙고를 열어 관아에서 얼음을 소용했음을 알 수 있다. 현풍 장빙고도 삼복 중에 열어 벼슬아치들에게 얼음 띄운 화채를 올리고 지역의 서원, 향교 등 향유鄕儒에 얼음을 나누어 주었을 것으로 추정할 수 있다.

모래찜질

여름철은 강이나 바닷가의 모래가 태양에 뜨겁게 달궈지는 시기이다. 이때는 모래찜질의 계절이기도 하다. 모래찜질은 민간요법의 하나로, 농사일에 지친 몸을 풀어주고 신경통과 산후 요통에 효험이 있다고 알려져 부녀들이 즐겨했다. 예로부터 모래찜질을 하는 시기는 단오, 유두, 백중, 삼복 등으로 지역에 따라 얼마간의 차이가 있었다. 단오에 모래찜질을 하는 곳은 서울 동작, 전북 부안·고창, 유월 유두에 하는 곳은 경남 합천, 전북 순창·군산 등이며 삼복에 하는 곳은 경남 울주·창녕, 경북 달성·고령 등으로 전한다.¹³ 문헌에서 보

---

9 복장은 엎드려 감춘다는 의미이다.
10 최상수, 『한국의 미―세시풍속』, 서문당, 1988, 140쪽.
11 궁중에서 얼음을 넣어 둔 창고이다.
12 홍석모 지음, 장유승 역해, 『동국세시기』, 아카넷, 2016, 171쪽.
13 김시덕, 「여름, 모래찜질」, 『한국세시풍속사전』, 국립민속박물관, 1991.

는 바와 같이 달성에서는 삼복더위 때 모래찜질을 한다. 달성에서는 모래찜질을 '모래뜸질'이라고 하며, 주로 화원 낙동강변 백사장에서 했다.

〈마을에서 들은 이야기〉
모래뜸질 화원유원지 주민 반효재 씨

그때 여름철 화원유원지는 부산 해운대 저리가라 할 정도였지요. 내가 군대 입대할 때 부모님이 달성공원 앞에서 장사를 하셨는데, 제대해서 집에 가니깐 주인이 바뀌었더라고요. 그래서 작은 집에 가서 물으니까 화원유원지로 이사를 갔다고 그래요.

화원유원지가 예전에는 사문진 나루터였는데 그곳을 유원지로 개발해놓으니까 사람들이 많이 찾았지요. 어른들 이야기를 들어보니까 화원유원지가 일제강점기 때부터 시립유원지였다고 그래요. 그러다 보니 6·25전쟁 때 대구시내는 버스가 안 다녀도 화원유원지까지는 시영市營버스가 들어왔다고 그래요. 그만큼 사람들이 많이 들끓던 곳이지요. 옛날 대구 젊은 사

반효재 씨(1952년생), 대구광역시 수성구 범어동

람들은 화원유원지 한번 안 가보면 시집 장가 못 간다고 했을 정도지요. 그야말로 청춘남녀들이 만나는 곳이자 동네 아낙네들이 회추하는 곳이며 아이들이 봄가을 단골로 소풍 가는 그런 곳이었지요.

이사 간 집을 찾아가니까 부모님이 그곳에서 화원유원지 주차장을 관리하고 계시더라고요. 당시 그곳이 31번 시내버스 종점이었는데, 그곳에서 주차장 관리도 하고 구멍가게를 벌여놓고, 운전사들이 찾는 박카스도 팔고 담배도 팔고 그랬어요. 그래서 거기서 한 동안 부모님 일을 거들었습니다. 더구나 화원유원지가 대구를 대표하는 유원지이다 보니까 자연 주먹깨나 쓴다는 건달들이 들러붙어 애를 먹였어요. 워낙 설치니깐 장사를 못 해 먹겠더라고요. 그런 애들 하고 많이 싸웠어요. 부모님은 큰일이 날까 봐 모른 척하라고 하지만 젊은 혈기에 그게 되나요. 매일이다시피 주먹다짐이었지요. 나중에 평정하고 나서야 조용해졌지요.

그때 이곳 화원유원지 강변 백사장은 십리까지는 안 되더라도 오리는 족히 되었지요. 지금은 물길이 바뀌어 백사장이 흔적도 없지만, 과거에는 소바위까지 약 오리 정도에 걸쳐 300미터 넓이로 백사장이 쫙 펼쳐져 있었어요. 반짝반짝 빛이 나는 은모래가 강변을 따라 펼쳐지고 아름드리 포플러 나무가 줄지어 숲을 이뤄 정말 볼만했습니다. 그렇다보니까 대구시내 학생들 소풍은 물론이고 염색공단 직원들 회식, 동창회, 계하는 사람들, 심지어 시골 마을 회추하는 사람들까지 몰려들어 매일 사람들로 북적거렸어요. 무엇보다 한여름 모래뜸질 철이 되면 그야말로 장관이었습니다. 아침부터 사람들이 몰려드는데 오전 열시가 안 돼서 벌써 차량들 줄이 화원읍 고개까지 이어져요. 그때는 주말 하루 동안 사문진나루를 건넌 사람만 해도 8천 명이 넘었다고 해요. 그야말로 인산인해인데, 일요일 같은 때 하루 주차비 수입만 40만 원 정도 되었어요. 차 한 대당 500원을 받았는데, 당시 짜장면 한 그릇 값이 350원이었거든요. 얼마나 많은 사람이 몰렸는지 짐작할 수 있을 겁니다.

특히 여름철 삼복더위 때면 뜸질 오는 여자들이 줄을 이었어요. 여자들 출산하고 산후조리를 잘못하면 몸이 차고 뼈마디가 시리고 허리가 아프고 팔다리가 쑤신다고 그러잖아요. 그때는 모래뜸질이 그만이라고 하지요. 그렇다보니까 달성, 대구뿐만 아니라 고령, 성주, 청도, 창녕 등 인근 지역에서도 많이 왔어요. 그 사람들은 대부분 부녀간, 동서지간, 고부지간 친인척 간이나, 마을 사람들끼리 옵니다. 멀리서 오는 사람들은 근처에 집을 붙여두고 하루이틀씩 자 누워 가면서 뜸질을 하지요. 그렇게 할 수밖에 없는 것이 낮 동안 모래뜸질을 하면 저녁에는 반드시 뜨거운 물로 씻어야 효험이 있거든요.

뜸질객들은 올 때 솥, 냄비 따위 부엌살림과 쌀이나 반찬거리를 모두 챙겨 와요. 모래뜸질을 하루 종일 하면 체력소모가 굉장해요. 수시로 음식을 먹어줘야 하는데, 그것도 근기 있는 것으로 먹어야 되니까 찹쌀수제비나 소고기미역국, 육개장 같은 것을 준비해 와요. 과일 같은 것도 많이 가지고 오지요. 그렇다고 해도 모래뜸질 철이 되면 백사장 가에는 임시 식당들이 줄줄이 늘어섭니다. 개장국집부터 국밥집, 어탕집까지 차일이 하늘을 덮어요. 그뿐이 아니라 당시 이곳 강에서 민물게, 강조개도 잡히고, 다슬기도 많이 잡혔어요. 그것을 삶아서 팔기도 했으니, 먹을거리도 지천이었지. 웬만한 시골장터는 저리 가라지요.

부잣집 마나님들은 모래뜸질 오면서 짐꾼을 사서 오기도 해요. 먹을 것은 말할 것도 없고 뜸질에 필요한 차일이나 넓은 광목천에 삽까지 지게에 한 짐 지워서 와요. 삽은 왜 가져오느냐면요, 모래뜸질을 하자면 모래를 약간 파지요. 그리고는 삼베나 무명옷을 한 겹 입고 그 안에 사람이 들어가서 눕습니다. 뜨거운 모래에 화상을 입지 않도록 하는 거지요. 그러면 한 사람이 삽으로 달궈진 모래를 퍼서 덮어줘야겠지요. 당연히 삽이 있어야죠. 그때는 인근 가게에서 삽을 돈 받고 빌려주기도 하고, 또 삽을 가지고 다니면서 모래를 덮어 주고 돈을 받는 사람도 있었어요. 요즘 말로 아르바이트지. 근처 가게에서는 돈 받고 멍석을 빌려주기도 했다니까요.

뙤약볕 아래 그렇게 한 30분 정도 모래 속에 반듯이 누워 있습니다. 그리고는 물에 들어가 몸을 식힌 후 또다시 찜질을 하는 거지요. 그래야 모래가 적당한 온도를 유지하고 몸도 너무 지치지 않고 효과가 좋다고 그래요.

모래뜸질 이야기를 하니까 그때 수박 장사를 했던 기억이 납니다. 사람들이 햇볕 아래 누웠으니 얼굴이 타고 뜨겁겠지요. 미처 얼굴 가릴 것을 준비해오지 못한 사람들은 수박을 한 통씩 사요. 그 수박을 반으로 쪼개 속은 파먹고, 껍질은 얼굴에 쓰고 누운 거지요. 수박껍질 뒤집어쓴 사람이 강변 백사장에 빽빽이 들어찼습니다. 이건 완전 수박밭과 같았다니까요. 아침에 수박 한 트럭을 받아 놓으면 점심 먹기 전에 다 팔려 버려요. 그렇게 수박을 하루 한 트럭씩 팔아 재미를 좀 봤지요.

한낮이 지나고 해가 뉘엿 넘어가면 사람들이 많이 빠져나갑니다. 그때는 또 강변 백사장이 음주가무, '놀이판'으로 바뀌지요. 곳곳에서 풍물을 치는 아저씨들, 장구를 치며 노는 아낙네들, 야외전축판을 틀어놓고 흔드는 젊은이들, 그야말로 구경거리였습니다.

그렇게 좋은 날들이 1980년대 들어서면서 산업화가 진행되면서 막을 내렸지요. 금호강변에 공단이 들어서고 낙동강물이 오염되어 악취가 나면서 사람들 발길이 끊기게 되었지요. 그 이후 강변 백사장 은모래도 모두 파내 건설현장으로 실려 나가버렸어요. 지금 강변 풍경을 보면 그 누구도 옛날의 그 화려했던 시절을 상상조차 할 수 없지요. 그 당시 아침마다 쇠갈퀴 들고 모래사장 긁으며 동전 주우러 다니던 조무래기 아이들도 이젠 모두 머리가 희끗희끗할 겁니다.

약숫물 마시기

초복 무렵, 달성에서 속병이 있는 사람들은 '황물 약수'를 마셨다. 가창 행정리 '물탕골' 황물 약수는 강알칼리성 약수로, 위장병이나 화병에 효험이 탁월한 것으로 알려졌다. 이곳 황물은 옛날부터 '업혀서 왔다가 걸어 나간다'고 할 만큼 효험이 있다고 소문이 났다. 1970년대에는 하루에도 수백 명씩 찾는 약수터로 명성이 자자했다.

일제강점기 이전부터 개인 소유인 이곳 황물탕은 여름날이면 전국 각지에서 사람들이 찾아들었다. 많을 때는 하루 1천여 명씩 몰렸다. 그 후 황물탕 약수터는 1980년대를 기점으로 사람들의 발길이 뜸하다가 2003년 태풍 '매미'의 내습으로 건축물과 약수터가 훼손된 이후 폐쇄되었다. 2022년 현재, 약수터는 약물탕을 운영하던 소유주에서 이전된 상태이며 상단부 계곡물은 인근 주택 생활용수로 사용되고 있다.

약수터에는 1927년 3월 7일 자로 경북도에서 발급했다고 하는「황물탕 시험성적」안내판 일부가 남아 있어 약물의 화학성분을 짐작할 수 있다. 안내판에는 '제449호 시험검사서(사본)'로 제목을 적고 '광수일종鑛水一種, 시험하기 위하여 당소當所에 제출한 광수鑛水는 황적색 투명으로서 로졸산에 대하여 강한 알칼리성의 반응反應을 증證함'이라고 적혔다.

이 검사서는 경북 달성군 가창면 행정동 산山66번지 소재 광수일종鑛水一種을 '동경위시험소장東京衛試驗所長 의학박사 황수천지조橫手千之助'가 경북위생359호로 발행했음을 밝히고 있다.[14] 이와 함께 함석안내판에는 위산과다, 위궤양, 십이지장궤양, 위확장, 위무력증 등의 병과 체증, 식체에 유효하며, 십이지장충, 회충, 요충, 촌충뿐만 아니라 대장염, 소장염에도 효능이 있다고 페인트로 적어놓고 있다.

한편 달성 가창 일원에서 옻이 오르거나 땀띠로 피부가 짓무른 사람들은 한여름에도 찬물이 솟는 냉천冷泉을 찾았다. 냉천은 지명에서 알 수 있듯이, 한여름에도 차가운 물이 쏟는 '찬샘'이 주암산 기슭 곳곳에 있다. 찬샘 물은 여름에는 냉수와 같이 차고, 겨울에는 따뜻하여 얼지 않는다. 때문에 여름날 땀띠로 붉은 반점이 솟거나 옻으로 가려운 피부에는 차가운 물이 진정효과가 있어 많은 사람들이 찾아와 씻고 치료를 했다.

---

[14] 시험성적서에 적힌 세부내용으로 '시험하기 위하여 당소 제출한 광수는 상청액등 적갈색 투명으로 산미정수염미를 갖추고, 산성반응을 중하고 비중은 섭씨 26도에 있어 1.0109가 된다'고 적고 '본 광수(鑛水)의 기준 성적에 있어 1kg 중 다음과 같은 성분이 함유되어 있다'고 적혀 있다. 시험성적서에 적힌 성분 함유량은 구로루가륨 0.0104g·유산가리슘 0.1939g·유산화철 8.0150g·규산 0.0379g·유산나토륨 0.0979g·유산마구네슘 0.0237g·유산알미늄 2.1136g으로 기록되어 있다.

〈마을에서 들은 이야기〉
행정리 물탕골주민 최병달 씨

최병달 씨(1948년생), 대구광역시 달성군 가창면

황물탕이 한때는 날렸지요. 전국에서 사람들이 몰려들었으니까. 나는 70년을 이 동네에서 산 토박이입니다. 황물탕 아래 이 밭은 아버지가 평생 농사지으신 곳이니까 누구보다 황물탕 사정을 잘 알지요. 그때 여기를 찾는 사람들은 위장병 환자들이 많았어요. 우리 어릴 때는 대구시내 동산동에서 출발하는 가창버스가 우록으로 가는 게 있고 삼산리까지 다니는 게 있었어요. 둘 다 이 앞 냉천을 지나가지요. 그런데 냉천에 오면 버스 손님들이 전부 다 내려요. 버스가 텅 비어버리는 거지요. 버스 타고 이 골짜기를 오는 사람은 전부 황물탕에 물먹으러 오는 사람이라는 겁니다. 그만큼 사람들이 많이 찾았어요.

당시 가창버스 요금이 50원일 때 황물은 한 병에 100원을 받았어요. 됫병 한 병 가져가는 것도 100원, 먹고 가는 것도 100원이었지요. 나중에는 조그만 박카스 병 같은데 이 황물을 넣어서 일본에다 팔았어요. 당시 황물탕 주인 돈 많이 벌었어요. 일본 사람들도 이걸

가창면 행정리 황물탕에는 1970년 당시 황물을 마시기 위해 하루에 1천여 명이 몰릴 만큼 성황을 이뤘다. 지금은 폐허가 되어 약석을 채취한 동굴(사진 왼쪽 깊숙한 부분) 근처 부서진 벽돌이 어지럽게 흩어져 있다.

먹고 토하고 그랬는지는 모르겠지만…. 이곳 황물탕 올라오는 입구에 집이 세 채 있는 걸 봤을 거요. 옛날에는 그 집이 모두 황물탕 주인 것이었어요. 황물탕은 한여름 초복에 먹으면 더 효험이 있다고 해서 그 무렵이면 이 골짜기에 사람들이 마치 개미가 줄지어 가듯이 줄을 이었어요. 남자, 여자 구분할 것 없이 하루 수백 명씩 몰려들었어요. 그 아래 집들은 쉬어가면서 황물을 먹는 곳이었어요. 지금 이 길 이름을 '홍덕길'이라고 하지만 그때는 길 이름조차도 약수탕길이었어요.

특히 1970년대는 아주 대단했지요. 황물탕 주인도 이 지역에서 상당한 유력자였어요. 그러니 수완도 좋고, 많이 알려지기도 했겠지요. 옛날에는 여기를 오려면 냉천에서 버스에서 내려 걸어오는데, 40, 50분 족히 걸려요. 우리가 당시에 국민학교 다닐 때 보면 사람들이 땀을 뻘뻘 흘리며 올라오는데 길이 하얗게 줄을 이었어요. 사람이 많이 끓다보니까 장사꾼이나 동네 청년들도 많이 몰려들었지요. 더러 행패 부리는 젊은 사람도 있고 싸움질이 나기도 하고 해서 꼭 어디 유원지 같았어요.

황물탕 주인 집 가운데 한 채는 길쭉하게 지었더랬어요. 군대 막사처럼 방을 쭉 달아서 넣었어요. 아마 방이 스무 칸 정도는 되었을 거요. 사람들이 며칠 자 누워가면서 황물을 먹을 수 있도록 했던 겁니다. 그뿐 아니라, 여기 아랫동네에 사람들도 여름철이면 방을 빌려줬어요. 왜 그런가 하니, 황물을 먹고 나면 꼭 미역국을 먹어요. 동네 사람들도 미역국을 끓여 팔았지요. 미역국을 먹는 것이 그렇습니다. 현장을 가봤으니 알겠지만, 황물탕은 아무리 가물어도 물이 마르지 않고 계속 조금씩 졸졸 흘러내려요. 그런데 흐르는 그 물은 약성이 그다지 강하지 않아요. 그래서 당시에 보면, 단지에다가 약성이 강한 흙을 파 넣고 흐르는 물을 받아서 부어요. 물을 우려내가지고 그걸 사람들한테 줬어요. 황물탕 계곡 옆 절벽에 움푹 들어간 동굴이 있는 걸 보았을 겁니다. 그 동굴 속 흙을 자세히 보면 파르스름하고, 노리끼리하고 그럴 거요. 그 동굴 흙이 굉장히 독합니다. 그걸 파서 큰 독 같은데 담아서 우려내는 거요.

우려낸 황물을 먹고 나면 사람들이 모두 토해요. 웬만한 사람은 한 사발만 들이키면 그만 속이 확 돌려서 모두 올려버려요. 옛날에는 속병 생기는 것이 속에 나쁜 것이 들어서 아프고, 목에 뭣이 걸려서 그렇다고들 했잖아요. 또 먹은 게 체하고, 속에 열이 차서 아프다고도 그랬지요. 그래서 위장병 앓는 사람, 채독菜毒 걸린 사람, 화병 앓는 사람들이 와서 이 물을 먹고 모두 토해내는 겁니다. 그렇게 속을 모두 훑어내 버리면 속병이 낫는다는 거지요. 물론 이 물을 마시고 토하지 않으면 삭여내서 좋다고 하면서 억지로 참는 사람도 간혹 있긴 해요. 그러나 대부분 사람들은 이 황물을 마시고 토해내고, 마시고 또 토해내고 그랬어요.

황물탕 위쪽에 보면 나지막한 산마루에 평퍼짐한 곳이 있습니다. 그곳에 올라가서 모두 토해내는 겁니다. 한바탕 토한 사람은 박하사탕 같은 단 것을 먹어요. 황물탕 앞에서 박하사탕을 팔았거든요. 그것을 먹고 속을 가라앉힌 후 다시 황물을 마시고, 또 토하고 그러는 거지요. 우리 어릴 때는 그곳 산마루에 산소가 몇 기 있었어요. 그런데 워낙 많은 사람이 와서 산소에다 토해내고 하니까, 재수 없다고 해서 결국 그 산소를 모두 이장해 가버리더라고요. 지금도 보면 파낸 흔적들이 있습니다. 그 정도였으니까 사람들이 어떻겠어요. 하루 종일 그러고 나면 속이 완전히 비어버려 기진맥진하는 거지요. 황물 먹은 사람들이 내려갈 때 보면 다리가 다 풀려서 허우적거리는 사람들이 한둘이 아니었어요. 그래서 아래 마을에 가서 미역국이나 닭백숙을 한 그릇씩 먹고는 빈속을 채우는 겁니다.

그러면서도 집에 갈 때는 그것을 한됫병에 한 병씩 사가지고 가는 사람도 많았어요. 지금 의학으로 보면 도무지 이해가 안 되지요. 그렇지만 그때는 모두들 그랬어요. 하여간 이 황물이 특이하긴 특이해요. 마셔 보면 찝찔하면서도 독특한 맛이 나요. 이 산을 보면 이쪽 황물 계곡이 있지요. 우리가 물탕골이라고 부르는 황물 계곡말입니다. 그리고 그 능선 하나 사이로 바로 옆에 또 계곡이 하나 있잖아요. 저 옆 계곡에는 가재도 살고, 개구리도 헤엄치고 물에 여러 가지 생물들이 사는데, 이 물탕골에는 그런 것들을 일절 볼 수 없습니다. 그래서 물탕골 황물은 벌레가 없어서 그냥 먹어도 된다고 그랬어요. 지금은 이 계곡물이 마르지 않으니까 아래쪽에 있는 몇 집이 호스로 연결해서 간이상수도로 씁니다. 눈으로 봐도 금방 알 수 있듯이 철분이 많잖아요. 저기 급수탱크에 물이 흘러넘치는 게 보이죠. 물탱크 표면이 시뻘겋잖습니까. 이 물이 옷에 묻으면 벌건 물이 배어가지고 지지를 않아요.

지금은 황물 물탕골에 가 봐도 별 거 없을 겁니다. 예전 주인이 써 붙여둔 황물탕 이름인 '천명天命'과 황물 '시험성적표'란 함석판, 그리고 깨진 벽돌이랑 비닐장판 쪼가리 따위만 흩어져 있지요. 옛 시절에 화려했던 영화는 흔적도 찾아볼 수 없습니다. 황물탕 집안은 그 집 며느리가 80세 될 때까지 이곳에서 자리를 지키고 살았는데, 그 이후 모두 나갔어요. 그 사람들이 살던 집 세 채도 모두 주인이 바뀌고 황물탕도 소유주가 다른 사람으로 바뀌었어요. 다 옛날이야기지요. 토하려고 약수 먹는다면 요즘 사람들 누가 믿겠어요.

탁족

예로부터 선비들은 삼복더위에는 탁족濯足을 했다. 먹을 것과 술을 시동侍童에게 지워 골 깊은 산속 계곡으로 가서 시를 짓고 술잔을 나누며 더위를 피하는 것이다. 옛날 선비는 산간 계곡을 찾아 산유山遊를 즐길지라도 옷을 벗고 신체를 보이는 것은 점잖지 못한 일로 여겼다. 대신 흐르는 물에 발을 담그고 더위를 식히는 것으로 만족했다. 이와 같은 탁족은 많은 화공들이 그림으로 남겨 오늘날까지 전한다.

탁족은 선비들에게 있어 나름의 뜻이 담긴 문화의 하나이기도 하다. 선비사회 탁족은 오랜 고사인 굴원屈原의 「어부사漁父辭」에 그 뿌리를 두고 있다. 전국시대 초楚나라의 기틀을 닦은 굴원이 나라가 어지러워지자 울분을 참지 못하고 스스로를 추방하여 은거했다. 방황하던 굴원이 장사의 멱라수에 이르러 한 어부를 만나 대화를 나누게 된다. 얼굴이 초췌하고 몸이 말라 생기가 없는 굴원을 본 어부는 '초의 삼려대부三閭大夫가 어찌 이 지경에 이르렀소?'라고 묻는다. 그러자 굴원은 '세상이 온통 다 흐렸는데 나 혼자만 맑아 추방당하게 되었다'고 말한다. 그러자 어부는 '창랑의 물이 맑거든 그 물로 나의 갓끈을 씻는 것이 좋고, 창랑의 물이 흐리거든 거기에 나의 발을 씻는 것이 좋으리라'고 말하고 노를 두드리며 떠난다. 탁족은 이 고사에서 유래하여 세상에 나가지 않고 은거하는 선비의 표징으로 자리 잡게 되었다. 이후 시대의 흐름에 따라 양반사회 하나의 민속놀이로 자리매김하게 된 것이다. 탁족은 은둔 한사閑士의 여름 놀이이다.

천렵

여름철 놀기에 시원한 물가만 한 곳이 없다. 농사일이 끝난 촌가의 장정들은 여름철이면 너덧 명이 패를 지어 천렵을 나선다. 솥에다 쌀, 찬거리, 양념거리를 챙겨서 지고 개울이나 강을 따라 오르내리며 그물로 고기잡이를 한다. 한나절이 되면 나무그늘 아래 솥을 걸어 밥을 짓고, 잡은 물고기로 어탕을 끓여 배불리 먹고 늘어지게 낮잠도 잔다. 더러는 며칠을 두고 물가에서 한뎃잠을 자면서 한여름 더위를 식히기도 한다.

시절음식(복달임)

개장국

복날 개장국을 먹게 된 유래를 조선시대 기록에 전한다. '개를 장만하여 파를 넣고 푹푹 삶은 것을 이름하여 구장狗醬이라고 한다. 여기에 닭고기와 죽순을 넣고 초피가루를 더하여 다시 끓인 후 흰쌀밥을 말면 시절음식이 된다. 땀을 내면 더위를 물릴 수 있고 허한 몸을 보한다. 시장에서 또한 많이 팔고 있는 것이다'[15]고 적고 있다.

『사기史記』를 보면 '진秦나라 덕공德公 2년 처음으로 복사伏祠 짓고, 네 문에서 개를 찢어 죽여 벌레의 피해를 막았다고 한다. 개를 찢어 죽이는 것, 이것이 복날의 고사이며 삼복에 즐겨 먹는 음식풍속은 이에 기인한다'고 기록하고 더불어 '팥을 삶아 죽을 끓여 먹기도 하는데, 삼복은 모두 이와 같이 한다'고 덧붙이고 있다.

고려시대 이승휴가 지은 『문집』에 역시 '삼복에 팥죽을 먹는다'고 전한다. 이로 미루어 볼 때 삼복에 구장을 먹는 것은 조선 이후에 생긴 습속으로 추정된다.

30, 40년 전까지만 해도 구장, 즉 개장국은 우리나라 대표 여름음식이었다. 과거에는 먹을거리가 넉넉하지 못하고 특히 농촌의 서민들은 육류 섭취가 어려웠다. 그래서 집집마다 황구黃狗를 한 마리씩 길러 한 해가 지난 후 복날 잡아서 복달임으로 보신했다. 그것이 삼복의 시절음식으로 굳어져 서민들이 즐기는 음식이 된 것이다.

그러나 불자佛者나 여자들 중에는 개고기를 먹지 않는 사람도 많다. 개장국을 먹지 않는 사람들은 복달임으로 염소탕을 많이 찾기도 한다. 또 닭에 삼을 넣고 끓인 계삼탕, 닭을 푹 곤 닭죽으로 보신한다. 형편이 다소 넉넉한 사람은 뱀장어를 구해다가 장어탕을 끓여 먹으며 삼복 한여름 쇠약해진 몸의 원기를 보충하기도 한다.

---

15 홍석모 지음, 장유승 역해, 『동국세시기』, 아카넷, 2016, 167쪽.

〈마을에서 들은 이야기〉
보신탕집 단골 김규석(1954년생, 달성군 화원읍)씨

예전에야 달리 먹을 육미肉味가 뭐 있었어요. 농촌에서 소고기는 꿈도 못 꿀 일이고, 돼지고기도 동네 부잣집에 큰 잔치가 있거나 설, 추석 명절이나 돼야 겨우 맛볼 수 있었지요. 대신 비교적 흔한 게 개고기였지요. 개는 집집마다 키웠으니까요. 옛날 사람들 이야기를 들어 보면, 농가에서 개를 키우는 것이 여러모로 득이 되었다고 해요. 집을 지킨다는 이점이야 말할 것도 없고 옛날에는 호환虎患이 심심찮게 나는데 농가에서 개를 키우면 사람 대신 개만 물고 간다고 그래요. 그뿐입니까. 개는 정지간에서 나오는 찌꺼기들을 먹으니 설거지를 수월하게 해주지, 심지어 아기가 똥을 누면 그것까지 말끔히 해결해주잖아요. 농촌에서 무엇보다 요긴한 것은 단백질 보충원이 된다는 것입니다. 우리 어릴 때만 해도 동네 부잣집 환갑잔치를 할 때 돼지 한 마리 잡으면 개를 서너 마리 잡아요. 그럴 때 어른 아이 할 것 없이 개고기로 육고기 맛을 보는 거지요.

요즘 사람들은 잘 모르겠지만 옛날에 농촌에서 보리타작하고 모심기하면 얼마나 힘이 들어요. 세벌 논매기까지 마치고 여름철이 되면 너나 할 것 없이 몸에 진기가 다 빠지잖아요. 그럴 때 몸을 좀 보해줘야 되는데 그게 마땅치 않았지요. 그나마 개라도 있으니 다행이지. 그래서 복날 개를 한 마리 잡지요. 하여튼 옛날에는 그렇게라도 영양보충을 하지 않으면 몸이 상해서 가을걷이를 못해요.

잘 알다시피, 요즘에는 개고기 먹는 것도 종교에 따라 많이 차이가 나지요. 아무래도 절에 다니는 불자들은 개고기 먹는 것을 꺼려요. 그게 본디 살생을 금하는 부처의 가르침 때문인지, 개에게도 불성佛性이 있다는 옛날 선사의 말 때문인지 모르겠어요. 또 어떤 사람들은 산속에 있는 절에 가면서 개고기를 먹으면 호랑이가 달려든다고 해서 옛날부터 절에 갈 때는 개고기를 못 먹게 했다고도 해요. 아무튼 개고기를 안 먹는 사람이 많더라고요. 그에 비해 가톨릭교인들 사이에는 개고기를 먹는 사람이 적지 않습니다. 과거 가톨릭이 우리나라에 들어와 박해를 받았잖아요. 그 당시 많은 사람이 산속으로 들어가 숨어서 살았지요. 그때 산속에서 먹을 게 뭐가 있었겠어요. 살기 위해, 그야말로 연명하기 위해 먹었겠지요. 나중에 그 사람들이 잡혀서 순교를 당하잖아요. 그래서 개고기를 성인이나 순교자들이 박해 당할 때 먹었던 고난의 음식이라고 생각하지요. 교인들은 성인의 고난을 체험하고 되새긴다는 의미에서 개고기를 많이 찾는 것 같더라고요.

지금은 외국 사람들이 우리 개고기 먹는 습속에 대해 많이 비난하고, 우리도 반려견을 많이 키우다 보니까 그것이 혐오식품이 되어버렸지요. 그러나 이렇듯 우리가 옛날부터 먹었던 개고기는 완전 가축으로 길러 식용을 한 것이지요. 말하자면 집에서 기르는 닭이나 염소와 다를 바가 없는 거지요.

지금이야 시골에서도 식용하려고 개를 키우는 집은 없을 겁니다. 시중에 시판되는 식용 개는 모두 사육장에서 길러서 출하하는 것들이죠. 대규모로 키우니까 육종개량을 해서 빨리 자랄 수 있도록 사료를 먹여 기릅니다. 그렇게 기른 개는 지방질이 많고 고기의 깊은 맛이 없어요. 사육개가 맛이나 영양가 면에서 옛날 누렁개와 같을 리가 없지요.

무엇보다 요즘 개고기를 먹는 것도 먹는 것이지만, 때려서 잡는 것을 두고 동물학대로 더 큰 논란거리가 되고 있지요. 우리 속담에 '복날 개 패듯이 팬다'는 말이 있긴 하지요. 옛날에는 개를 잡을 때 그렇게 하는 경우가 더러 있었지요. 그건 일부러 학대하려고 그렇게 잡는 것이 아니고, 개를 때려잡으면 육질이 부드러워지고, 또 개 껍질을 쉽게 벗길 수 있기 때문에 그런다고 해요. 요즘에도 어쩌다 시골마을 젊은이들이 모여서 추렴할 때 그렇게 하다가 그 장면이 영상으로 찍혀 사회논란이 되기도 하지요. 그러나 그렇게 하면 자칫 개가 극도로 흥분한 상태에서 달아나 큰 사고로 이어질 수도 있지요. 지금은 그렇게 하는 사람이 없을 겁니다.

젊을 때 한번은 이웃 동네 어른한테 그런 이야기를 직접 들은 적이 있어요. 여름에 동네사람들이 모여 복달임한다고 개를 잡았대요. 여럿이 모여서 추렴을 하니까 두들겨 패서 잡았겠지요. 개를 잡는다고 나무에 달아매놓고 패니까 발악을 했겠지요. 그러다가 개 목줄이 끊어져서 달아났던가 봐요. 개 잡던 사람이 낭패를 보게 되었겠지요. 그러니 악착같이 쫓아가 다시 잡아왔을 거 아닙니까. 그렇게 다시 붙잡아서 삶아먹었나 봐요. 술도 거나하게 한잔 먹고 저녁에 집에 들어갔더랬어요. 그런데 서너 살 먹은 손자애가 들어오는 할애비를 보더니만, 갑자기 눈이 퍼래가지고 네 발로 엎드려 '멍멍'하면서 개 짖는 소리를 하더래요. 지어낸 소리인지는 모르겠지만, 모질게 한 짓은 내생來生도 아니고 금생今生에서 바로 되돌려 받는 것 같아서 섬뜩했어요. 꼭 그런 이야기 때문은 아니라도, 요즘은 개를 잡아 추렴하는 사람들은 거의 볼 수가 없어요.

　어쨌건 이제 반려견과 생활하는 것이 사회풍토지요. 또 과거와 같이 육류가 귀한 것도 아닌 만큼 굳이 개고기를 먹어야 하나고도 합니다. 개고기 식용을 반대하는 사람들의 주장에 갈수록 무게가 더 실리고 있잖아요. 좋건 싫건, 머잖아 개고기 먹는 습속도 우리 주위에서 쉽게 볼 수 없지 않겠나 싶어요.

콩국수

햇밀로 국수를 뽑아 삼복더위 때 시원하게 별미로 먹는 대표적인 서민음식이다. 만드는 법은 장 담그는 콩, 백태를 한나절 물에 불린 후 솥에 안쳐서 찬물을 붓고 삶는다. 콩이 물 위로 떠오를 때까지 삶아 뚜껑을 열고 비린내를 내보낸 후 한소끔 더 삶는다. 삶은 콩은 맷돌에 넣고 소금을 약간 간하여 먹기 좋도록 걸쭉하게 갈아서 준비해둔다. 너무 곱게 갈면 오히려 먹기 불편할 수도 있어 식성에 따라 콩 조각이 씹힐 만큼 다소 거칠게 가는 것이 좋다. 국수를 삶아 찬물에 헹구어 내 그릇에 담고 준비해둔 콩 국물을 붓는다. 오이채나 계란 지단을 올려 볶은 참깨를 약간 뿌려 낸다.

"호미 씻고 놀아보세, 치나칭칭나네" – 백중일

예로부터 칠월 보름을 백중, 백종일百種日, 중원이라고도 한다. 절에서는 이날을 망혼일이라 하여 스님들이 재를 올리고 불공을 드리며 큰 명절로 삼는다고 했다.

    백중날에 아이들은 산에 소꼴을 먹이러 가면 콩이나 밀을 볶아 먹거나 감자를 구워 먹는다. 달성에서는 이를 '꼼베기 먹는다'고 한다. 이날은 산에 풀어 놓았던 소를 몰고 일찍 집으로 돌아온다. 그렇지 않고 어두워서 집으로 오면 소에 귀신이 따라 붙어온다는 속설이 있다.

영가천도재

『형초세시기』에는 중원일에 스님, 비구니, 도사, 속가의 사람 모두 쟁반에 음식을 올려 사원에 공양한다고 했다. 또 『우란분경』에 따르면 '목련目連비구가 다섯 가지 음식과 백 가지 과일을 쟁반에 갖추어 우란분중에 시방대덕에 공양했다고 했는데, 지금 전하는 백종일은 이 백 가지 과일을 지칭하는 듯하다'고 기록하고 있다. 또 '고려 때는 불교를 숭상하여 이 날마다 우란분회를 열었는데 지금에 와서 재를 올리는 것은 이에 따른 것이다'고 그 연원을 밝히고 있다.

    이후 문헌[16]에서도 '나라의 풍속에서는 중원을 망혼일이라 하는데 속가의 사람들은 이 날 달밤에 채소, 과일, 술, 밥을 차려 돌아가신 부모의 혼을 청함이기 때문이다'고 한 것으로 미루어, 조선시대는 백중에는 부모 제사를 모신 것을 알 수 있다.

---

16 홍석모 지음, 장유승 역해, 『동국세시기』, 아카넷, 2016, 179쪽.

〈마을에서 들은 이야기〉
백중 천도재 유가사 주지 도휘스님

도휘스님(1952년생), 대구광역시 달성군 유가읍

절집에는 1년 중 네 번의 큰 행사가 있습니다. 정초에 올리는 정초기도와 초파일, 백중날, 동짓날 기도가 그것이지요. 옛날에는 이 네 번의 행사 때는 대단했지요. 일반인들은 잘 모르겠지만, 불자들 가운데는 지금도 백중절에 절을 찾는 사람들이 많습니다. 백중이라면 1년에서 최고 정점을 찍는 시간입니다. 백중을 기점으로 모든 곡식은 영글기도 하고, 실과는 결실을 맺기 시작하지요.

때문에 오늘날까지도 산중 사찰에서는 백중날 '우란분회'를 성대히 엽니다. 이는 부처님 시절의 경經에 따른 것이지요. 경에는 목련존자의 이야기가 담겨있고, 그로써 우리 불가에서는 백중절 고혼들을 위해 천도재를 지내지요.

목련존자와 우란분회 이야기는 그렇습니다. 경전에 보면 『우란분경』이라고 있습니다. 그 경전에 보면 부처님 제자 중에서 목련존자라고 있지요. 이 목련존자는 신통력이 대단해서 신통제일이라고 합니다.

그 목련존자가 속가에 있을 때 이름은 나복이었습니다. 나복은 효심이 굉장히 깊었지

구천을 떠도는 고혼들을 극락세계로 인도하는 반야용선. 유가사 주지스님이 특별히 제작하여 시방루에 안치한 반야용선을 최종식 사무장이 설명하고 있다.

요. 아버지는 부상장자富商長者라고 하여 큰 장사를 하면서도 다른 사람을 위해 덕을 많이 행하여 크게 존경받는 사람, 즉 장자였습니다. 그런 아버지가 돌아가시게 되자 나복은 아버지를 위해 제사를 잘 지내줍니다. 그리고 아버지가 죽을 때 남긴 많은 유산을 세 등분으로 나눕니다. 한 등분은 아버지를 위해 제사를 지내고 사람들한테 베풀지요. 한 등분은 떼서 어머니가 노후에 편안히 살 수 있도록 해줍니다. 또 한 등분은 본인의 장사 밑천으로 삼아 대상大商이 되어서 중국으로 장사를 떠납니다. 그래서 길을 나서며 자기가 없는 동안 아버지한테 제사를 후히 지내고 빈민들을 위해 베풀어 구제를 해줄 것을 어머니한테 신신당부합니다.

그리고는 3년 만에 돈을 많이 벌어서 집으로 돌아오지요. 나복은 어머니가 약속을 지킬 것이라 생각하고 어머니 계신 곳을 향해 절을 하면서 옵니다. 그런데 나복의 어머니인 청제부인은 죽은 아버지와 달리 매우 사특하였지요. 어머니는 나복이 없는 동안에 무속인을 불러다가 단을 쌓아 제사를 올린다고 그리고 짐승을 잡아 집안에 피가 낭자하도록 합니다. 또 탁발 온 승려들한테도 해코지를 하고 그랬던 거지요. 마을 사람들은 이미 그것을 다 알고 있겠지요. 나복이 마을 입구에 들어서자 마을 사람들이 손가락질을 하면서 어머니의 일들을 말하는 겁니다. 그러나 나복은 믿지를 않습니다. 어머니도 또 아들이 온다고 하니까 주변을 깨끗이 하고 아들을 맞이합니다. 그래서 인사를 올리고 나서 나복이 어머니한테 여쭙습니다. '마을을 들어서는데 사람들이 어머니에 대해 말들을 하던데 어떻게 된 겁니까' 하고 물은 거지요. 그러자 어머니는 펄쩍 뛰면서 '만일 내가 그런 짓을 했다면 이 자리서 혀가 빠져서 죽고 말 것이다'라고, 그렇게 무서운 말을 합니다. 그런데 아니나 다를까, 나복이 집에 돌아온 지 사흘 만에 어머니가 죽고 맙니다.

나복에게는 일찍부터 친구가 있었는데, 그가 누군가 하면 사리불존자라. 나복은 어릴 때부터 사리불존자와 함께 수행하기로 약속을 했지요. 그때는 사리불존자가 먼저 부처님에게로 출가한 이후인데, 목련존자도 모든 것을 버리고 부처님에게로 가서 수행을 하지요. 그래서 수행을 하다가 부모님이 궁금하여 천상세계를 둘러봅니다. 그러자 아버지는 천상세계에서 지내고 계시는데, 어머니는 그 모습이 보이지 않습니다. 해서, 부처님께 여쭈어보니까 어머니가 무간지옥에 빠져있다고 하신거지요. 그 소리를 듣고 마음이 너무 아파 어머니를 만나러 가겠다고 합니다. 그러자 부처님은 육환장과 물 한 발우를 가져가도록 줍니다. 목련존자가 그것을 가지고 지옥문 앞에 가서 육환장을 내리치니까 땅이 쫙 갈라지면서 연옥의 모습이 나타나지요. 그렇게 12지옥을 찾아나서는데 맨 나중 무간지옥에 어머니가 있는 거지요. 어머니는 만사만생, 즉 하루에도 만 번을 죽고 만 번을 사는 고통을 겪고 있는 겁니다. 밥을 담아서 어머니한테 가져다주니까 그 밥이 불등걸로 변해버려 먹지 못하는 고통 속에 있는 거지요. 목련존자는 어머니를 위해 죄를 대신 받겠다고 염라대왕한테 말합니다. 그러나 죄는 대신 받을 수 없다고 하지요. 그래서 어머니를 위해 물이라도 한 모금 드리겠다고 합니다. 그 물을 마신 어머니는 아들에게 자신을 좀 구제해달라고 부탁을 합니다.

그래서 목련존자가 울부짖으며 부처님 전에 가서 말씀을 드리고 도움을 청하지요. 그러자 부처님이 말씀하시기를 너의 어머니 죄가 중하여 네 힘으로는 어떻게 해볼 도리가 없을 것이라고 말씀합니다. 그러면서 시방十方의 모든 중의 원력을 얻어야 한다고 하신 거지요.

지금도 우리 절에서는 1년에 두 번 안거安居를 합니다. 하안거와 동안거를 하는 거지요. 부처님이 계시던 인도는 여름에 비가 많이 오고 해충들도 많고 하여 밖으로 다니며 수행을 하지 않고 집을 짓고 그 안에 들어앉아 수행을 합니다. 그 여름 동안의 수행, 즉 안거가 끝나는 날이 칠월 보름입니다. 해서, 부처님이 말씀하시기를 칠월 보름날 많은 음식을 마련하고 베풀면 무간지옥에서 벗어날 것이라고 합니다. 그래서 목련존자가 칠월 보름에 당하여, 일곱 대代의 부모와 현재 어려움에 처한 이들을 위하여 다섯 가지 음식과 백 가지 과일을 갖추어서 십만대덕十萬大德에 공양하도록 한 거지요. 그러자 모든 불제자들이 이를 새겨 모두 시주施主가 되어가지고 칠대 부모를 위해서 주문을 읽고 발원을 하게 되지요. 그러자 어머니가 꿈에 나타나 무간지옥서 나와 개로 환생을 하고, 그리고 얼마 있지 않아 사람으로 환생하여 천상세계로 가는 것을 보게 됩니다. 이날부터 목련존자의 어머니가 아귀의 지옥으로부터 벗어나게 되었지요.

목련존자가 '부처님께 앞으로 올 세상에서 부처님 제사에 마찬가지로 우란분을 바치는 것은 어떻습니까' 하고 여쭙지요. 그러니까 부처님께서 '가可하다'고 하시고 흡족하셨습니다. 이후 절집에서는 우란분을 '회會'로 크게 꾸며서 치르게 되었습니다. 그래서 이날은 모든 구천을 떠도는 귀신들, 아귀들을 위하여 공양하는 날이기도 하지요. 절에서는 아귀들뿐만 아니라 조상과 죽은 영령들이 모두 극락세계로 가도록 기도를 올리고 인도합니다. 이를 영가천도靈駕薦度라고 하여 백중날에 하는 것이지요.

이처럼 백중날은 절집에서는 매우 중요한 날입니다. 큰 절에서는 49일 동안 7번에 걸

처 재를 올립니다. 조상과 또 주위에서 먼저 저승으로 간 고혼들을 위해 재를 올리는 거지요. 그렇게 하면 무간지옥에서 고통받는 영혼들이 그곳을 벗어날 수 있다는 거지요.

예전에는 백중 전날 저녁이 되면 이곳 아랫마을의 부녀들이 전부 절로 모입니다. 모두들 천도할 영령의 위패를 써서 올리는 거지요. 주로 윗대 조상이나 죽은 가족의 위패를 올리지만, 더러는 친척이나 친구를 올리기도 합니다. 심지어 어떤 부인들은 수자명이라고 해서 임신은 했지만 끝내 세상에 태어나지 못하고 죽은 태중胎中영가의 영혼을 위로하여 천도하기도 합니다. 아직 이름이 없으니까 어느 부인의 아이라고 그렇게 써서 올리지요. 또 주변에 친구들이나 죽은 후 연고가 없는 영령들도 올려서 천도를 하지요.

그렇게 위패를 올리고 나면 요사채로 물러나와 쉽니다. 거기서 수박이나 과일을 나눠 먹으면서 옛날 동무를 만나기도 하고, 이웃마을 사람을 만나 서로 인사를 나누기도 하지요. 그렇게 세상 돌아가는 이야기를 하면서 새벽이 되도록 앉아서 기다립니다. 그러다가 예불 시간이 되면 모두 법당으로 가서 예불을 드리는 거지요. 새벽예불을 마치고 신자들은 잠시 쉬다가 아침공양을 합니다.

공양을 마치고 나면 절에서 하는 의식, 관음시식을 하게 됩니다. 스님이 부처님의 경전을 독경하지요. 또 역대 큰스님의 게송을 들려주기도 하고 경전, 신묘장구대다라니경이나 금강경을 같이 염송하기도 합니다. 때로는 스님을 초청해서 바라춤을 추기도 하고 살풀이춤을 추어 영령을 위로해주기도 합니다. 의식 맨 마지막에는 그 위패를 모두 불살라서 올리지요. 불사를 때는 중간중간 불자들이 사경寫經한 금강경이나 반야심경이라든지 여러 가지 부모님의 극락왕생 발원하면서 쓴 불경도 함께 사릅니다.

요즘 보통 절에서는 위패를 쭉 붙여두고 관음시식을 한 후 불사릅니다. 우리 절에서는 그렇게 위패를 붙였다가 불사르는 것이 좀 마음에 걸려서 반야용선般若龍船이라는 배를 따로 제작했습니다. 절 들어오는 입구 쪽 시방루十方樓에 보면 반야용선이 있지요. 배에 일천 위位가 넘는 위패를 실어서 관음시식을 합니다. 끝나고서도 그 배에 영령을 실어서 보내는 거지요. 말하자면, 영령들이 반야용선을 타고 고해의 바다를 건너서 열반세계로 가도록 하는 겁니다.

그렇게 백중날 천도재를 올려 고혼들이 무사히 극락세계로 가도록 함으로써 이승에 남은 사람의 마음이 한결 가벼워지게 되겠지요.

호미씻기, 풋굿

백중 때면 농가에서 세벌 논매기를 마치고 힘겹던 농사일에서 한숨 돌릴 때이다. '유월 농부 칠월 신선'이란 말이 전하듯 칠월은 농사철 사이에 낀 농한기이다. 농가에서는 백중날 즈음이면 무논 일에 썼던 농기구들을 씻어서 갈무리한다. 이를 일컬어서 '풋굿' 또는 '호미 씻기'라고 한다.

또 이 시기가 되면 우물이 장마 때 웃물이 들어 탁하기 십상이다. 마을 사람들이 함께 우물을 치고 파인 길을 정비한다. 달성에서는 이를 '풋구'라고 하고, '풋구 먹는다'고 한다. 이날 각 집에서는 기지떡, 백설기 등 떡과 복숭아 등 과일을 형편에 맞춰 준비한다. 마을 사람들은 장만한 음식과 술을 가지고 정자나무 아래 모여 하루 동안 먹고 마시고 풍장을 치면서 춤추며 그동안 농사일의 고단함을 푼다.

풋굿은 주로 백중날에 한다고 해서 백중놀이로 불리기도 한다. 과거 달성에서는 백중날을 '머슴날'이라고 했다. 대농가에서는 머슴들에게 새 옷을 한 벌 사 입도록 용돈을 주어 며칠간 쉬도록 했다. 또 그해 농사가 가장 잘된 집 머슴을 뽑아 얼굴에 검정 칠을 하고 도롱이를 입힌 후 머리에 삿갓을 씌워 우스꽝스러운 모습으로 꾸민 다음 지게나 사다리에 태우거나 황소 등에 태워 마을의 집집마다 돌아다니게 한다. 그러면 집주인은 술과 안주를 한 상 차려 대접하는 풍습도 있다. 마을에 따라서는 백중날 동제를 올리기도 한다.[17]

---

17 달성군, 『달성백서』, 2014.

하빈들소리

백중 무렵이면 하빈면 대평들에서도 세벌 논매기가 끝난다. 논매기가 모두 끝나면 머슴들은 한 해 동안 무논에서 하는 노동을 마무리하는 것이다. 논매기가 끝나면 머슴들은 상머슴을 걸채[18]에 태우고 풍장을 치면서 '들소리'를 부르고 마을로 돌아와 한바탕 잔치를 벌인다.

하빈면 대평들은 오랜 세월 낙동강 유역 충적토로 형성된 넓은 들판이다. 이곳은 일찍부터 관개시설이 발달하여 논농사를 많이 짓는 곳이라 비교적 부유한 편으로 중농中農들이 많았다. 논농사가 열다섯 마지기 정도만 되어도 '꼴머슴'이라는 작은 머슴을 두었다. 스무, 서른 마지기 이상 농사를 지어 중머슴, 상머슴을 둔 집도 더러 있었다.

한 해 동안 주인집에 매여 세경을 받고 농사를 지어주는 머슴은 이월 초부터 시작되는 고된 농사일을 감내해야 한다. 매일처럼 반복되는 농사일 가운데 머슴들은 다 함께 노동요勞動謠를 부름으로써 힘겨움을 덜고자 했다. 이처럼 대평들을 중심으로 머슴들이 부른 하빈들소리 열 자락은 자연스레 신세타령과 부모에 대한 회한, 남녀상열지사 등을 담은 사설체로 발달하게 되었다. 이월 초하루 '들지신밟기'로부터 시작해서 백중 때 세벌 논매기를 끝내고 집으로 돌아오는 '치나칭칭나네'까지 열 자락 하빈들소리는 논농사 일머리에 따라서 구성된다.

제1연행 들지신밟기

2월 초하루, 한 해 농사를 시작하기 전에 들판의 지신을 눌러 액운을 쫓고 풍년을 기원한다. 연행은 서낭기와 풍물을 앞세우고 앞 들판에 나가 원을 그리고 돌면서 지신을 밟는다. 풍물놀이가 끝나면 앞소리꾼의 앞소리에 이어 뒷소리꾼들이 함께 뒷소리를 한다.

---

18 걸채는 소로 짐을 나르기 위해 등에 길마를 걸치고 그 위에 가로지르는 농기구의 일종. 주로 볏가리나 섶나무 등 부피가 큰 짐을 나를 때 사용한다.

"지신지신 밟아줘" "밟아주자 밟아줘"

"병충해도 막아주고" "밟아주자 밟아줘"

"풍수해도 막아주고" "밟아주자 밟아줘"

"올개도 풍년이고" "밟아주자 밟아줘"…

제2연행 가래질소리

저수지나 보를 수리하거나 또는 터진 둑을 쌓기 위해 가래질할 때 여럿이 장단 맞춰 부르는 소리이다. 삽과 같이 생긴 가래는 몸통 양쪽에 줄을 달아 한 사람이 자루를 잡고 줄꾼 두 사람 또는 네 사람이 줄을 당겨 흙을 퍼 올리는 농기구이다. 가래질소리는 여러 사람이 하는 노동에 힘의 강약과 보조를 맞추기 위한 방편의 하나이기도 하다.

"오호 가래요" "오호 가래요"

"이 가래가 누 가랜고" "오호 가래요"

"강태국의 조자빈" "오호 가래요"

"청춘홍안 어디가고" "오호 가래요"…

제3연행 망깨소리

망깨는 흙을 다지는 농기구이다. 굵은 통나무나 쇠뭉치에 밧줄이나 손잡이를 달아 여러 사람이 들었다 놓기를 반복하며 땅을 다진다. 무거운 망깨는 2, 4인이 함께하는 작업이기 때문에 호흡이 맞지 않을 경우 땅을 다질 수 없다. 이때 선소리꾼이 앞소리를 하면 망깨를 들어 올려 뒷소리와 함께 내려치면서 망깨질을 한다.

"에 여라 쳐어" "에 여라 쳐어"

"천근망깨는 공중에 놀고" "에 여라 쳐어"

"한치두치 이내 줄은" "에 여라 쳐어"

"물꼬에서 눕어 놓고" "에 여라 쳐어"…

제4연행 목도소리

목도는 무거운 돌덩이나 나무둥치에 밧줄을 매어 2, 4, 6명이 함께 옮기는 작업이다. 목도질은 돌이나 나무에 밧줄을 매, 긴 나무둥치를 꿴 후 양쪽에서 각각 어깨에 가로질러 메고 운반한다. 이때 목도꾼 모두가 발을 맞춰 걷지 않으면 짐이 쏠려 나아가기 어려울 뿐만 아니라 자칫 사고가 날 수도 있다. 때문에 목도소리는 앞소리, 뒷소리 모두 단음절로 구령처럼 씩씩하다.

"어여라차" "어영차"

"발맞추어" "어영차"

"빨리가서" "어영차"

"참도묵고" "어영차"

제5연행 타작소리

타작은 곡물을 도리깨로 터는 작업이다. 나락은 '홅게'로 홅어서 털어내기 때문에 도리깨는 주로 보리타작 때 사용한다. 과거 보리타작은 보리를 타작마당에 두툼하게 뉘어 놓고 여러 사람이 둘러서거나 마주 보고 도리깨질을 한다. 이때 한쪽에서 도리깨로 쳐서 넘겨주면 맞은편에서 내리쳐서 보리이삭의 낟알을 털어낸다. 하빈들소리 타작소리는 여타지역과 달리 도리깨가 돌아가는 속도에 맞춰 빠른 단음절로 이어진다.

"옹" "헤야"

"때리" "헤야" "주소" "헤야"

"엎어" "헤야" "주소" "헤야"

제6연행 모찌기소리

모찌기소리는 모판의 모를 본논으로 옮겨 심기 위해 모를 찌면서 부르는 들소리이다. 모찌기소리는 앞소리는 사설조이나 뒷소리는 '들어내자'는 소리를 반복하여 비교적 단조로운 편이다.

"들어내자 들어내자 이모판을 들어내자" "들어내자 들어내자 이모판을 들어내자"
"이어내자 이어내자 이모판을 이어내자" "들어내자 들어내자 이모판을 들어내자"
"호미거튼 열손가락 만장같이 들어내자" "들어내자 들어내자 이모판을 들어내자"
"저승처사 강림도령 이모판을 잡아가소" "들어내자 들어내자 이모판을 들어내자"

제7연행 모심기소리

모심기소리는 줄모 이앙법이 보급되기 이전, 허튼모(별모)를 심을 때 부르던 들소리이다. 하빈 들소리는 대부분 연행방식이 앞소리꾼이 앞소리를 하면 뒷소리꾼이 뒷소리를 하는 데 비해 모심기소리는 앞소리, 뒷소리가 서로 대등하게 주고받는 대화식으로 엮어진다.

"모야 모야/노랑 모야/니 언제 커서/열매 열래"
"이달 가고/저달 커서/내 훗달에/열매 열래"
"사래 질고/광넓 밭에/목화 따는/저 처자야"
"목화꽃은/내 따줌세/내 품안에/잠들어라"

제8연행 들길소리

일명 '오호방해야'로 논매기를 마치고 들길을 이동하거나 마을로 돌아오면서 부르는 들노

래이다. 이 연행에서는 북장단과 함께 삿갓이나 도리[19]를 흔들며 춤도 같이 춘다.

"아 오호방해야" "아 오호방해야"

"이 방아가 누 방안고" "아 오호방해야"

"방아방아 방아로다" "아 오호방해야"

"명사십리 해당화야" "아 오호방해야"

제9연행 논매기

초벌 논매기와 두벌 논매기 때 부르는 들소리이다. 초벌 논매기는 모를 심은 후 20~30일경 호미로 매는데, '아시매기'라고도 한다. 초벌매기 20여 일이 지나면 두벌 매기를 하고, 이어서 세벌 매기를 한다. 세벌 논매기 때는 나락이 팰 즈음이기에 그다지 힘들지 않아 노래를 부르며 일한다. 이에 따라 앞소리가 사설조이다.

"우우고 오호야" "우우고 오호야"

"우리부모 날키울때" "우우고 오호야"

"마른자리 날눕히고" "우우고 오호야"

"추지자리 부모눕고" "우우고 오호야"

제10연행 치나칭칭나네

들에서 일을 마치고 마을로 돌아올 때 부르는 소리이다. 특히 세벌논매기를 마치고 가을걷이만 남겨둔 채 마을로 돌아올 때는 상머슴을 걸채에 태우고 모두 흥겹게 춤을 추면서 부르는 소리다. 가락이 가장 신명이 나는 들소리다. 여기서 '치나칭칭나네'는 '칭칭이'라고도

---

[19] 도리는 도롱이와 비슷하며, 짚으로 엮어 엎드려 논을 맬 때 햇볕을 가린다.

하는 일종의 의성어로 별다른 뜻을 가지지 않는다.

"치나칭칭나네" "치나칭칭나네"
"어서가자 어서가자" "치나칭칭나네"
"이수건너 백로가자" "치나칭칭나네"[20]

〈마을에서 들은 이야기〉
하빈들소리 예능보유자 손봉희 씨

어릴 때야 들소리가 뭔지 몰랐지요. 어른들이 늘 부르는 소리니까 그저 그런가 하고 들으면서 자랐지요. 대평리는 3개 동이 있는데, 들이 꽤 넓은 편이지요. 나는 여기서 나고 지금껏 이 들판자락에서 살고 있습니다. 우리가 학교 다닐 시절에는 모심기 때는 학교에 반도 못 다녔어요. 모심기한다고. 그 때부터 어른들 소리하는

손봉희 씨(1940년생), 대구광역시 달성군 하빈면

---

20 유대안, 『달성 하빈들소리』, 도서출판 푸른하늘, 2010, 54~83쪽.

것을 보고 들은 거지요. 그러니 들소리라고 하지만 따로 배운 것은 없어요.

내가 대구 농림학교를 다녔는데, 집에서 통학을 했어요. 신동역에서 통근열차를 타고 대구역에 내려서 학교까지 걸어 다녔지요. 그때는 대구농림은 지금 대구은행 본점 자리에 있었거든. 그 근처는 전부 들판이고 뽕밭이었고 그랬어요. 그렇게 집에서 학교를 다니다 보니까 모심기 때는 한주일이나 열흘씩 그만 학교는 가지 않고 모심기를 하는 거라. 그렇게 모심기를 마치고 학교에 가면 선생님이 뭐라고 그러지도 않았어요. 그저 아침에 출석 부를 때 대답하면 "봉희 모심기 다 했나?" 그렇게 물어요. "예" 그러면, "욕봤다" 그러시거든요. 농림학교이다 보니 담임 선생님들도 농촌 출신이 많고 해서 촌 사정을 잘 알았어요. 그래서 일한다고 결석하는 걸 그렇게 탓하지 않았어요. 젊은시절 나는 학교 졸업하고 이것저것 한다고 돌아다니다가 안 돼서 집에 와 며칠 있었어요. 그러니까 농협에서 영농부장이라고 임명장을 떡 만들어 들고 와서 출근을 하라고 해요. 그래서 농사를 거들면서 농협을 다녔지요. 그런데 아버지가 영 못마땅해하시는 거요. "거, 돈 몇 푼 받고, 뭣 하러 매일 새벽 같이 나가고 그 짓을 하나"고 그래요. 그때는 통일벼가 나오고 쌀값이 한창 좋은 시절이었거든. 그래서 농협도 조금 다니다가 그만둬버렸어요.

농사는 35세가 되면서부터 본격적으로 짓기 시작했어요. 농토가 많이는 없어도 한 4천 평 정도 되었어요. 집에 일꾼을 들여서 농사를 했지요. 우리 삼촌이 두 분 계시는데, 막내 삼촌은 일은 안 하고 맨날 논머리 앉아서 소리만 해요. 참 소리를 잘했어. 술 잘 잡숫고…. 그래서 집안에서는 날더러 막내 삼촌을 많이 닮았다고 그러지요.

들소리를 본격적으로 하게 된 것은 한 30년 전쯤 됐어요. 어째서 그런 게 아니라, 우연한 기회에 하산 하목정 재실에서 안동대 민속학박사 성병희 교수를 만났어요. 성 박사가 하목정에서 현판 같은 것을 조사하고 해석도 해주고 그랬어요. 그러면서 이야기하는 중에 하빈들소리를 버려둘 게 아니라 그것을 한번 녹취를 해보라고 그래요. 그 길로 녹음기를 들고 각 동네 다니면서 들소리를 녹음했지요. 아쉬운 것은 조금만 일찍 시작했어도 그 내용이 훨씬 더 많았을 텐데 싶어요.

하빈들소리보존회 회원들이 세벌논매기를 한 후 머슴들이 '치나칭칭나네'를 부르면서 흥겹게 춤추며 들길을 따라 마을로 들어오는 장면을 연행하고 있다(사진 달성하빈들소리보존회).

다행히 우리 마을에 소리를 잘하는 분이 있었어요. 강순판 씨라고 막내 삼촌하고 동갑이었어요. 그분은 가락을 길게 잘 빼는 재주가 있어, 소리를 멋지게 해요. 말하자면 모심기소리나 모찌기소리 같은 앞소리는 사설이 길지요. 그 때문에 가락을 길게 빼고 숨 고르는 걸 잘해야 소리가 맛나게 쭉 이어질 수가 있어요. 어릴 적에 보면 그분이 그걸 잘했어요. 그러다 보니 모심기노래, 논매기노래뿐만 아니라 상여소리도 잘해요. 그 어른한테 막걸리 사들고 가서 '잘한다, 잘한다' 그러면서 녹음을 했지요. 늦게까지 강순판 씨한테 들을 수가 있었던 것이 그나마 많은 도움이 되었어요.

그때부터 인연이 되어 이 길로 들어섰지요. 그런데 이 소리가 정립이 안 돼서 성 박사가 앞뒤 순서도 매겨주고 조언을 많이 해줬어요. 소리말도 모두 표준말로 하면 안 된다면서 현지에서 하던 그대로 하라고 그랬지요. 그렇게 해서 하빈들소리가 제 모양을 갖추게 되었는데, 다른 곳 농요하고는 많이 다르지요. 우리가 하는 하빈들소리는 놀 때 부르는 노래가 아니라 실제 들판에서 일하면서 부르는 소리지요. 들판소리는 우리들뿐이지요. 그게 언뜻 들어보면 비슷한 것 같지만 많이 달라요. 다른 곳의 노동요는 보면 사설조로 길게 늘어져요. 그렇지만 하빈들소리는 바쁘게 일하는 호흡 그대로이다 보니까 굉장히 빠르고 힘차. 그렇게 늘어지게 소리하면서 어느 세월에 들일을 합니까. 그거는 맞지가 않지요.

그렇게 보면 들소리가 여기서 처음 생긴 게 아니라고 봐야지요. 옛날 들판이 너르고 일꾼이나 머슴들이 많이 모인 곳에서 하던 소리지요. 상주에도 들소리가 있는데, 이쪽 들소리는 전부 상주에서 내려온 게 아닌가 생각해요. 오래된 못인 공검지를 중심으로 함창 너른 들판에 큰 농사를 하다 보니까 아마도 자연히 그쪽에서 먼저 들소리가 생겼겠지요. 그래서 우리가 보건대, 그 상주들소리가 낙동강을 따라 내려왔다고 봐요. 그도 그런 것이, 상주서 내려오다 보면 선산이 있지요. 그곳에도 개진들소리가 있거든요. 그렇게 강을 따라 들소리가 퍼져서 각 지역 특색에 맞도록 가락이 변형되어 굳어진 게 아닌가 싶어요. 우리 하빈들소리를 보자면, 타 지역 농요와 다른 것이 앞소리하고 뒷소리가 서로 달라요. 다른 곳은 뒷소리는 앞소리를 그대로 받아서 하는데, 우리는 앞소리하고 뒷소리가 서로 다릅니다. 세월이 지나다 보니까 그렇게 지역마다 소리가락이 전혀 다르게 나타나게 된 것이겠지요.

하빈들소리가 얼추 틀이 잡히고 나서 전국대회에 나가서 선을 보이게 됩니다. 포천서 열린 전국민속예술축제에서 하빈들소리는 동상을 받고 나는 개인상 연기상을 받았지요. 부여대회에서는 문화부장관상, 금상을 받았고요. 그러고 난 후 대구시에 무형문화재 신청을 했지요. 몇 번을 신청해도 안 되기에 포기하다시피 했어요. 그런데 나중에야 문화재로 등록이 되어 지금 이렇게 활동하고 있습니다. 문화재로 신청이 된 것이 왜 그런가 하니, 대구를 중심으로 동쪽으로는 공산농요나 경산 계정들소리가 있어요. 그런데 서쪽으로는 들소리가 귀하지요. 거기다가 가락이 특이하거든요. 말하자면 다른 지역의 들소리는 민요풍으로 놀려고 만든 농요고, 우리 하빈들소리는 말 그대로 들판의 소리라는 거지요. 포천대회에서 내가 개인 연기상을 받았을 때 심사위원들이 그렇게 평을 해요. '사투리에다가 목소리가 얼마나 구수하냐'고 말해요. 놀려고 참하게 다듬은 그런 소리가 아니라, 들판 농사꾼이 하는 컬컬한 그런 소리라는 거지요.

예를 들어 보리타작 노래만 봐도 그래요. 딴 데서는 '옹헤야'지요. 공산, 개진들소리, 밀양 쪽도 전부 '옹헤야'이지요. 그런데 이 '옹헤야'를 해보면 실제 보리타작 마당에서는 맞지가 않아요. 우리는 빠르면서도 외마디지요. '때리' 하면 '주소' 하고, '내리' 하면 '치소' 하면서 그렇게 앞뒤소리가 나가요. '옹헤야, 옹헤야' 하면서 세월아 네월아 그렇게 할 여가가 어딨어요. 나중에는 실제 '엇싸, 엇싸' 그렇게 막 급하게 넘어가는데요.

또 '치나칭칭나네'도 그래요. 일꾼들이 이 논머리에서 저 논머리로 옮겨갈 때 하던 소리였어요. 논매기할 때는 풍물을 가지고 다녔거든요. 예전에는 기계가 없잖아요. 전부 손으로 하니까, 소리가 없으면 일을 못 해요. 힘들고 말고 지요. 그때 논매면 양철가락지를 끼고 등판에는 버들가지를 꽂고 전부 엎드려 매잖아요. 그러면 허리는 얼마나 아프고 쇠파리는 얼마나 달려들고 하겠어요. 그러니까 막걸리 한잔 먹고 얼큰하게 노래하면서 하는 거지요. 또 서로 장난도 치고 흙뭉치를 뭉쳐 던지기도 하고 그랬지요.

그렇지만 세벌논매기 때는 일하기보다 노는 거나 다름없어요. 세벌논매기는 논에 구정물만 일으켜줘도 된다고 했거든. 그때쯤이면 호박이 누렇게 익어 이제 누렁덩이가 돼요. 그러면 주인집에서 호박을 긁어 전을 부쳐 막걸리하고 중참으로 가져다줘요. 머슴들은 그걸 먹고 나무그늘 밑에 드러누워 실컷 놀다가 해가 설핏 넘어가면 논에 들어가. 그래 울렁울렁 대충 논을 매고 나와서는 결채에다 상머슴을 태우고 삿갓일랑 거꾸로 뒤집어쓰고 풍장을 치면서 '치나칭칭나네' 하며 마을로 돌아와요. 그렇게 주인집에 들어가면 아예 큰 버지기에다가 막걸리를 부어놓고 바가지를 띄워 마당에다 놓지요. 그러면 그걸 한 바가지씩 퍼마시고 풍장을 치며 춤추고 한바탕 구르고 뛰고 노는 겁니다.

하빈들소리는 그런 것들이 그대로 연행되지요. 그러니 '쿵쿵' 구를 때가 있으면 그대로 힘차게 구르고 하는 겁니다. 농사일에 힘을 보태기 위한 들판의 소리지만 지금은 전국대회에 나가거나 발표회를 하려면 조금 연습을 해야지요. 과거에는 자연스레 풍장을 치고 그 가락에 맞춰 신명 나는 대로 따라 하면 되었지만 요즘에는 풍장을 맞춰가지고 노래를 익혀야 옳은 연행이 되지요. 전부 연행을 하려면 약 50분 정도 걸려요. 물론 열 마당 다 하려면 시간이 한정도 없지만요.

이제는 사람이 없어 걱정입니다. 하빈들소리는 여자들이 하기에는 잘 안 맞아요. 사내 머슴들이 부른 힘찬 소리이기 때문에 야담이나 우스갯소리가 많아요. 소리를 보면 '목화 따는 저 처자야 내 품 안에 잠들어라' 그러기도 하고, '모시야 시적삼에 분통 같은 저 젖 보소'나 '방아짝을 안고 찧나' 그러거든요. 순전히 머슴들이 희롱하는 그런 대목들이지요. 노골적인 게 많잖아요. 그러니 여자들이 하기에는 민망하지요. 또 가녀린 여자들 목소리로는 그 맛이 나지도 않고요. 그렇지만 지금은 사람이 없으니까 할 수 없어요. 여자 전수장학생이 같이 안 하면 유지가 안 돼요. 지금은 공연을 가면 어쩔 수 없이 여자들을 남장시켜가지고 하지요. 요즘 어디 없이 농촌에 청년들이 없잖아요.

앞으로 이 하빈들소리가 어떻게 현장감 있게 그대로 전승되어질지 그게 걱정입니다. 하빈들소리를 해보니까 하면 할수록 가락이 정교하고 또 이처럼 마음에 절절하게 와닿는 게 없다는 생각이 들어요. 그래서 이게 없어진다는 생각을 하면 마음이 아프지요. 우리 시대 들어 이렇게 쇠락해가니까 선조들한테 죄를 짓는 마음이 드는 겁니다.

시절 음식

백중절은 백 가지 음식을 만들어 이웃과 나누어 먹는다고 할 만큼 다양한 시절음식을 만들었다. 백중절에 백설기를 만들어 먹으면 백 가지 음식을 만들어 먹는 것과 같다고 한다. 때문에 이날 농가에서는 백설기를 많이 해 먹는다. 또한 갓 수확한 햇밀이 가장 맛있는 시기라 밀이나 밀가루로 만든 음식도 많이 만들어 먹는다.

연엽주

여름을 넘기며 먹는 술이라고 하여 일명 과하주라고도 한다. 달성 하빈의 묘골 박씨 집안에서 내려오는 술이다. 연엽주는 주조법이 여느 술과 비교하여 특이하다. 밑술 준비는 보통 막걸리 담글 때와 마찬가지이다. 고두밥을 쪄서 물을 섞어가며, 누룩과 비벼 준비한다. 대신 술을 독에서 익히는 것이 아니라 연잎에 싸서 발효시킨다. 연잎이 가장 싱싱하고 건강할 때 따서 그 연잎을 술 단지 삼아 누룩과 비빈 고두밥을 오므려 싼다. 가는 새끼를 꼬아 연잎 끝을 묶고, 주먹 모양의 메주를 달듯 둘러서 묶는다. 햇볕이 들지 않는 북쪽의 처마 밑에 달아놓는다. 약 3일 정도 지나면 술이 괴면서 익기 시작한다. 이때 연잎의 향기가 술로 배어들게 된다. 보통은 술을 체로 걸러서 먹지만, 술꾼들은 재미 삼아 연잎에 밀짚대를 꽂아 술을 빨아먹기도 한다.

우무콩국

더운 여름 들판에서 일을 하면 땀을 많이 흐르기 마련이다. 땀을 흘린 만큼 갈증 또한 심하다. 과거 마실 거리가 귀한 시절에는 여름철 우무콩국에 비길 만한 것이 없었다. 또 과도한 땀 배출로 일어날 수 있는 탈수현상을 막는 데도 톡톡히 한몫했다. 바다가 멀리 떨어진 달성의 산협山峽 촌가에서는 5일 장날 시장에서 파는 우무가사리를 사 왔다. 사 온 우무는 손질해서 물을 넉넉히 부어 푹 곤 후 체로 밭쳐 내려 굳혔다. 우무가 굳을 동안 콩을 볶아 곱게 빻아 콩가루를 장만하여 소금을 간간하게 넣어 콩물을 만든다. 채 썬 우무에 콩물을 붓고 뒤웅박에 넣어 우물물에 담가뒀다가 여름 한낮, 들일에서 돌아온 일꾼들에게 한 그릇씩 내놓으면 우무콩국은 더없이 시원한 별미가 되었다.

밀전병과 밀부꾸미

밀가루를 묽게 반죽하여 부추와 애호박, 풋고추를 넣어 버무려서 기름 두른 철판에 부친 것을 말한다. 밀부꾸미는 반죽한 밀가루를 동글납작하게 만들어 기름에 지진 후 그 안에 팥소를 넣은 것이다.

호박부침

늙어서 누런빛을 띠는 호박을 반으로 쪼갠다. 속의 씨와 무른 부분을 걷어내고 숟가락으로 호박 속을 긁는다. 밀가루 반죽을 묽을 성싶게 한 후 소금 간을 하여 얼마간 재워둔다. 철판에 기름을 두르고 전을 얇게 펴서 지져낸다. 소금 간을 하는 대신 따로 양념간장을 마련하여 찍어 먹기도 한다.

놀이

비석치기

지역에 따라 비사치기, 망까기 등으로 불린다. 아이들이 더운 여름날 멱을 감다가 개울가 모래밭이나 정자나무 아래 공터에서 하는 놀이다. 놀이를 시작하기 전, 납작하면서도 아래쪽 면이 반듯하여 바닥에 세우기 좋은 '자기 돌'을 찾는다. 땅바닥에 10보 정도 간격을 두고 서로 마주보는 금을 긋고, 두 편으로 나눠 가위바위보로 공격과 수비를 정한다. 술래 편은 자기 돌을 공격선 맞은편 선에 나란히 세워둔다. 공격 편은 차례로 한발 뛰기, 두발 뛰기, 도끼치기 등 차례에 따라 자기 돌을 던진다. 또 발등, 토끼뜀, 복사뼈, 무릎, 배, 가슴, 어깨, 머리 순으로 올려 맞은편 금에 세워진 상대편 돌을 맞춰서 넘어뜨린다. 이때 발등이나 머리에 올린 돌을 떨어뜨리거나 상대편 돌을 쓰러뜨리는 데 실패하면 탈락한다. 공격 편이 수비 편의 돌을 모두 쓰러뜨리지 못하고 모두 탈락하면 공격과 수비를 교대하게 된다. 놀 거리가 귀하던 시절, 아이들은 모양새가 맞춤한 자기 돌을 발견하면 그 돌을 애지중지하여 들고 다니기도 했다.

깃대 세우기

여름날 아이들이 물에서 놀다가 개울이나 강가 모래밭에서 흔히 하는 놀이다. 모래무더기를 둥그렇게 모아두고 그 중앙에 나무막대를 꽂아둔다. 아이들은 모래무더기를 중심으로 둘러앉아 가위바위보로 순서를 정한다. 이긴 순서에 따라 모래를 자기 앞으로 덜어낸다. 모래를 덜어낼 때 꽂아둔 깃대가 쓰러지면 술래가 된다. 한 순배가 돌아도 깃대가 쓰러지지 않으면 다시 한 순배를 계속한다. 끝내 술래가 된 아이는 이긴 아이들을 등에 길마로 태워 물속으로 데려다주는 벌칙을 받는다.

세시풍속

8월

8월

"1년 365일 오늘만 같아라" – 한가위

예로부터 한가위 명절을 맞이하기 전에 조상 묘에 벌초를 하는 것이 민가의 풍습이다. 여름 동안 무성하게 자란 산소의 풀을 베는 것이다. 보통 처서가 지나면서부터 잘 벼린 낫을 준비하여 바지게를 얹은 지게를 지고 친척 간 삼삼오오 산소로 간다. 산소가 집에서 멀리 떨어졌을 때는 간단한 제수를 준비해 가기도 한다. 산소 주변의 풀을 말끔히 벤 후 준비해 간 제수를 산소에 차리고 성묘를 한다. 벤 풀은 바지게에 차곡차곡 쟁여 지고 와서 소 마구간에 깐다. 소가 풀을 먹도록 하고, 또 밟혀서 거름으로 모으는 것이다. 한가위가 닥치기 전 조상 묘에 벌초하는 것은 늦여름 농촌생활 일상이다.

한가위는 설과 함께 우리나라 가장 큰 명절이다. 가윗날, 가배嘉俳라고 하여 신라시대부터 유래한 풍속으로『삼국사기』에 그 기록이 보인다. "신라 제3대 유리왕 9년(서기 32년)에 왕이 6부를 정하고 왕녀 두 사람으로 하여금, 각각 부내部內의 여자들을 거느리게 하여 두 패로 나누어 편을 가른다. 여자들은 칠월 열엿새부터 6부 뜰에 모여 매일 일찍부터 길쌈을 하도록 하여 밤늦게까지 베를 짜게 했다. 팔월 보름에 이르러 그 공이 많고 적음을 살펴, 진

달성군이 주최한 제20회 '달성 전국 민속 소 힘겨루기 대회'가 2022년 10월 13일부터 17일까지 5일간 달성강변야구장 옆 천변에서 열렸다. 달성군은 '소싸움'이 동물학대 등 논란이 일어남에 따라 이번 대회부터 '소 힘겨루기 대회'로 명칭을 변경하기로 했다.

편에서 술과 밥을 장만하여 이긴 편에 대접한다. 이에 갖은 유희가 일어나니 가배라고 한다. 또 이때 진 편의 여자가 일어나 춤을 추면서 탄식하기를 '회소會蘇회소'라 하여 그 음조가 매우 구슬프면서도 아름다웠으므로 뒷날 사람들이 그 노래를 지어 이름하여 회소곡이라 하였다"고 전하고 있다.[1]

추석에는 햇곡식, 햇과일 등이 나오는 시절로 이로써 조상께 제사를 올린다. 그에 연유하여 달성의 반가에서는 추석을 신곡천신제新穀薦神祭라고도 한다. 달성에서는 과거 햅쌀이 나지 않으면 추석 차례를 지내지 않는 집도 있었다. 이는 햇곡식을 올릴 수 없기 때문이다. 그러나 대부분 농가에서는 추석이 일러 벼가 익지 않으면 '올기미 밥'을 지어 차례상에 올

---

1 최상수, 『한국의 미―세시풍속』, 서문당, 1988, 152쪽.

렸다. 올기미 밥은 덜 익은 벼를 베어 솥에 넣고 찐 뒤 말려서 절구에 찧어 마련한다. 이 쌀을 '찐쌀'이라고 한다.

달성에서는 추석날 차례를 모신 후 단오 때와 같이 씨름과 그네뛰기, 소싸움 등의 민속놀이를 즐겼다. 추석날 비가 와서 보름달을 못 보면 가을걷이가 어려워지고 이듬해 보리농사가 흉년이 든다고 하여 농가에서는 꺼린다.[2]

〈마을에서 들은 이야기〉
전 달성소싸움협회장 이철웅 씨

예로부터 우리는 소를 조상님이라고 불렀지요. 농가에서 소는 그만큼 소중하여 한 가족과 같은 그런 존재였지요. 소나 사람이나 임신기간이 같아요. 그러면서도 소는 자기의 모든 것을 인간을 위해 내놓잖아요. 살아서는 노동력과 거름을 제공하고 죽어서도 고기는 물론, 뼈 한 토막, 터럭 한 올도 버리는 것이 없지요. 그런 소에 대

이철웅 씨(1943년생), 대구광역시 달성군 화원읍

---

2 달성군, 『달성백서』, 2014.

1998년 대구 두류운동장에서 벌어진 대구달성소싸움경기대회. 전 달성소싸움협회장 이철웅 씨는 이 대회에서 텔레비전 방송중계 해설을 맡아 진행했다(사진 이철웅 씨).

한 고마움을 모르고 소를 이해하지 못 하면 절대 소싸움을 말할 수가 없어요.

나는 지금도 소싸움이 열리는 곳이면 전국 어디든 쫓아갑니다. 소싸움은 내 생활이지요. 내가 그렇게 소와 인연을 맺게 된 것은 집안 내력이라고 봐야겠지요. 강가의 농가가 대부분 그렇지만, 낙동강가인 화원읍 구라리 우리 집도 농지가 꽤 됐지요. 농토만큼 소도 실해야 농사를 감당하지요. 그러니 우리 집 소는 다른 집 소보다 두 배는 컸어요. 소발이 웬만한 냄비뚜껑만 했지요. 그 소에 짚으로 신을 만들어 신겨 갯땅[3]에 빠지지 않도록 해서, 짐도 실어 나르고 쟁기질도 하고 그렇게 농사를 지은 거지요. 소에 대한 자부심이 대단했고, 아버지는 말할 것도 없고 선대부터 우리 가족은 스포츠를 좋아하는 만큼 소싸움도 좋아했어요.

---

3 갯땅은 강의 잦은 범람으로 사질퇴적토가 쌓인 강가의 농지를 말한다.

아마도 달성에서 소싸움이 민속놀이가 된 것도 이처럼 자연발생적이었다고 봐야겠지요. 우리나라에서 소싸움을 하게 된 기원도 이와 크게 다르지 않을 거라고 생각해요. 옛날에는 소 먹이러 가서 소를 풀어놓으면 소가 저희들끼리 자연스레 싸움질을 하잖아요. 또 우시장에서 싸움할 만한 소가 나오면 소 주인끼리 기 싸움 벌이다가 한판 싸움 붙이기도 하고…. 그렇게 소싸움은 하나의 민속놀이가 되고, 전통놀이가 된 것이겠지요.

1968년이었지요, 그해 대구시민운동장에서 소싸움대회가 열렸어요. 그 경기는 우시장 중매인들이 주축이 되어 열었는데, 아버지는 그 소싸움 대회 참가하려고 우시장 중매인으로까지 나섰더랬어요. 그때 소를 한 마리에 160만 원 주고 사서 출전해가지고 2등을 했어요. 상금을 400만원 받았어요. 당시 나는 고등학교를 막 졸업했을 때였어요. 우리 소가 출전을 하니까 화원에서 농사일을 하다가 걸어서 소 싸움장에 갔지요. 가니까, 사람들이 젊고 공부도 좀 했다고 진행을 좀 맡아 보라고 하는 거라. 소싸움이라고 하지만 주최자도 옳게 없고 운영도 완전 주먹구구식이었어요. 그래서 이틀간 소싸움 진행을 맡아 봐준 적도 있어요.

내가 본격적으로 소싸움에 뛰어든 건 1993년도였습니다. 그때 달성군의원을 했는데, 군의원을 하고부터 덜 움직이니까 몸이 많이 불어버려요. 그래서 운동을 해야 되겠다고 생각했지요. 낙동강 모래사장에 소를 몰고 뛰어다니면 운동이 되겠다 싶더라고요. 그래서 소를 한 마리 샀어요. '토네이도'라고 이름을 붙인 소인데 300만원 줬지요. 참, 그놈은 영리했어요. 싸움도 잘해. '토네이도'라고 이름을 지은 것은 소싸움도 좀 국제화되어야 한다고 생각해서 그렇게 했던 겁니다. '토네이도'는 정말 이름값 한다고 고삐만 탁 놓으면 돌풍처럼 달려들어요. 한 20분 있는 힘을 다해서 몰아치고는 어쨌건 끝장을 내버리는 거라. 그 녀석 참 못됐어.

그런데 싸움을 다니다 보니까 한 마리로는 좀 모자라는 것 같아요. 마침 그때 한 사람이 새끼소인데 내놓은 거라. 가만히 보니까 싸움을 좀 하지 싶은데, 주인이 싸움을 붙여도 도무지 싸울 생각을 않는다고 팔려고 한다는 겁니다. 그래 얼마 받으려고 하느냐니까 500

제20회 달성 소 힘겨루기 대회 마지막 날 준결승 경기에서 '빛달성'과 '강성'이 맞붙어 힘을 겨루고 있다.

만 원이라고 해요. '됐다' 하고 산 소가 '뚝소'인데, 이듬해 의령대회에 나가서 2등을 했습니다. 싸움이 끝나고 나니까 세 사람이 소를 사려 달려드는 거라. 2천500만 원을 주겠다고 해요. 내가 팔 턱이 없지요. 그러고부터는 트럭을 한 대 사서 소싸움을 한다면 전국을 다 쫓아다녔습니다. 진주, 충북 보은, 심지어 서울동대문운동장까지 소를 싣고 달려갔지요. 전북 정읍으로 갈 때는 소 두 마리를 싣고 밤새도록 내장산을 넘었어요. 지금 생각하면 소 두 마리 모두 안 죽인 게 천만다행이었지. 그런데 1등은 한 번도 못 하고 줄곧 2등만 했어요. '토네이도'는 을종이었는데, 내가 판세를 잘 몰라서 그렇지 그때 한 체급 내려서 출전했더라면 아마 전국서 1등 독차지했을 겁니다.

한번은 가을에 창녕 부곡에서 소싸움을 하는데, 다음 날이 결승전 마지막 날이라. 그런데 전날 밤 폭우가 쏟아지더니 온 천지 물난리가 난 거요. 남부지방 쪽으로 비가 워낙 많이 와서 소싸움을 하겠나 싶었지만, 그래도 결승전인 만큼 웬만하면 하겠지 했어요. 차를 몰고 부곡으로 간 거지요. 갔더니 웬걸, 소싸움장이 물바다가 되어 있는 거라. 소 싸움장을 만든다고 땅을 밀어 지대가 조금 낮다 보니까 완전 못이 되어버린 거였어요.

소싸움 출전을 그만둔 게 어째서 그랬는가 하면, 한 번은 '뚝소'를 낙동강 모래밭에서 싸움을 붙였지요. 지금은 한 판에 30분 싸움이지만 그때는 45분을 한 거라. 그래서 한자리서 대엿 판을 붙였는데, 그래도 결판이 안 나요. 나중에는 참 애처로워 못 보겠더라고. 그래서 서로 떼자고 해서 떼니까, '뚝소'가 돌아서서 휭 달아나더라고요. 그야말로 혼쭐이 난 거지. 아, 그 이후로는 이 녀석이 도무지 싸울 생각을 않는 거요. 애를 먹고 있는데, 마침 그때 청도 소싸움공영공사가 생기고 싸움소를 사들였어요. 가지고 있는 소 두 마리를 합쳐서 1천500만원 주겠다고 팔라고 해요. 그렇게 팔아넘기고 그 후로는 싸움은 안 하고 전국으로 다니며 소싸움 구경만 합니다. 아버지하고 소싸움 다닌다고 돈도 많이 썼지요.

나는 싸움소는 꼭 사람과 한가지라고 생각이 돼요. 한번은 집사람이 '토네이도' 녀석이 말을 잘 안 듣는다고 엉덩이를 툭 쳤는데, 대번에 발길로 탁 차버리는 거라. 주인과 소가 마음이 통하지 않고 또 다른 사람이 귀찮게 하면 금방 알아요. 이심전심이지요. 사람들은 싸움소한테 달리 기술을 가르치는가 하는데, 그런 거는 없습니다. 걸으면서 운동시키는 게 전부입니다. 걷다가 큰 통나무에 갖다 대주거나, 흙 언덕 같은데 데려다 놓으면 소가 스스로 머리로 밀고, 뿔로 치고, 목을 감아 돌리고 해요. 대신에 잘 먹여야지요. 소싸움을 하기 전에는 소한테 콩이나 보리쌀을 듬뿍 넣어 쇠죽을 끓여주지요. 체력 소모가 많으니까 원기를 돋워야 해요. 더러 별식을 먹이기도 하는데, 예전에 우리 집에서는 미꾸라지를 먹였어요. 미꾸라지를 한 말 사서 산 채로 한됫병에 넣어 소 목구멍에 쏟아 넣어주지요. 그러면 소가 꿀꺽꿀꺽 삼켜요. 물론 잘못 먹이면 기도가 막혀 소를 죽이는 수가 있어요.

싸움소를 기르면 비용도 수월찮게 들어요. 그러다 보니 소싸움 해서 돈을 번다는 건 아주 드문 일이지요. 상금도 그리 많지 않고, 사육비나 경비가 많이 드니까 돈 보고는 못합니다. 우리 집사람은 나더러 "소 밑에 10억 하나는 안 날렸나"고 늘 노래를 해요.

소싸움이 달성 민속놀이가 된 건 사연이 그래요. 예전 문희갑 전 시장이 화원 사람이지요. 민정당 국회의원 시절 당시 내가 당黨 동책을 맡고 있었어요. 한번은 서울 중앙당교육을 갔더니 그 당시 문희갑 의원이 특강을 나왔더라고요. 인사를 하니까 달성서 왔다고 반갑게 맞아주고 한참 이야기를 했지요. 그리고 문 의원이 대구시장이 되고 얼마 안 있어 청도소싸움대회에 갔어요. 거기에 보니까 문 시장이 보여. 그때 아마 한 10만 명은 모였을 겁니다. 문 시장한테 말했지요. "시장님 여기 이 많은 관중이 모였지만, 적어도 절반 이상이 대구사람들입니다. 그런 만큼 대구 달성에서도 소싸움을 한번 붙어야 됩니다" 그러니까 "맞아. 그러면 봄에는 청도서 하니까 가을에는 대구서 하는 것으로 한번 만들어봅시다. 내 밀어드릴게" 그래요.

그래서 준비를 하는데, 그러자 소싸움 붐이 일어나 전국에서 한다고 난리가 난 거요. 대략 날을 잡아, 대구서 소싸움을 한번 붙이겠다고, 전국투우협회를 찾아갔지요. 그랬더니 그즈음 진주서도 소싸움을 붙이겠다고 해서 논의가 상당히 된 상태였어요. 당시에는 싸움소가 많지 않다 보니까 두 곳에서 동시에 소싸움을 붙인다는 게 불가능했지요. 투우협회가 입장이 난처해진 거라. 당시 전국투우협회장이 경남 의령에서 군의원을 지낸 사람이었어요. 그런데 당시 진주는 투우협회가 있었지만 대구는 아예 투우협회가 없었어요. 만약 대구에 소싸움을 하도록 하면 당장 진주에서 그곳은 협회도 없는데 소싸움을 열도록 하는 건 맞지 않는다고 할 거라는 거였어요. 개최가 불가능하다는 겁니다. 대회를 하려면 빨리 협회부터 만들어오라고 해요. 문제는 협회를 만들려고 하니까 싸움소를 가진 사람이 최소한 35명이 되어야 해요. 대구에 그 많은 싸움소 우주牛主가 있을 턱이 없지요. 도리 없이 부랴부랴 고령, 창녕까지 넣어서 대구투우협회를 만든 겁니다. 사람을 모아놓고 협회장을 뽑으려고 하니까 규정상 내가 회장을 할 수가 없어요. 그래서 시에서는 나더러 고문을 하라고 하는데 차라리 실무를 해야 하니까 부회장을 맡겠다고 했지요. 그렇게 쫓아다닌 끝에 대구서 열게 된 겁니다.

그런데 경험이 많지 않은 곳에서 소싸움을 붙이면 소들이 마구잡이 몰려요. 옳게 싸움도 할 줄 모르는 소를 출전시켜 어떤 때는 200마리씩 이렇게 오기도 해요. 경험을 얻으려고 하는 거지요. 그렇게 해서는 대회 질이 떨어지고 재미가 없어요. 그래서 싸움 잘하는 것 110마리로 딱 추려서 오도록 했지요. 대신 출전비를 마리당 40만 원씩 주기로 하고 상금도 상당히 파격적으로 1천만 원으로 올려서 대구 두류운동장 야구장에서 판을 벌인 겁니다. 그렇게 대회 준비로 뛰어다니는 중에 방송국에서 전화가 왔어요. 소싸움 실황중계를 하는데 해설을 좀 해달라고하는 거라. 우리 소도 출전을 해서 처음에는 거절을 했는데 자꾸 해달라고해요. 그래서 우리 소가 싸울 때는 경기장에 나가 응원하다가 끝나면 시커멓게 해가지고 뛰어와서 중계석에서 해설하고 그랬어요. 3년간 소싸움을 했는데 인산인해였지요. 그 후 문 시장이 시장을 그만두고 나도 군의원 안 하고 소싸움을 손 놔버리니까 시에서 그만 달성군으로 넘겨버린 거지요. 그래서 이름이 대구달성투우협회가 된 겁니다. 그 후 내가 2년간 협회장을 하고 그만두고 말았지요.

그런데 그 당시 소싸움을 텔레비전 중계를 하다가 보니까 피를 흘리면서 소들이 싸움하는 게 생생하게 비친 거라. 그러다 보니 동물학대 논란이 일었어요. 국회에서까지 논란이 되어 소싸움을 못 하도록 하는 분위기로 돌아갔어요. 말도 안 된 소리지요. 소싸움은요, 소를 사랑하지 않으면 절대 소싸움을 할 수 없어요. 소를 정말로 가족같이 데리고 다니며 서로 정을 나누는데 어떻게 학대를 한다는 겁니까. 소싸움이란 것이 우리 농경사회에서 자연스레 생겨난 것이지, 우리가 인위적으로 학대하기 위해 만든 게 아니라는 겁니다. 싸움소는 그렇습니다. 싸움을 할 때 두 소 주인이 옆에 붙어서 응원을 한단 말입니다. 어쩌다가 소가 방향을 급히 틀어 사람이 넘어지는 수가 있어요. 그 찰나의 순간에도 소가 사람을 밟거나, 사람을 다치게 하지 않아요. 그게 맞붙은 소의 주인이라도 그래요. 막 공격하려 달려 들어가다가도 앞에 사람이 넘어져 있으면 딱 제자리서 멈춰요. 그게 싸움소입니다. 좀 다른 이야기지만, 요즘 육우는 3년만 키우면 무조건 도살장으로 갑니다. 싸움소 중에 지금 17년째 출전하는 소가 있어요.

국회에서 소싸움을 금지하려고 하니까 소싸움을 하는 사람들이 반발하는 건 당연하지요. 그렇게 논란이 되니까, 최종적으로 농림부에서 이건 민속놀이니까 없앨 수는 없다고 결론을 냈습니다. 다만 1개 대회에서 3회 이상 출전할 수 없다고 못 박고 지금까지 매년 소싸움을 해온 지자체는 민속놀이로 신청등록을 하라고 했어요. 그래서 전국 11개 지자체에서 등록을 하게 되었는데, 달성군도 매년 대회를 열어왔으니까 충분히 자격이 있었지요. 그렇지만 아직 조직이 완전히 정비되지 않은 상태였기 때문에 곳곳에 걸림돌이었어요. 해서, 우여곡절 끝에 달성군도 등록하게 되었는데 만료 직전 11번째로 겨우 신청을 할 수 있었지요. 그것이 오늘날 '민속놀이 달성소싸움'의 시발점이 된 것입니다. 아마 앞으로 달성소싸움은 여러 가지 면에서 많이 좀 고민을 해야 할 겁니다. 청도소싸움이 싸움소와 관중을 모두 흡수하다시피 해버리니까 그 틈새를 노려 대회를 치르는 것이 맞지 않나 생각해요. 그래서 달성소싸움도 흥미진진한 전통행사가 되었으면 합니다.[4]

시절음식

오려송편

옛 문헌에는 '떡 파는 집에서는 햅쌀로 송편早稻松餠을 만든다'고 추석 시절음식으로 기록하고 있다. 이때 조도早稻는 햅쌀, 즉 올벼로 우리말로는 '오려'라고 하여 햅쌀로 만든 송편을 오려송편이라고 한다. 오려송편은 먼저 깨를 볶거나 콩, 밤 등을 삶아 빻은 후 꿀과 소금을 넣고 소를 만들어 준비해둔다. 따로 체에 내린 멥쌀가루를 따뜻한 물로 반죽하여 밤톨만큼 떼 내 둥글게 빚는다. 이것을 다시 엄지로 납작하게 펴서 그 속에 소를 넣고 반달처럼 모양을 잡는다. 송편이라고 하는 것은 찔 때 솥에 솔잎을 넣는다고 하여 이름 붙인 것인 만큼 채반 위에 솔잎을 깔고 송편을 올린다. 그러면 떡이 서로 붙지 않고 솔향기가 떡에 배어 맛이 좋으며 떡에 솔잎 무늬가 박혀 멋스러움을 준다.[5]

---

4 인터뷰는 김석진(85세, 설화리)씨의 구술과 함께 진행되었다.
5 홍석모 지음, 윤숙자 외 엮음, 『음식으로 들여다보는―동국세시기』, (주)백산출판사, 2020, 119쪽.

밤단자

'찹쌀가루를 쪄서 달걀 같이 둥근 떡을 만들고, 삶은 밤에 꿀을 넣어 고물을 만들어 붙인다. 이름하여 밤단자라고 한다' 밤단자를 만드는 법은 우선 밤을 삶아 껍질을 벗겨 체에 내린 후 꿀을 넣어 고물을 만든다. 준비한 찹쌀가루는 소금으로 간을 하여 물을 약간 부어 채반에 올려 찐다. 떡판에 찐 떡반죽을 부어 골고루 치댄 후 밤알보다 조금 크게 떼 내 둥글게 빚는다. 빚은 떡에 준비해둔 밤 고물을 묻혀서 낸다. 이처럼 밤단자는 비교적 손이 많이 가는 고급 떡이다. 과거에는 궁중이나 반가에서 추석 때 시절음식으로 차례상에 올리거나 주로 다과상에 내놓았다.[6]

놀이

꼬리따기

한가윗날 밝은 달 아래서 머리에 댕기를 드린 여자아이들이 마을 넓은 공터에 모여 하는 놀이이다. 가위바위보로 술래를 정하고 나머지는 앞 아이의 허리를 뒤에서 안고 늘어선다. 이때 맨 앞에는 힘이 세고 재빠른 아이를 세운다. 술래는 줄의 맨 앞 아이와 마주 선다. 놀이가 시작되면 술래는 맨 뒤에 있는 아이의 댕기를 잡아당기면 술래에서 풀려난다. 이때 맨 앞의 아이는 술래가 뒤쪽으로 가지 못하도록 막아선다. 만약 놀이 도중 앞사람의 허리를 놓치면 술래가 된다. 늘어선 아이의 끝을 딴다고 해서 꼬리따기라고 하며, 댕기를 딴다고 해서 송아지따기라고도 한다.

---

6   앞의 책, 125쪽.

세시풍속

9월

9월

"동쪽 울 밑에 국화가 피었구나" – 중구절

구월 초아흐레는 9의 극수極數가 겹치는 날이다. 옛사람들에 따르면 '9월 9일은 국화를 감상하는 날로 더불어 국화로 술과 떡을 만들어 먹는 풍습이 있다'고 했다. 이처럼 옛사람들은 중구절에는 시절 꽃, 국화와 함께 즐겼다. 중구절의 풍속에 관해서는 당나라 시인 두보의 시에 나온다.

　조선시대 한양 사람들은 남북의 높은 산에 올라 먹고 마시며 즐기는 풍속이 있었던 것으로 전한다. 이날 조상에게 제사를 지내고 높은 곳에 올라 머리에 수유꽃을 꽂아 액땜하고 국화주를 마시는 중양절은 중국의 풍습에서 비롯되었음을 알 수 있다.

　　　蕭蕭九日雨 多發東籬花　중양절 소소한 비바람 속에 울밑 국화꽃이 지천으로 피었네.
　　　彷佛徵君宅 風霜不染塵　분명히 알으리라 도연명의 집 그까짓 풍상이야 얼씬이나 했겠나.

조선 영조 때 선비 유박柳璞(1730~1787)은 『화암수록花庵隨錄』에 중양절의 시편을 남기고 있다.

또 조선 숙종시절(1709년) 상주 선비 권상일이 남긴 일기의 9월 9일 기록을 보면 "비가 내렸다. 국화가 피었다면 '국위중양모우개菊爲重陽冒雨開'[1] 시구에 꼭 들어맞았을 터인데 아직 피어날 기미가 없으니 아쉽다"고 했으며, 이듬해는 "근처 여러 어른을 모시고 등고회登高會를 열었다. 술자리가 무르익자 운韻을 불러 저마다 시를 지었다. 일 년 중 좋은 날을 헛되이 보내지 않았으니 이것은 실로 근래의 멋진 모임이다"라는 구절이 보인다. 이를 미루어 볼 때 영남지역에서도 중구절은 산에 오르거나 국화와 함께 즐기는 명일이었음을 짐작할 수 있다. 조선시대 상주의 권상일 선비가 중구절을 맞아 남긴 시편이다.

　　동쪽울타리 황국은 누구를 위해 피었는가
　　병 많고 늙은 시인 홀로 대臺에 오르네
　　풍모風帽[2]의 미치광이 행태 보아주기 어려운데
　　유낭茰囊[3]은 몇 집의 재앙을 물리칠까
　　사계절 아름다운 흥취 사람마다 같으니
　　오늘의 중양절 내년에도 또 오리라
　　부끄럽게도 강주에서 술[4] 보내오지 않아

1　국위중양모우개(菊爲重陽冒雨開)는 당나라 시인 황보염(皇甫冉)의 시 '추일동교작(秋日東郊作)'의 여섯 번째 구절이다.
2　풍모는 진(晉)나라 맹가(孟嘉)가 9월 9일에 환온(桓溫)이 베푼 용산의 주연에 참석하였다가 국화주에 취한 나머지 모자가 바람에 날아가는 것도 몰라 놀림을 받았으나, 희롱에 답하는 글을 지어 좌중을 탄복시킨 고사를 일컫는다.
3　유낭은 산수유를 넣은 주머니를 뜻하는데, 중양절에 산수유를 넣은 붉은 주머니를 팔에 걸고 높은 산에 올라가 국화주를 마시면 재액(災厄)을 물리칠 수 있다는 말을 은유한 것이다.
4　강주에서 술이란 구절은 도연명이 중구절에 술이 없어 울 밑에서 속절없이 술에 띄울 꽃잎만 따고 있는데, 강주자사 왕굉(王宏)이 백의를 입은 사람을 시켜 술을 보내온 고사에서 중양절에 친구에게 술을 보내거나 술을 마시는 일을 말한다.

날 저물자 도연명이 눈썹 찌푸리며 돌아오겠네.

　최남선은 『조선상식문답』에서 중구절은 '1년 내 마지막 국화가 한창으로 국화를 구경하는 명일이 되었다'면서, '조선에서는 신라 이래로 이날을 명일로 하여 나라에서는 잔치를 베풀고 군신君臣이 즐거움을 같이 하였으며, 조선에서는 3월 3일과 함께 봄, 가을 두 차례 노인잔치를 하는 날이었다'고 기록하고 있다. 중양절이 예로부터 국화와 함께하는 명절이었음을 알 수 있다.
　이날 달성에서는 특별히 명절로 행사하거나 하지 않는다. 다만 객지에 나가 죽은 가족이나 선조의 기일忌日을 알 수 없을 때 이날 제사를 올린다. 또한 제주가 아프거나 집안에 상사喪事를 당해 추석에 조상에 차례를 올리지 못한 집에서는 이날 제사를 올리기도 한다.[5]

"천지신명이시여, 부디 보살피어…" – 사직제

사직제社稷祭는 토지신과 곡식신에게 올리는 제사이다. 사직제의 '사社'는 토신을 뜻하고, '직稷'은 곡신을 뜻한다. 사직제는 '백성은 땅이 없으면 설 수 없고, 곡식이 없으면 살 수 없다'는 한漢나라 고조의 말에 기원을 두고 있다. 이에 한 고조가 도성 안에 사직단을 모으고 제사를 지내기 시작한 것이 삼국시대 때 한반도로 전래되어 국가제사로 정착되었다. 이후 고려, 조선시대를 거치면서 사직제는 왕조의 정통성을 확인해주는 종묘와 더불어 민생의 안정을 도모하고자 하는 나라의 중요 의례로 자리 잡게 되었다.
　사직제는 매년 봄, 가을 그리고 납일에 정기적으로 지내며 기우祈雨나 치병治病 등 기고

5　달성군, 『달성백서』, 2014.

'달성군민의 날' 읍동산에 있는 사직단에서 사직제를 올리고 있다(사진 달성군).

제를 지내기도 하고 책봉冊封, 출병出兵 등이 있을 때 고유제를 지내기도 한다.[6]

    조선시대 이후에는 종묘와 달리, 각 군현에도 사직단을 모으고 지역의 안정과 백성들의 안녕을 기원하고 천지신명에게 기고제나 고유제를 지내도록 하여 사직단을 신성시하게 되었다. 현풍현에서도 사직단을 쌓고 제사를 지냈다. 달성군의 사직단 복원비에 따르면 조선시대 세종 때 현풍현감을 지낸 채석견이 사직단을 모은 것으로 전한다. 『신증동국여지승람』「현풍읍지」에 '현의 서쪽에 남향으로 3층 돌층계로 꾸몄으며 정문에는 표문表門이 있는데 사직단을 중심으로 사직산이라고 불렀다'고 적고 '이곳 사직단에는 나라의 큰 일이 있을 때 지역의 유림들이 모여 북향하여 국궁사배를 올린다'고 기록하고 있다. 일제

---

6   국립민속박물관, 『한국세시풍속사전』, 1991.

강점기에는 일제가 사직단을 허물고 그 자리에 신사를 세웠으나, 1941년 우국지사들에 의해 불태워졌다. 이후 과거 사직단 자리에는 충혼탑이 들어서므로 해서 1997년에 지금의 읍 동산으로 자리를 옮겨 복원하게 되었다.[7]

과거 달성에서는 지역의 안정과 주민의 안녕을 위해 매년 봄, 가을에 사직제를 올렸다. 지금은 매년 '달성군민의 날'(양력 9월 10일)에 군수가 초헌관이 되어 제수를 장만하여 제사를 올리고 있다. 제사는 가정에서와 같이 참신을 하고 폐백을 올린 후 분향을 한다. 참신할 때는 제주가 사배四拜를 올린다. 이어 초헌관이 잔을 올려 절을 하고 아헌, 종헌을 한 후 음복례를 한다.

시절음식

국화전

『동국세시기』에는 '황국黃菊을 따서 찹쌀떡을 만든다. 삼짇날 진달래 떡과 같은데 역시 이름하여 화전花煎이라고 한다'고 적고 있다. 국화전은 찹쌀가루에 소금으로 간하여 끓는 물로 익반죽하여 먹기 좋도록 둥글납작하게 빚는다. 솥뚜껑에 기름을 두르고 빚은 반죽을 올려 약불로 지진 후 뒤집어 익은 면에 국화꽃잎을 올린다. 반죽이 익은 쪽에 꽃잎을 올려야 꽃의 색상이 변하지 않는다. 국화전의 꽃은 주로 식용으로 하는 감국을 따서 쓴다. 다 지진 전은 꿀을 묻혀 담아낸다.

추어탕

나락 논 가을걷이를 하고 나면 미꾸라지들이 물꼬의 작은 웅덩이 속에 몰려있거나 근처 개

---

7 달성군, 『달성백서』, 2014.

흙 속에 박혀있다. 농가에서는 여름 동안 살이 오른 굵은 미꾸라지를 잡아 독에 넣어두고 추어탕을 끓여 가을 보양식으로 삼는다. 추어탕은 지역에 따라 끓이는 법이 조금씩 다르다.

달성에서 추어탕을 끓이는 법은 전형적인 경상도식이다. 잡아 온 미꾸라지는 개흙을 토해내도록 하루, 이틀 물이 든 독에 담아 중간중간 물을 갈아준다. 해감이 된 미꾸라지는 옹배기에 담아 왕소금을 뿌리고 호박잎으로 문질러 거품을 제거한다. 미꾸라지에서 나온 끈적끈적한 분비물은 다시 물로 씻어낸다. 완전히 해감이 된 미꾸라지는 불에 단 솥에 넣고 익히다가 물을 한 바가지 붓는다. 미꾸라지가 흐물흐물해지면 국자로 문질러 체로 거른 후 물을 넉넉히 잡아 붓고 끓인다. 국이 끓을 때 미리 삶아서 준비해둔 숙음배추, 토란줄기, 고사리, 파, 애호박 따위를 넣고 깊은 맛이 우러나도록 다시 끓인다.

추어탕의 맛은 양념장에 따라 크게 좌우되므로 장 만들기에 공을 많이 들인다. 간장에 다진 마늘, 붉은 고추, 풋고추를 넉넉하게 넣어 알싸하게 만든다. 씨앗을 빼낸 제피 껍질을 은근한 불에 달궈 곱게 갈아 곁들여 내놓는다. 추어탕 양념장과 제피는 입맛에 따라 먹는 사람이 조절해 넣는다. 추어탕에는 주로 쌀밥을 말아먹지만 국수나 도토리묵을 채 썰어서 말아 먹어도 별미다.

놀이

망돌차기[8]

아이들이 사계절 손쉽게 하는 놀이다. 달성에서는 특히 가을걷이 마당에서 많이 한다. 놀이 방법은 땅바닥에 한 줄에 다섯 칸씩, 두 줄 열 칸이 되도록 큼지막하게 그린다. 오른쪽 다섯 칸은 비워두고 왼쪽 다섯 칸 중 첫 칸은 비워둔 채 나머지 네 칸을 각각 '토끼' '꽝' '두발'

---

8 망돌차기는 지역에 따라 '망차기', '비사치기', '사방치기'라고도 한다.

'말' 칸으로 정한다. 아이들은 각자 '망돌'이라고 하는 납작한 작은 돌멩이를 준비하여 놀이를 시작한다. 가위바위보로 이긴 사람이 가장 먼저 망돌을 첫 칸에 놓고, 깨금발로 망돌을 차서 다음 칸으로 넣는다. 다섯 칸째는 왼쪽 칸으로 넘어가서 앞에 정한 네 개의 칸으로 망돌을 힘껏 찬다. '토끼' 칸에 망돌이 들어가면 1칸을 얻고 '꽝' 들어가면 무효가 되며 '두 발'은 두 발로 걸어 나올 수 있고, '말'은 세 칸을 건너뛸 수 있다. 놀이 중 금을 밟거나, 망돌이 금에 물리거나, 금 밖으로 나가면 낙방이 되어 죽는다. 망돌차기는 첫 출발을 하기 전에 뒤로 돌아서서 망돌을 칸 안으로 던져 넣은 다음 출발하는 놀이도 있다.[9]

---

9 김종민, 『보리 어린이—놀이도감』, 보리, 2017, 260~263쪽.

세시풍속

10월

10월

"동무들아, 묘사 떡 얻으러 가자" – 상달

"조선의 건국시조 단군檀君께서 인간을 깨끗하게 하기 위하여 천계로부터 내려오신 것을 고마워하며 경축하는 명절이 개천절이다. 옛날 단군의 자손이 세운 여러 나라에서는 어디서든지 이 철(개천절)에 제천祭天대회를 열어 하느님 및 국조께 절을 하고 나라의 큰일을 처결하고 또 온갖 놀이를 베풀어 국민상하가 다 한가지로 이날을 기념하고 즐겼다. 후세에 10월을 상달이라고 하고 그 초사흘을 신성하게 생각했으므로 10월 3일을 개천절이라 하여 이 날 가장 정성스러운 고사를 각 집에서 지내고 혹은 명산에 들어가서 엄숙하게 치성을 바쳤다. 그러다가 10월의 큰 고사가 이러한 내력이라는 것을 잊어버리고 그저 천지신명께 바치는 것이거니 하였는데, 10월 고사를 가장 정성스럽게 지내는 법만은 언제든지 다름이 없었다"[1]

최남선은 『조선상식문답』에서 개천절의 유래와 시월 상달의 의미를 명확하게 밝히고

---

[1] 최남선 지음, 문형렬 해제, 『조선상식문답』, 기파랑 에크리, 2011, 150쪽.

인흥마을 남평 문씨 재실 광거당에서 2021년 10월 묘사를 모시고 있다. 인흥마을에서는 매년 시월 첫째주 토요일 시제를 모시고 있다 (사진 문제성 씨).

있다. 예로부터 우리는 시월을 상달이라고 했다. 이는 1년 중 으뜸의 달로 '신神의 달'이라는 뜻이다. 그런 만큼 이 달은 한 해 동안 거둬들인 곡식으로 조상들께 제사를 올린다.

시월 상달에는 연중 네 번의 시제時祭 중 마지막 제사를 올리는 때이다. 각 문중에서는 집안사람들이 모두 모여 주로 5대조 이상 조상의 묘에 가서 묘제를 올린다. 묘제를 지낸 후 음복은 여러 사람이 나눌수록 복을 나눈다고 한다. 그 때문에 묘제 음식은 집안 어른들한테 따로 보내고 길을 지나는 사람이나 아이들에게도 떡과 음식을 나눠주기도 한다. 이를 흔히 묘사떡이라고 한다.

시월은 긴 겨울 동안 지낼 준비를 하는 시기이기도 하다. '도성에서는 무, 배추, 마늘, 고추, 소금을 넣어 독에 김치를 담그는 것이 풍습이다. 여름날 장 담그기, 겨울날 김치 담그기는 곧 민가에서 한 해를 준비하는 큰일이다' 이미 조선시대 문헌[2]에서 기록하듯 겨울철 김장은 우리나라의 오랜 전래 풍습으로 시월 민가 주부들의 큰 일거리이다.

또 초가집에서는 한겨울 추위가 닥치기 전에 초가의 삭은 지붕을 걷어내고 새 이엉을 올린다. 집집마다 겨울 한철 동안 땔 장작을 준비하는 것도 이 시기 민가의 큰 치레이다.

〈마을에서 들은 이야기〉
10월 월동준비 노유순 씨

요즘에야 달리 월동준비란 게 있습니까? 한겨울이라도 읍내에 나가면 없는 게 없으니까 겨울이라고 해서 달리 준비할 게 없지요. 예전에는 겨울 들면 꼼짝할 수도 없으니 그 전에 단단히 준비해둬야 고생을 덜 하지요. 무엇보다 남자들은 마름[3]을 이고 땔나무를 마련하는 게 일이고 여자들은 김장을 하고 메주 끓이는 게 일이지요.

예전에 가을걷이가 다 끝나면 집집마다 짚동을 쌓아두지요. 겨울동안 쇠죽을 끓이기도 하고 새끼도 꼬고 가마니를 짜기도 해야 되지요. 또 무엇보다도 마름 이는데 짚이 많이 들지요. 아마도 삼간초가 한 채 이으려면 짚 서너 동은 들어야 할 겁니다. 예전에 우리 집 아래채 이을 때 보니까 짚단으로 쳐도 700, 800단은 드는 것 같아요. 이엉 일 때 보면 남자들은 짚동을 풀어서 종일 마름을 엮지요. 짚을 가지고 엮는 것을 보면 얼레빗 빗날 같이 짚 뿌리 쪽을 쭉 엮어나가지요. 한 주름이 지붕이 한 바퀴 돌 만큼 엮습니다. 한 주름 엮어서 들면 장골한테도 한 짐씩 되지요. 그렇게 다 엮고 나면 나중에는 용마름을 엮어요. 용마름은 지붕을 다 이고 맨 나중 용마루로 덮는 것이지요. 한 며칠간 엮어 가지고 지붕을 입니다.

지붕 이는 걸 보면 먼저 썩은 지붕을 걷어내요. 많이 썩지 않았을 때는 그 위에 그대로

---

2 홍석모 지음, 최대림 역해, 『동국세시기』, 홍신문화사, 2015, 113쪽.
3 표준어는 이엉이라고 한다. 짚으로 엮어 초가지붕에 덮는 것으로, 달성 등 경상도지역에서는 '마름 인다', '마름 엮는다'고 한다.

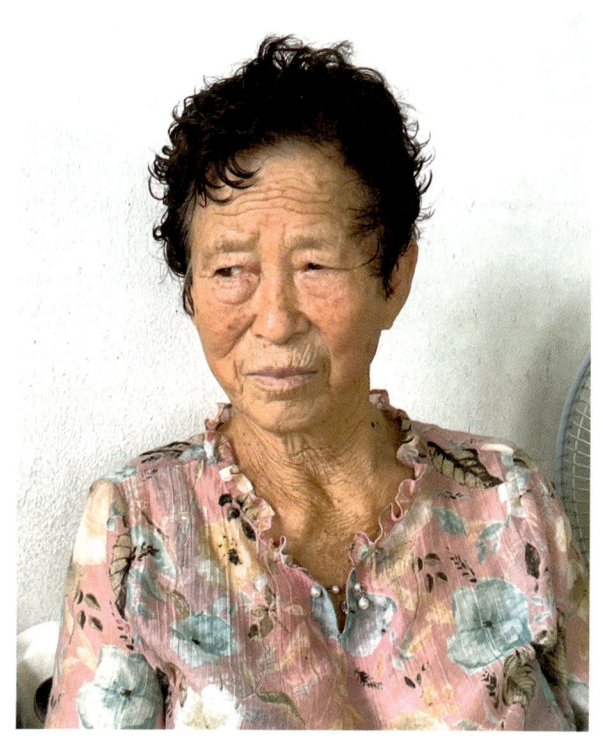

노유순 씨(1943년생), 대구광역시 달성군 유가읍

덮기도 하지요. 다 걷어내고 나면 엮은 마름을 어깨에 지고 사다리를 타고 올라가 쭉 내려놓습니다. 그러면 두 사람이 추녀 쪽부터 뺑 돌아가면서 마름을 깔아요. 깔면서 중간중간 흘러내리지 않도록 짚으로 묶습니다. 그렇게 고기비늘 같이 쭉 덮어 올려서 맨 마지막에는 용마름으로 마무리를 하고 새끼줄을 돌려 맵니다. 다 이고 추녀 끝에 늘어진 것을 낫으로 끊어서 가지런하게 정리하고 나면 새뜻하지요. 여자들은 곁눈질로 보는 것뿐이니, 일손이야 잘 알 턱이 없지요. 그저 지붕 이는 날은 이웃 사람들도 와서 거들어주기 때문에 일찌감치 술도 좀 걸러놓고 더운밥도 한 솥 하지요. 그나마 새마을운동하면서 슬레이트가 들어오고 초가지붕은 싹 없어졌지요. 요즘 사람들은 이렇게 이야기해도 잘 모를 겁니다.

마름을 이고 나면 바깥양반들은 한겨울이 닥치기 전에 땔나무를 해다 놔야 되지요. 예전에는 집안에 땔나무가 없으면 양식 떨어진 거나 똑같아요. 얼마나 답답한데. 겨울 닥치기 전에 좋은 장작이라도 한 동 재놓으면 보기만 해도 배가 부르지요. 내가 시집오고 얼마 안 되었을 때는 마을 뒤 대니산 높은 데 솔이 좀 있었어요. 거기에 가서 마을 사람들이 매년 한 번씩 갓을 치지요. 그러면 장작을 베고 솔을 쳐다가 재실에 갖다가 줘요. 어른들이 겨우내 재실에 지내면서 불을 때도록 하는 거지요. 그러지 않고는 근방에서 솔가리라고는 구경도 할 수 없었어요.

그때는 마을 산들이 전부 말갰잖아요. 산에 나무라고는 구경할 수가 없었지요. 가을걷이가 끝나고부터는 남자들은 새벽부터 멀리 나무를 하러 가요. 옛날에는 어디 시계나 있었나요. 삼태성 별이 뜨는 거 보고 밥을 해야 되지요. 주로 비슬산으로 갔어요. 새벽밥을 지어가지고 대나무로 만든 찬합에 밥을 싸서 지게에 달아서 갑니다. 여기서 비슬산을 가자면 한나절은 걸리지요. 그런데 거기서 해오는 나무도 보면 전부 물거리나 푸새[4]라. 솔가리는 없어요. 물거리를 한 짐 해서 지고 집으로 오면 소죽 끓일 때가 되지요. 매일 같이 그렇게 한 짐씩 해 날라요. 나중에는 비슬산도 나무가 없다고 그래요.

그렇게 나무를 해다 들여도 매일 불 때는 게 있으니까 좀체 나무동이 불지를 않지요. 한번은 시동생이 부엌에다가 나무를 한 아름 들여 주고는 물을 한 바가지 퍼다가 줄줄줄 끼얹어버려요. 불이 더디 타도록 하는 거지요. 그러면 불은 더디 타지만 연기는 얼마나 나는지…. 그래도 어쨌거나 겨울 동안 나무 한 동 재놓지 않으면 이듬해 애를 먹지요.

그리고 먹는 준비는 김치지요. 겨울에는 김치만 넉넉하면 한 철 나지요. 우리는 김장을 배추김치 두 독에 무김치 한 독을 담갔습니다. 요즘에는 김치에 속도 많이 넣고 하지만, 예전에는 모두가 귀했으니까 그냥 이리저리 담고 말지요. 고춧가루도 허옇고 젓갈도 시눙뿐이지요. 그래도 한겨울에도 보리밥에 김치 죽죽 찢어 걸쳐서 먹으면 그게 그리 맛있을 수 없지요. 그걸 땅에 묻어놓고 봄이 될 때까지 먹는데 늘 모자랄 성 싶지요.

김장독 묻는 옆에다가는 구덩이를 파고 무랑 고구마를 묻습니다. 무는 무밥도 해먹고 채도 썰어서 반찬하고 토장 지져 먹는데도 넣고 그러지요. 고구마도 밥에 놔서 밥을 늘려서 먹기도 하고 쪄서 밥 대신 한 끼 때우기도 하고 그러지요. 또 긴긴 겨울밤 먹을 게 없으

---

[4] 물거리는 싸리나 오리나무 따위의 잡목이나 곁가지로 된 땔나무를 뜻하며, 푸새는 억새 등 풀로 된 땔감을 말한다.

니까 무를 하나 꺼내다가 온 식구가 깎아먹지요. 고구마야 말할 게 없지요. 그나마 그것도 정월 지나고 나면 무 구덩이가 비는 집이 태반이었습니다. 참, 그때 그럴 때는 먹을 게 그만큼 귀한 시절이었지요.

굶더라도 겨울 들면서 해놔야 되는 게 메주지요. 아무리 없어도 김치에 된장만 있으면 겨울 날 걱정이 없지요. 여름에는 생된장에 풋고추만 찍어 먹어도 밥 한 그릇 먹잖아요. 그러니 겨울 들기 전에 메주를 끓여서 달지요. 우리는 두 말을 끓였어요. 콩은 쇠죽솥에다가 삶아가지고 디딜방아에 찧지요. 그것을 고대에 넣어 밟아가지고 짚으로 매달지요. 안방에 메주를 달아놓으면 메주 뜨는 냄새가 많이 나지요. 그렇게 겨우내 방에 달아뒀다가 정월 말날에 장을 담거나 그때 못 담으면 봄이 들어 삼짇날에 담급니다.

요즘이야 월동준비라고 달리 하는 사람들이 있나요 어디. 모두 김치도 조금씩 사다가 먹고 마는데. 이젠 여기 촌에서도 메주 끓이고 장 담그는 사람이 드물어요. 전부 사먹지. 20, 30년 전만 비교해도 참으로 많이 좋아졌지요. 세상이 바뀐 거지요.

안택고사

달성에서는 벼농사가 끝나 햇곡식을 갈무리하는 시기이므로 안택고사를 지내기도 한다. 안택고사는 조상신, 즉 신주神主를 모신 시줏단지(일명 신준단지)에 지내는 고사이다. 달성 하빈·다사 등지에서는 시줏단지를 '부루단지',[5] '부리독'이라고도 한다.

---

5   최남선은 『조선상식문답』에서 '부루단지'라고 할 때, '부루'를 민족종교와 연관하여 해석한다. 최치원이 쓴 비문 중 "우리나라는 신통한 도가 있으니 '부루'의 가르침이 그것이다. 그 내용에는 유교, 불교, 도교의 요지가 다 들어 있어 인생뿐만 아니라 만물을 교화하기에도 아무 부족할 것이 없다"고 한 구절을 인용하여 '부루'는 민족종교로 신라 화랑도도 이 종교에 기인한다고 주장하고 있다. '부루'는 전국 명산의 최고봉을 '비로봉'이라고 하듯, 으뜸을 뜻하는 '비로'가 어의 변형한 것으로 인간세상과 천계天界를 잇는 지점이 '비로' 즉 '부루'라고 했다. 그 '부루 신앙'의 유산으로 남아 있는 것이 '부루단지'라고 설명하고 있다.

"시방도 보통 가정에서 정淨한 곳에 따로 그릇을 두고 거기 처음 생긴 새 곡식을 담아 두었다가 다음 해 햇곡식이 날 때에 묵은 쌀을 꺼내어 떡을 하여 고사 지내고 새 곡식을 갈 아 넣는 신앙이 있어 이 그릇을 '부루단지'라고 하는데, 이것이 또한 민간에 남아 있는 '부 루' 신앙의 한 옛 풍속입니다."[6]

시줏단지는 조상신을 의미하는 상징물로 단지나 바가지, 주머니 등에 곡식을 넣은 것 이다. 집안에 따라서는 위패를 모신 상자나 감실龕室형태로 모시기도 한다. 달성에서는 옹 기단지에 곡식을 넣어 안방이나 대청마루에 모셔두거나 주머니 형태로 안방 벽이나 출입 문 위에 걸어두기도 한다. 옹기단지로 모실 때는 왼새끼를 꼬아 단지 입술에 두른 후 한지 를 씌워 뚜껑을 덮고 그 위에 고깔을 씌워 둔다. 시줏단지에는 계절에 따른 곡식을 넣어두 는데 백중 때는 햇보리나 보리쌀을 넣고 10월 상달 안택고사 때는 햅쌀이나 벼로 갈아 넣 는다. 이때 바꿔 낸 곡식은 밥이나 떡을 해서 가족끼리만 나누어 먹는다. 조상신체의 상징 인 곡식을 외부인이 먹으면 '부정 탄다'고 한다. 안택고사는 주로 안주인이 올리는데 벼나 쌀을 갈아 넣고 햅쌀로 팥시루떡을 쪄서 시루째 성주에 올린다. 또 북어나 홍합 등 간단한 제물을 마련하고 무명 실타래를 올려 가족의 무병장수를 기원한다. 성주에 올린 시루떡은 곳간과 부엌, 장독, 마구간 등에 조금씩 나눠 올리기도 한다.[7]

손돌바람

소설小雪 무렵 시월 스무날이면 우리나라 전역에 세찬 바람이 불고 추위가 닥친다. 이날을 손돌날로 부르며 이 시기에 부는 바람을 손돌바람, 한파를 손돌추위라고 한다. 손돌날의 연 원은 고려시대 몽골군 침략에 얽힌 전설에 기인한다. 몽골의 침략으로 임금이 강화도로 피 란을 가기 위해 배에 올랐는데, 그 사공이 손돌이다. 손돌이 배를 띄웠는데 바람이 세차게

---

6 최남선 지음, 문형렬 해제, 『조선상식문답』, 기파랑 에크리, 2011, 209쪽.
7 달성군, 『달성백서』, 2014, 698~699쪽.

불고 거센 풍랑이 일어 나아갈 수가 없었다. 이에 손돌이 왕에게 잠시 바람을 피했다가 갈 것을 고한다. 그러자 왕은 손돌이 다른 마음을 먹고 있는 것으로 여겨 그 자리에서 목을 치고 만다. 그러자 바람이 더욱 거세져 배가 난파할 지경에 이른다. 이에 왕은 자신이 타고 다니던 말의 목을 베어 손돌의 제사를 지내 혼령을 달래도록 한다. 제사를 올리고나자 비로소 풍랑이 가라앉아 무사히 강화도로 건너갈 수 있었다. 그때부터 해마다 시월 스무날 경이 되면 거센 바람이 불고 추위가 닥치는데, 이를 손돌바람이라고 한다. 사람들은 손돌바람, 손돌추위는 억울하게 죽은 손돌의 혼령이 노한 탓이라고 여긴다.

시월 말경이면 전국에 걸쳐 첫눈이 내리기 시작한다. 예로부터 시월 첫눈을 받아먹으면 두통이 없어지고 속앓이를 하지 않는다는 속설이 있다. 민간에서는 첫눈을 받아먹기도 하며, 아이들은 쌓인 눈을 한 움큼씩 집어 먹기도 한다.

시절음식

인절미

가을걷이가 끝난 농촌에서는 햇찹쌀로 인절미를 빚어 시제를 올린다. 인절미는 「공주 쌍수정의 사적비」에 그 유래가 전한다. 조선 인조대왕이 이괄의 난을 피해 공주 쌍수정에서 이레 동안 머물 때 임씨 성의 농부가 떡을 만들어 바쳤다. 그것을 먹어본 왕이 맛이 좋아 떡 이름이 무엇인지 물었다. 임씨가 끊어서 만든 떡이라고 하자 '임절미'라고 하던 것이 오늘날 인절미가 되었다고 알려지고 있다.[8]

인절미는 찹쌀에 약간의 소금과 물을 부어 쪄서 떡판에 놓고 떡메로 친다. 차지게 친 떡은 넓적하게 모양을 잡아, 먹기 좋은 크기로 잘라 미리 준비한 팥이나 깨 또는 콩가루에

---

8 홍석모 지음, 윤숙자 외 엮음, 『음식으로 들여다보는 ─ 동국세시기』, (주)백산출판사, 2020, 123쪽.

굴려 고물을 묻혀낸다. 흔히 찰떡이라 부르는 인절미는 찹쌀의 차진 기운에 빗대어 예로부터 과거에 급제하기를 기원하는 떡이었다. 또 부부간에 찰떡과 같이 금슬이 좋기를 바라는 의미에서 혼례 떡으로 나누어 먹기도 했다.

만두

메밀가루를 사용하여 만두(피)를 빚는다. 채소와 파를 넣고 닭고기, 돼지고기, 쇠고기, 두부를 소로 넣어 싸서 끓는 장물에 익혀서 먹는다. 또 밀가루로 만두피를 세모꼴로 만들기도 하는데, 이름하여 변씨만두이다. 쌀떡만두, 꿩만두, 김치만두가 있는데 그 중 김치만두가 가장 소박한 시절음식이다. 조선시대 문헌[9]에도 만두에 대해서 그 음식의 기원에서부터 만드는 법, 당대의 유행하는 종류까지 세세하게 소개하고 있다. 김치만두는 밀가루로 만두피를 빚어서 다진 김치, 돼지고기, 으깬 두부, 숙주나물을 양념하여 주무른 만두소를 넣고 싸서 쪄낸 것이라고 소개하고 있다.

놀이

실뜨기

날씨가 추워지기 시작하면 아이들은 방 아랫목에 모여 실뜨기 놀이를 한다. 실뜨기는 한 팔 길이쯤 되는 실을 묶어 양 손에 벌려서 건다. 상대 아이는 엄지와 집게손가락에 벌려 한 손에 한 가닥씩 위로 떠올리거나 내리 걸어 실을 옮겨온다. 상대 아이는 다시 엄지와 집게손가락을 이용하여 모양을 만들며 실을 떠온다. 계속하여 공격과 방어를 이어가는데 실이 엉키거나 또는 풀어지거나, 동일한 모양이 나올 경우에는 진다.

---

9 앞의 책, 142~147쪽.

팔씨름 · 무릎씨름

팔씨름이나 무릎씨름은 추운 날 아이들이 방안에서 손쉽게 하던 놀이다. 팔씨름은 두 사람이 손을 맞잡아 세우고 쓰러뜨리는 겨루기이다. 만약 두 사람이 맞겨룰 상대가 못 되면 힘이 센 쪽이 상대의 손목을 잡고 겨루기도 한다. 무릎씨름은 두 사람이 마주보고 앉아 오른쪽 다리를 세워서 맞붙인다. 이때 손은 뒤로 하여 방바닥을 짚는다. 맞붙인 다리에 힘을 줘서 상대방 다리를 넘어뜨리면 이긴다. 겨루는 도중에 손이나 다리를 방바닥에서 떼면 진다.

세시풍속

11월 (동짓달)

11월(동짓달)

"잡귀야 물렀거라, 팥죽귀신 납신다" – 동지

동지는 22번째 절기로 '겨울에 이르렀다'는 의미이다. 예로부터 이날을 끝으로 새로운 해가 뜨고 만물이 소생하기 시작한다고 했다. 그래서 동지는 '아세亞歲', 즉 작은설이라고 했다.

    동짓날 팥죽을 쑤는 유래는 중국의 『형초세시기』에 등장한다. 벼슬살이를 하는 '공공씨'한테는 늦둥이 아들이 하나 있었는데, 어리석은 짓만 하고 다니는 망나니였다. 마침 그 아들이 동짓날 죽어서 구천을 떠도는 전염병 귀신이 되었는데 그 아들이 평소에 팥을 두려워했다. 그 때문에 사람들이 동짓날 팥죽을 쑤어 전염병 귀신을 쫓는 풍습으로 삼게 되었다.[1]

    동지가 동짓달 초순에 들면 애동지, 중순에 들면 중동지, 하순에 들면 노동지라고 한다. 애동지에는 팥죽 대신 팥시루떡을 쪄서 먹는다.

    고려시대에는 동짓날 어려운 백성들의 모든 빚을 탕감하여 한 해를 마무리하게 하고

---

[1] 홍석모 지음, 장유승 역해, 『동국세시기』, 아카넷, 2016, 215쪽.

새로운 기분으로 하루를 즐기도록 하는 풍습이 있었다.

동짓날 풍속 가운데 청어천신靑魚薦新이 있다. 중국에서 비롯된 청어천신은 궁궐에서는 종묘에, 사대부가에서는 가묘에 청어를 바치는 풍습이다. 이러한 풍습은 조선말까지 이어져 내려왔다. 기록에 청어는 통영과 해주에서 가장 많이 나고, 봄과 가을에 진상했다.

18세기 권상일의 『청대일기』에서도 겨울철이면 전라도와 경상도 관아에서 여타 물품과 함께 청어를 보내온 것을 확인할 수 있다. 조선시대에는 전국 연안에서 잡힌 청어를 비웃이라고 하여 반가 겨울철 선물의 주요 물목이었다.

달성에서는 겨울철 남해안에서 잡힌 청어가 낙동강 수로를 타고 사문진이나 세포 등의 나루로 올라와 지역 골짜기로 풀려나갔다. 과거부터 우리나라 근해에서 비교적 흔하게 잡힌 청어는 겨울철 꽁꽁 언 채로 운송이 용이하여 내륙지역 밥상에까지 어렵잖게 올라갈 수 있었다. 과거 달성에서 형편이 넉넉한 집안은 꽁꽁 언 청어를 상자째 사다가 손질하여 짚으로 '두름'을 엮어 북쪽 응달 처마 밑에 매달아놓았다. 그것을 한두 마리씩 내려서 껍질을 벗기고 잘게 찢어 초장에 찍어 날것으로 먹었다. 이것이 오늘날 동해안지역에서 말하는 과메기인 것이다.

이와 관련하여 달성지역의 기록에는 '대구지방의 명물 가운데 하나로 한겨울이 되면 큰장에서 구입한 청어를 소달구지에 가득히 싣고 와서 그것을 두름으로 엮어 헛간에 걸어서 말린「과메기」를 들 수 있다. 겨울철 별미로 알이 박힌 것은 맛이 더욱 좋았으며, 이듬해 초봄까지 밥상에 올랐다. 1945년 해방이 될 무렵부터 동해안에서 청어가 자취를 감추어 버려서 그 후로는「과메기」를 만들 수 없었다'[2]고 전하고 있다.

민간에서는 동지 때 '동지헌말冬至獻襪'[3]이라는 풍습이 있다. 이는 며느리가 시어머니와 집안 안어른들한테 버선을 지어 바치는 것이다. 18세기 실학자 이익은 동지헌말은 '새 버

---

2 문희웅, 『인홍록』, 거경서사, 2003, 183쪽.
3 동지헌말(冬至獻襪)은 동짓날 웃어른에게 버선을 바치는 풍속이다.

선을 신고 이날부터 길어지는 해 그림자를 밟고 살면 장수한다'는 의미를 담아서 비손하는 것이라고 했다.

〈마을에서 들은 이야기〉
장원사 동지풍습 김다연아 보살

절집에서는 동지가 큰 행사입니다. 예로부터 절집에서는 동지를 아세, 즉 '작은설'이라고 했답니다. 그렇게 한 것이 보통 우리에게는 정월 초하루가 설날이 됩니다만 실제 태양의 운행을 볼 것 같으면 동짓날이 저물면서부터 낮의 길이가 길어지잖아요. 그래서 동지는 만물이 소생하는 시절이 시작되는 날 생명의 순환주기로 볼 때 새로운 한 해의 시작이라고 그래요. 그래서 아세라고 했다고 스님께서 말씀하셨어요.

지안스님이 동지의 의미를 '아세'라고 재미있게 풀이한 것을 들은 적이 있지요. 우리가 어릴 적 흔히 불렀던 설날 동요, '까치 까치 설날은 어저께고요, 우리 우리 설날은 오늘이지요'라는 노래 잘 아실 겁니다. 그게 날아다니는

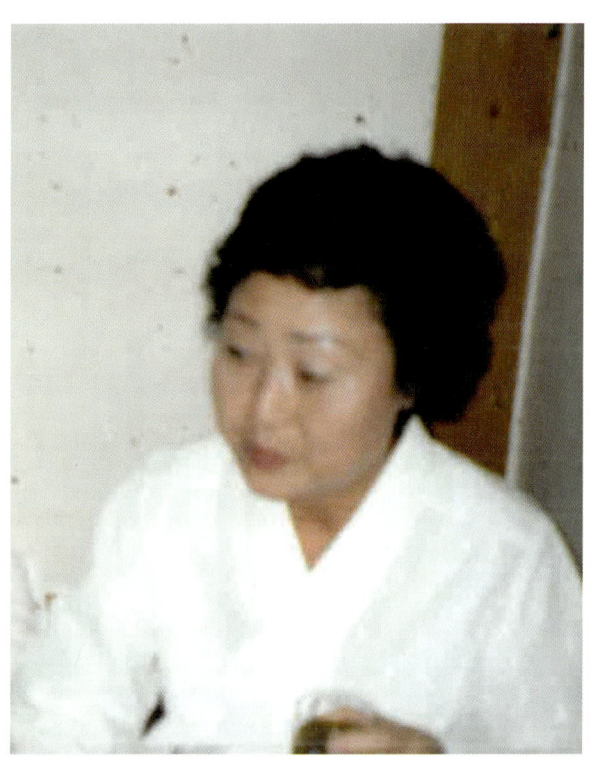

김다연아 씨(1949년생), 대구광역시 달성군 화원읍

새, 까치의 설날이 아니라고 하시더라고요. 신라시대까지는 동지를 작은설, 아세라고 했다고 해요. 그래서 노래를 부르기를 '아세 아세 설날은 어저께고요'라고 하여 동지를 말한 것이고 '우리 우리 설날은 오늘'이라고 하였던 것인데 그것이 세월이 지나면서 '까치 까치 설날'이 되었다는 겁니다. 저는 지금까지 '까치 설'이 그냥 그런가 보다고만 생각했는데, 이 말을 듣고 보니 '아하' 싶더라고요.

절집에서 동짓날 팥죽을 끓이는 내력도 그래요. 누구나가 한 해를 보내려면 이런 일 저런 일도 겪고 힘이 들겠지요. 그래서 지나간 한 해는 잊어버리고 힘을 내서 새해를 시작하라는 의미에서 팥죽을 끓여 먹는다고 그래요. 그 때문에 근기가 있으라고 찹쌀로 새알심을 빚어 넣는다는 겁니다. 옛날부터 새알심을 나이 수대로 먹는다는 말이 그렇게 해서 나온 거라고 큰 스님이 일러주셨어요.

이처럼 새로운 한 해가 시작되는 뜻깊은 날이다 보니까 절집에서도 동지가 다가오면 손길이 바빠집니다. 먼저 예전 절집에서는 '동지 건대'라고 하여 베로 조그만 주머니를 만듭니다. 그것을 마을의 신도들한테 돌리지요. 살림이 어려웠던 시절 동지를 맞아 액을 물리치고 복을 기원하는 의미로 공양미를 시주받기 위한 것이었지요. 그때는 마을마다 '유사'라는 소임을 맡은 신도가 있었어요. 유사는 대개 사는 형편이 괜찮고, 신심 깊은 처사가 맡아서 하는데 집집마다 다니면서 동지 건대를 나누어줍니다. 건대주머니를 받은 신도는 그 해 농사지은 쌀이나 여러 곡식들을 정성스레 담고 주소와 식구들의 이름을 적지요. 유사는 그 건대주머니를 다시 모아서 절집에 갖다가 주지요.

동지가 들면 절집은 바빠집니다. 동지 이틀 전부터 팥을 삶아서 걸러놓지요. 동짓날이 되면 신도분들이 수백 명씩 오니까 적어도 팥 1말에 찹쌀 스무다섯 되는 해야 됩니다. 어떤 분들은 가족이 모두 오기도 하지요. 그러니 보통 팥을 큰 솥에 서너 솥을 끓입니다. 또 우리 절에서는 동지가 되면 꼭 절편을 합니다. 불전에도 올리지만 신도분들이 집에 가실 때 가져가도록 하는 거지요.

동지 전날 오후 무렵에는 동지 팥죽에 들어갈 새알을 만드는데 보살들이 여럿이 큰 대

중방에 모여 앉아 울력으로 새알을 비빕니다. 새알을 잘 비비는 사람은 한꺼번에 두세 개씩 비비는 사람도 있어요. 그렇게 나중에는 누가 예쁘게 잘 비볐는지 서로 비교도 하고 그러지요. 그런데 팥죽 새알은 잘 쉬기 때문에 뜨거운 방에 두면 쉽게 변해버려요. 비비는 대로 대소쿠리에 넣어서 바깥 마루에 상을 여러 개 펴고 쭉 늘어놓습니다.

동지 전날 저녁 무렵이 되면 팥죽 공양을 올릴 신도들이 아래 마을에서 절로 오지요. 주로 연세가 지긋한 노보살님들이 많은 편입니다. 보살님들은 오랜만에 서로 만나다 보니 요사채 방안이 왁자지껄합니다. 조용하던 절집이 동짓날 밤이면 마치 시장바닥 같은 분위기가 되지요. 신도분들은 올 때 과일이나 먹을 것을 조금씩 싸오기도 해요. 큰 스님이 주무시러 올라가고 나면 보살님들은 그걸 펼쳐놓고 함께 나눠 먹고 그러지요. 특히 예전에 노보살님 중에 우리가 '꽃등보살'이라고 별명을 붙여준 분이 계시지요. 그 노보살님은 노래를 잘하시는데 한창 신명이 나면 바가지를 두드리며 춤을 추지요. 그렇게 한참 떠들고 웃고 놀다가 밤이 이슥해지면 잠을 잡니다. 잠은 방이 모자라니까, 한 방안에 여남 명씩 서로 포개다시피 해서 쪽잠을 자는 거지요.

이른 새벽이 되면 공양주가 먼저 일어나 팥죽을 쑵니다. 팥죽을 끓일 때는 한 사람이 옆에 붙어 서서 계속 나무주걱으로 저어줘야 해요. 젓지 않으면 눌어붙어서 못쓰지요. 그렇게 젓다보면 자칫 화상도 입고 그러지요. 특히 옛날에는 나무로 불을 때서 팥죽을 쑤었어요. 그 때문에 절에서 일하는 부목처사⁴가 불 때는 일을 맡아서 공양주와 호흡을 맞추어서 해야 하지요. 그러니 팥죽 끓이는 일은 가만히 보면 해마다 하는 솜씨 좋은 보살이 하게 돼요. 이제 팥죽이 끓어 새알심을 넣을 때가 되면 그 전에 봉지에 팥죽을 조금씩 떠서 담아 둡니다. 신도들 중에 장사하거나 정신 들이는 사람들이 그것을 찾아요. 나중에 그걸 가져가서 문에 뿌려 잡귀를 물리치는 거지요.

이윽고 팥죽을 다 쑤고 새벽 세 시쯤 되면 스님이 일어나 새벽 도량석 목탁을 치면 동

---

4 부목처사는 스님으로 계를 받지 않고 큰 절에서 땔나무를 담당하는 사람을 일컫는다.

짓날 하루가 시작됩니다. 신도들도 스님의 목탁 치는 소리를 듣고 모두 일어나, 꽁꽁 얼어붙은 수곽의 얼음을 깨서 찬물에 세수를 하고 정신을 가다듬는 거죠. 후원 공양간에서는 새벽예불을 하기 전 공양주가 팥죽을 불기에 담아 법당 상단부터 신중단, 칠성단 등 각 단에 올립니다. 공양주가 절을 올리며 복을 비는 거지요. 이렇게 하여 비로소 새벽예불을 드리게 됩니다. 스님이 천수경, 반야경을 염송하고 새벽예불이 끝나면 신도들은 아침공양 시간까지 각 단을 두루 다니며 절을 하면서 소원을 빌고 신심을 다잡는 것이지요.

그렇게 날이 밝으면 아침 공양을 하고 좀 쉬다가 동지예불을 올립니다. 신도들도 함께 동지예불을 한 후 비로소 팥죽공양을 하지요. 옛날 동짓날 생각을 하면 잊히지 않는 노보살이 한 분 계셨어요. 그 노보살님은 팥죽을 못 드셔요. 젊을 때 가난하여 워낙 죽을 많이 먹다보니까 나이가 들어서도 죽만 먹으면 생목이 올라 못 견딘다고 해요. 그래서 그 노보살님한테는 꼭 밥을 준비했다가 챙겨드렸지요.

절에서 하룻밤을 보냈던 신도들은 팥죽공양을 하고 나면 집으로 돌아가지요. 집에 갈 때는 꼭 절편과 절에서 만든 달력을 챙겨갑니다. 특히 절 달력은 12간지 그림이 큼직하게 그려져 있지요. 그 달력을 보고, 장도 담그고, 길일을 받는 등 유용하게 씁니다. 절 달력은 새로운 한 해에 부처님의 보살핌을 기원하면 새 출발을 다짐하는 징표가 되기도 하지요. 또 절편은 절떡이라고 하여 재수가 있다며 꼭 챙기지요. 어떤 보살님들은 액운을 물리친다는 팥죽봉지를 챙겨갑니다. 그렇게 절집에서 아세인 동지로 새로운 한 해를 시작하는 거지요.

시절음식

동치미

'작은 무로 담근 김치를 동침冬沈이라고 한다'고 옛 글에 기록된 것으로 미루어 예로부터 겨울철에는 동치미를 담가 먹은 것을 알 수 있다. 동치미는 담그는 법이 비교적 간단하다. 작고 단단한 무를 골라 잔털을 손질하여 껍질째 굵은 소금을 뿌려 절인 후 파와 마늘, 생강, 절인 고추를 독에 넣고 소금 간을 한 물을 부어 익히면 된다. 전라도 지역에서는 유자를 함께 넣기도 한다. 동치미는 문헌에 따라서는 '언 물에 담근 김치'라는 의미의 '동침저凍沈菹'라고 했다.[5]

그만큼 한겨울 살얼음이 낀 동치미는 냉면과 함께 먹기도 하지만 먹을 것이 궁하던 시절, 민간에서는 겨울철 간식거리로도 인기가 있었다.

쑥국

흔히 쑥국은 봄날 시절음식으로 여기고 있다. 그러나 과거에는 '애탕艾湯'이라고 하여 겨울에도 쑥국을 끓여 먹었다. 옛 문헌은 여린 쑥을 뜯어다가 쇠고기와 계란을 넣고 만든 국을 애탕이라고 전한다. 또 꿩고기를 다져 계란을 씌워 고명으로 하여 국을 끓일 때 말린 청어로 육수를 내서 애탕을 끓이기도 했다고 한다.

쇠고기로 애탕을 끓이는 방법은 연한 쑥을 뜯어 씻어서 물기를 빼고 계란을 준비한다. 쇠고기는 썰어서 양념을 하여 고루 섞은 다음 솥에 넣고 볶다가 물을 붓고 넉넉히 끓인다. 쇠고기 국물이 충분히 우러나면 쑥을 넣고 한소끔 끓인다. 국이 끓어오르면 계란을 풀고 맑은 장과 소금을 넣어 간을 한다. 쑥을 넣은 후에는 너무 오래도록 끓이지 않아야 국의 향

---

5 홍석모 지음, 윤숙자 외 엮음, 『음식으로 들여다보는—동국세시기』, (주)백산출판사, 2020, 175쪽.

이 진하다.[6]

냉면과 골동면骨董麵

근래 들어 냉면은 여름음식으로 즐겨 먹지만 조선시대만 해도 냉면은 겨울 시절음식이었다. 당시 글을 보면 '메밀국수를 무김치와 배추김치에 담가, 돼지고기를 삶아서 썰어 넣은 것을 일러 냉면이라고 한다. 또 갖은 채소에 배, 밤, 쇠고기, 돼지고기 절편과 기름장을 섞은 것을 골동면이라고 한다. 관서지방(평안도 지역)의 면을 으뜸으로 친다'고 했다.[7] 이로 미루어 볼 때 메밀로 만든 냉면은 골동면과 함께 추운 겨울에 먹는 음식임을 알 수 있다.

놀이

달성에서는 가을걷이가 끝나고 내년 못자리를 위해 비워둔 논이 더러 있다. 아이들은 겨울로 접어들면서 마을 부근의 넓은 빈 논에서 여러 가지 놀이를 하면서 긴 겨울을 보낸다. 그 가운데 대표적인 놀이가 자치기와 맞보기이다.

자치기

달성에서는 '꼬지치기'라고도 한다. 자치기는 아이들 손목 굵기에 반팔 정도 길이의 어미자와 어른 엄지손가락 굵기에 한 뼘 정도의 새끼자, 나무막대 두 개를 가지고 하는 놀이이다. 자치기에는 몇 가지가 있지만 달성에서는 주로 숫자치기와 암자치기를 했다.

먼저 숫자치기는 빈 논에 정방형 금을 그어 방을 만들고 그 두어 걸음 앞쪽에 일자로

---

6 앞의 책 151쪽.
7 홍석모 지음, 장유승 역해, 『동국세시기』, 아카넷, 2016, 221쪽.

공격지점 금을 그어 둔다. 아이들이 두 편으로 나누어 가위바위보로 공격과 수비를 정한 후 몇 자(오백 자, 천 자 등)내기를 할 것인지 정한다. 공격편의 아이들은 한 명씩 앞 금에서 새끼자를 공중으로 던진 후 어미자로 쳐서 날린다. 이때 수비편 아이들은 공격자 앞쪽에 늘어서서 날아오는 새끼자를 받는다. 만일 공격자가 친 새끼자가 수비편 아이들에게 잡히면 공격자는 탈락하게 된다. 새끼자가 잡히지 않고 땅에 떨어지면 수비편 아이들은 정방형의 방 주위로 가서 둘러싸고 한 명이 떨어진 새끼자를 그 자리에서 방을 향해 던진다. 이때 공격자는 날아오는 새끼자를 어미자로 쳐낼 수 있으며 수비편 아이들은 새끼자를 손이나 몸으로 막아서 사각의 방안에 떨어지도록 할 수 있다. 새끼자가 방안으로 떨어지면 공격자는 탈락하고 새끼자가 방 밖으로 벗어나면 그 자리에서부터 자치기를 한다.

자치기는 어미자로 땅바닥의 새끼자를 두들겨서 공중으로 튀어 오르게 한 다음 어미자로 쳐서 멀리 날린다. 이때 앞쪽에 진을 치고 있는 수비편에게 새끼자가 잡히거나, 방안으로 튀어 들어오거나, 한 번에 10자 이상 날리지 못할 경우에는 탈락하게 된다. 10자 이상 날리면 세 번의 공격을 이어간다. 최종 공격에서 첫 공격 금까지 거리가 큰 자로 몇 자인지 재서 그 수를 더한다. 이런 방식으로 공격편 전원 공격이 끝나면 공수를 교대해서 놀이를 이어간다. 나중에는 어느 편이 먼저 정한 자수에 도달하느냐에 따라 승패를 가른다.

암자치기는 비교적 아이들 수가 적을 때 하는 자치기이다. 정방형의 방을 만드는 대신, 땅바닥에 길이로 작은 구멍을 판다. 놀이 방법은 양편을 갈라서 공수를 정하고 자수를 정하는 것은 숫자치기와 동일하다. 다만 공격과 수비 방법이 다른데, 공격자는 새끼자를 파인 구멍 위에 가로로 걸치고 어미자로 멀리 걸어서 던진다. 이때 수비편이 앞쪽에서 방어하는 것은 숫자치기와 동일하다. 새끼자가 땅에 떨어지면 공격자는 어미자를 구멍 위에 길이로 걸쳐두고 수비편은 새끼자를 던져 어미자를 맞히거나 구멍 안으로 집어넣는다. 어미자를 맞히지 못하면 이때부터 공격자는 숫자치기와 마찬가지로 공격을 이어나간다.

맞보기

빈 논이나 넓은 공터에서 땅에 금을 그어 '방'을 만든다. 양편으로 나누어 공격과 수비를 정하여 방안에 정해 둔 '찜'을 차지하면 이긴다. '찜'은 넓적한 돌을 하나 갖다 둔다. 맞보기 놀이는 8자놀이, 동서남북놀이, 오징어놀이, 개뼈다귀놀이 등이 있으나 각기 그은 금의 도형이 다를 뿐 놀이 방법은 대체로 비슷하다. 예로부터 달성의 아이들은 겨울철이면 삼삼오오 편을 나눠 맞보기 놀이를 하면서 체력을 기르고 추위를 이겨나갔다.

① 8자놀이

넓은 공터에 8자 도형의 금을 그어 두 개의 방을 만들고 양쪽이 맞닿는 부분을 틔워 문을 만든다. 두 개의 방안에는 각각 하나씩 '찜'을 놓는다. 양쪽은 서로 자기 방을 나가 상대방 방안의 '찜'을 밟으면 놀이에서 이기게 된다. 양편의 아이들은 서로 상대방이 '찜'으로 접근하지 못하도록 손이나 몸으로 밀어낸다. 양쪽 아이들 모두 둥근 방의 문 밖으로 나가면 한쪽 발을 들고 깨금발을 뛰어야 하며 손으로 상대방을 밀 수 있다. 이때 한 발이 땅에 닿거나 넘어지게 되면 탈락하여 놀이를 할 수 없으나, 방안에서는 어느 쪽이건 발을 놓을 수 있다.

② 동서남북놀이

일명 십자놀이라고도 한다. 달성에서는 동서남북이라고 한다. 땅바닥에 넓은 십자형태 금을 그어 남북으로 세 칸, 동서로 세 칸 정방형 방이 생기도록 그린다. 두 편으로 나누어 가위바위보로 공격과 수비를 정한다. 공격 편은 중앙 방을 제외한 나머지 네 곳의 방 가운데 한 곳을 자기 방으로 정한다. 공격 편은 자기 방에서 출발하여 나머지 세 방을 돌아 한 명이라도 자기 방으로 돌아오면 이긴다. 이때 수비 편은 중앙 방과 금 밖에서 공격자들이 각 방을 건널 때 밀어내거나, 방 안에 있는 공격자를 밖으로 끌어당긴다. 방 밖으로 나온 공격자는 깨금발로 세 발 안에 방 안으로 들어가지 못하면 죽게 된다. 또 공격과 수비 중에 누구라도 금을 밟으면 죽은 것으로 간주한다.

③ 오징어놀이

땅바닥에 널찍하게 오징어모양으로 그리고 오징어 머리부분에 '찜'을 그린다. 놀이 참가자는 양편으로 나누어 가위바위보로 공격과 수비를 정한다. 공격 편은 오징어 머리의 자기 방에서 나와서 오징어 몸통부분의 수비 방을 지나서 나온다. 그리고 다시 돌아들어가 오징어 머리에 있는 '찜'을 한 사람이라도 밟게 되면 이기게 된다.

이때 공격이나 수비 모두 방 바깥에서는 깨금발을 뛰어야 하지만 오징어 목 부근의 다리를 건너 뛴 공격자는 양발로 걸을 수 있다. 때문에 수비 편은 공격자들이 다리를 건너지 못하도록 막는 한편, 상대방이 몸통의 방안을 통과하여 자기 방으로 돌아가지 못하도록 막아야 한다. 이때 오징어 도형의 금 밖에서 깨금발을 뛰다가 양편 모두 양발을 내릴 수 있도록 근처에 둥근 쉼터를 그려 둔다.

④ 개뼈다귀놀이

땅바닥에 양쪽 끝이 둥근 아령 모양의 개뼈다귀 그림을 그린다. 아이들은 편을 나누어 공격과 수비를 정한다. 공격 편은 한쪽 원을 자기방으로 삼아 건너편 방을 건너갔다가 돌아온다. 공격 편 중에 누구든지 세 번 왕복하면 이긴다. 이때 수비 편은 금 밖에서 공격 편이 방에서 방으로 건너다니는 동안 건너가지 못하도록 금 밖으로 밀쳐낸다. 수비에게 금 밖으로 밀려난 공격자는 죽게 되며, 공격자 수비자 모두 금을 밟으면 죽게 된다.[8]

---

8 김종만, 『보리 어린이-놀이도감』, 보리, 2017, 195쪽.

세시풍속

12월(섣달)

12월(섣달)

"그믐밤 잠을 자면 눈썹이 센다고요" – 수세

섣달에는 강물이 얼어붙는다. 장빙고가 있는 군현에서는 강물이 한 자 남짓 얼면 얼음을 톱으로 잘라내서 뜬다. 만일 날이 푸근하여 얼음이 얼지 않으면 기한제祈寒祭[1]를 지내기도 한다.

그믐밤에는 사람이 거처하는 방뿐만 아니라 우물가, 부엌, 곳간, 마구간, 뒷간 등을 깨끗하게 청소를 한 후 온 집안에 불을 밝힌다. 이는 어두운 밤에 나타나는 잡귀가 집안을 넘보지 못하도록 하고 아울러 조상신이 쉽게 집을 찾아올 수 있도록 한다는 의미가 담겨있다. 중국 송나라 때 지은 책 『쇄쇄록瑣碎錄』에는 '신불이나 마루, 방, 변소 등에 새벽까지 불을 밝혀 광명을 주었다'고 했는데 우리나라 수세는 이에 따른 풍습으로 유추한다.

---

[1] 기한제는 겨울 동안 날씨가 춥지 않아 얼음이 얼지 않으면, 현감이나 군수가 제수를 차리고 올리는 제사로 일명 동빙제라고도 한다.

장빙제藏氷祭

섣달 한겨울 얼음을 떠서 석빙고에 넣을 때 장빙제를 지냈다. 이는 고려시대부터 시작되어 조선시대까지 이어진 국가의례의 소사小祀이다. 석빙고가 있는 고을에서 역시 장빙제를 지냈다. 장빙제는 돼지 한 마리를 올리고 복숭아나무로 만든 활과 가시나무로 만든 화살을 석빙고 안 오른쪽에 두고 제사를 지낸다. 활과 화살은 재앙을 없애준다는 의미로 제사가 끝난 후에도 그대로 둔다. 달성에서는 조선시대 1730년(영조 6년)에 현풍현 상리[2]에 석빙고를 설치하여 얼음을 저장했다.

그믐밤 출타

과거에는 수명이 짧아 환갑을 넘기기가 어려웠다. 속설에는 환갑이 드는 해는 귀신이 해코지하여 재수가 없거나 자칫하면 죽는다고 전한다. 그에 따라, 그믐날 밤 집을 찾아온 귀신에게 한 살 더 먹는 것을 들키지 않도록 속여야 한다. 그래서 새해에 환갑이 드는 사람은 다른 마을에 가서 자거나 한뎃잠을 잔 후 새벽 첫닭이 울고 귀신이 물러난 후에야 집으로 돌아왔다. 한뎃잠을 자기가 여의치 않은 사람들은 뒷간(변소)에 멍석이나 거적을 깔고 자기도 한다. 이는 귀신이 냄새가 나고 으슥한 뒷간은 들여다보지 않는다는 속설에 기인한 것이다.

담치기

섣달 그믐날 아이들이 풍물을 치며 집집마다 돌아다닌다. 그러면 각 가정에서는 십시일반으로 약간의 곡식을 퍼내준다. 아이들은 그것을 모아 밤이 들면 혼자 사는 노인집이나 병자가 있는 집, 가난해서 끼니를 거르는 집을 찾아 담 너머로 곡식자루를 던져 넣어준다. 어려운 이웃과 함께 설날을 맞이하고자 하는 배려이다.

---

2 현 도로명 주소 : 현풍읍 현풍동로86.

시절음식

유밀과

밀가루로 만든 과자의 일종이다. 밀가루를 참기름이나 꿀로 반죽하여, 기름에 지져 꿀에 절여서 먹는다. 유밀과는 밤, 대추, 감, 배와 같은 모양으로 만들어 제사 때 과일 대신 올린다. 이를 '가과假果' 즉 헛 과일이라고 했다. 다식판으로 찍어 여러 가지 모양을 만들어 상차림에 사용하기도 한다. 그 때문에 유밀과는 모양에 따라 다식과, 소약과, 매자과, 채소과 등으로 구별한다. 용도에 따라 대소상의 웃기로도 사용된다.

'며칠 전에 주상이 병환 중에 우연히 영희전永禧殿에 제사를 지내고 올린 음복 가운데 유밀과油蜜果를 맛보았는데, 가루가 아주 거칠고 또 덜 익었었다. 전 당시 전사관典祀官은 잡아서 추문하여 벌을 주고 훈도는 고발되어 의금부 심문을 받았고 대령숙수(궁중 요리사)에게도 벌을 주었으며 영의정은 상소를 올려 죄받기를 청하였다'[3]

옛 기록에서 유밀과를 궁중제사에 올린 것을 확인할 수 있다. 조선시대 궁중뿐만 아니라 이후에는 여항에서도 유밀과를 만들었다. 반가에서는 섣달 보름이 지나 설 차례상에 올리기 위해 유밀과를 만들었다.

수정과

예로부터 곶감을 넣고 끓인 물에 생강과 잣을 넣은 것을 수정과水正果라고 한다고 했다. 수정과는 주로 곶감이 나는 겨울철에 먹는 우리 고유음식이다. 수정과는 손질한 생강을 저며서 썰어 불에 올려 끓인 후 식힌 물에 곶감을 넣어 우러나도록 하여 먹을 때 잣을 띄워낸다. 예전의 조리법과 달리 근래에는 계피를 넣어 우려낸 물로 수정과를 만드는데 이는 『조선요리제법』에 소개된 이후의 일이다. 수정과는 몸 안에 축적된 술기운을 배출하는 데 도움을

---

3 권상일, 「숙종 46년(1720년) 1월 16일편」, 『청대일기』, 한국국학진흥원, 2015.

주고 잣은 곶감의 수렴작용을 보완하는 것으로 알려지고 있다.⁴

납육臘肉

납육은 섣달 그믐날 제사에 쓰는 고기이다. 납육으로는 돼지고기와 토끼고기를 쓴다. 조선시대 경기도내 산협의 군에서는 예로부터 납육을 공물하기 위해 백성들을 풀어서 잡도록 했다. 납일이라고 할 때 '납臘'은 사냥을 뜻하는 '엽獵'에서 유래했다. 고대 중국에서는 동지 이후에 사냥을 하고 이때 잡은 짐승으로 조상에 제사를 올리는 것이 관례였다.

납일에 참새를 잡아서 어린 아이에게 먹이면 마마(천연두)에 좋다고 했다. 여항에서는 이 날 그물이나 탄환으로 잡는데, 총을 쏘아 잡는 것도 허락하였다.⁵

달성에서도 납일 참새를 아이들에게 먹이면 천연두를 앓지 않는다는 속설이 전한다. 민간에서는 참새 덫을 놓거나, 한밤중 초가집 지붕 아래 참새집을 뒤져 잡는다. 이것을 불에 구워 어린 아이들에게 먹였다. 참새고기는 지역에서 내려온 납육 풍습의 하나이다.

근래 달성에서는 납일이 다가오면 설차례에 쓸 돼지를 마을에서 잡아 집집마다 나누었다. 또 납일이 다가오면 일가친척 간에 돼지고기를 사서 보내기도 했는데, 이는 고기가 귀하던 시절의 납육 풍습과도 유사하다.

---

4 홍석모 지음, 윤숙자 외 엮음, 『음식으로 들여다보는―동국세시기』, (주)백산출판사, 2020. 177쪽.
5 홍석모 지음, 장유승 역해, 『동국세시기』, 아카넷, 2016, 228~230쪽.

놀이

'아이하고 동이는 얼지 않는다'는 속담이 있다. 예전에는 추운 겨울철에도 아이들은 바깥에 모여 놀았다. 봇도랑 가까운 빈 논에 물을 끌어다 대고 빙판을 만들었다. 그 위에서 썰매타기나 팽이치기를 하고 둘러서서 제기도 찼다.

팽이치기

겨울철 아이들이 바닥이 다져진 타작마당이나 얼음판 위에서 많이 하던 놀이이다. 팽이는 둥근 나무를 바닥이 솥단지 바닥 모양처럼 되도록 깎은 후 자른다. 팽이 바닥 중심에는 쇠구슬이나 끝이 둥근 타래못을 박는다. 팽이채는 손에 잡기 좋은 굵기에 팔뚝 길이만 한 나무면 적당하다. 팽이채 끝에는 길이로 찢은 헝겊으로 채찍을 매단다. 옛날 베가 귀하던 시절 농가의 아이들은 닥나무 껍질을 벗겨 채찍을 만들었다. 아이들은 채찍을 휘둘러 팽이를 돌리면서 상대방 팽이와 부딪히도록 하여 쓰러뜨리는 팽이싸움도 한다.

썰매타기

썰매는 앉은뱅이 썰매와 선 썰매가 있다. 앉은뱅이 썰매는 위에 올라 앉아 양반다리를 할 수 있을 만큼 넓은 판자를 구해 양쪽 다리를 만들고 다리에 철사나 칼등 따위를 박아 날을 단다. 선 썰매는 발 크기와 비슷한 둥근 나무를 반으로 쪼개 각각 아랫부분을 각이 지도록 다듬은 후 썰매 날을 달고 헝겊이나 줄로 발에 고정시킬 수 있도록 양옆에 못을 박는다. 앉은뱅이 썰매는 창으로 빙판을 찍어 지치지만 선 썰매는 서서 양발을 빙판에 굴러 지친다.

제기차기

겨울철 설날이 가까워지면 아이들이 즐겨하는 놀이가 제기차기다. 제기는 엽전을 창호지로 돌돌 말아 싼 후 엽전 구멍자리를 뚫어 그 사이로 양쪽 깃을 빼낸다. 빠져나온 양 깃은 가위로 자르거나 길게 찢어 손으로 비빈다.

제기차기 방법으로는 땅차기, 양반질, 헐랭이가 있다. 땅차기는 한 쪽 발로 땅을 짚어 가면서 차는 것이며, 양반질은 양 발을 번갈아가면서 차는 것이다. 헐랭이는 한 쪽 발로 차되 차는 발이 땅에 닿지 않아야 한다. 이 세 가지 차기는 각각 찰 수도 있고 차는 동안 세 가지 모두 찰 수도 있다.

제기차기는 차다가 떨어뜨릴 때까지의 찬 숫자를 합산하여 승패를 가른다. 차는 도중에 손으로 잡으면 그때까지 찬 숫자는 무효가 되고 처음부터 다시 셈하며 찰 수 있다.

또 여럿이 둘러서서 차는 제기도 있다. 가위바위보를 하여 이긴 아이가 먼저 제기를 차서 둘러 선 아이들 앞으로 보낸다. 그러면 제기와 가장 가까운 아이가 받아 차서 다른 아이 쪽으로 보내야 한다. 만약 제기를 땅에 떨어뜨리게 되면 술래가 된다. 바로 전 제기를 보냈던 아이에게 제기를 던져주어 멀리 차 보내도록 하는 '밥 먹이기(일부 지방 종들이기)'를 해야 한다.

"공달은 백 가지 일도 꺼릴 게 없네" – 윤달

음력을 사용하던 시기에 윤달은 '공달'이라고 하여 가외로 생긴 달로 보았다. 그런 만큼 윤달은 '없는 달'로 이사를 해도 재액이 없고 측간을 허물어 보수하는 등 집안의 궂은일을 해도 동티凍土가 나지 않는다고 한다.

윤달은 속가에서는 혼인하기에 적당하고 수의壽儀 짓기에도 좋다고 여기며 백 가지 일도 꺼리지 않는다고 했다. 또 환갑을 지난 노인이 있는 집에서는 관을 짜기도 한다. 윤달에 관을 짜서 옻칠하여 고방에 보관하면 장수한다는 속설이 전해온다.

조선시대에는 윤달에 절에 가서 탑전에 공양하고 불공을 드리면 죽어서 극락을 간다

는 말이 있다. 윤달 한 달 내내 여인들의 절집 방문이 끊이지 않았다.[6]

지역에 따라서는 윤달 들었을 때 주부가 마루에서 마당 쪽을 보고 키질을 하면 집안이 망한다고 믿었다. 이는 대문에 집을 지키는 문전신門前神이 있는데, 바깥쪽을 보고 키질을 하게 되면 집안의 문전신을 밖으로 내쫓는 것이 되기 때문이다.

---

6 홍석모 지음, 최대림 역해, 『동국세시기』, 홍신문화사, 2015, 135쪽.

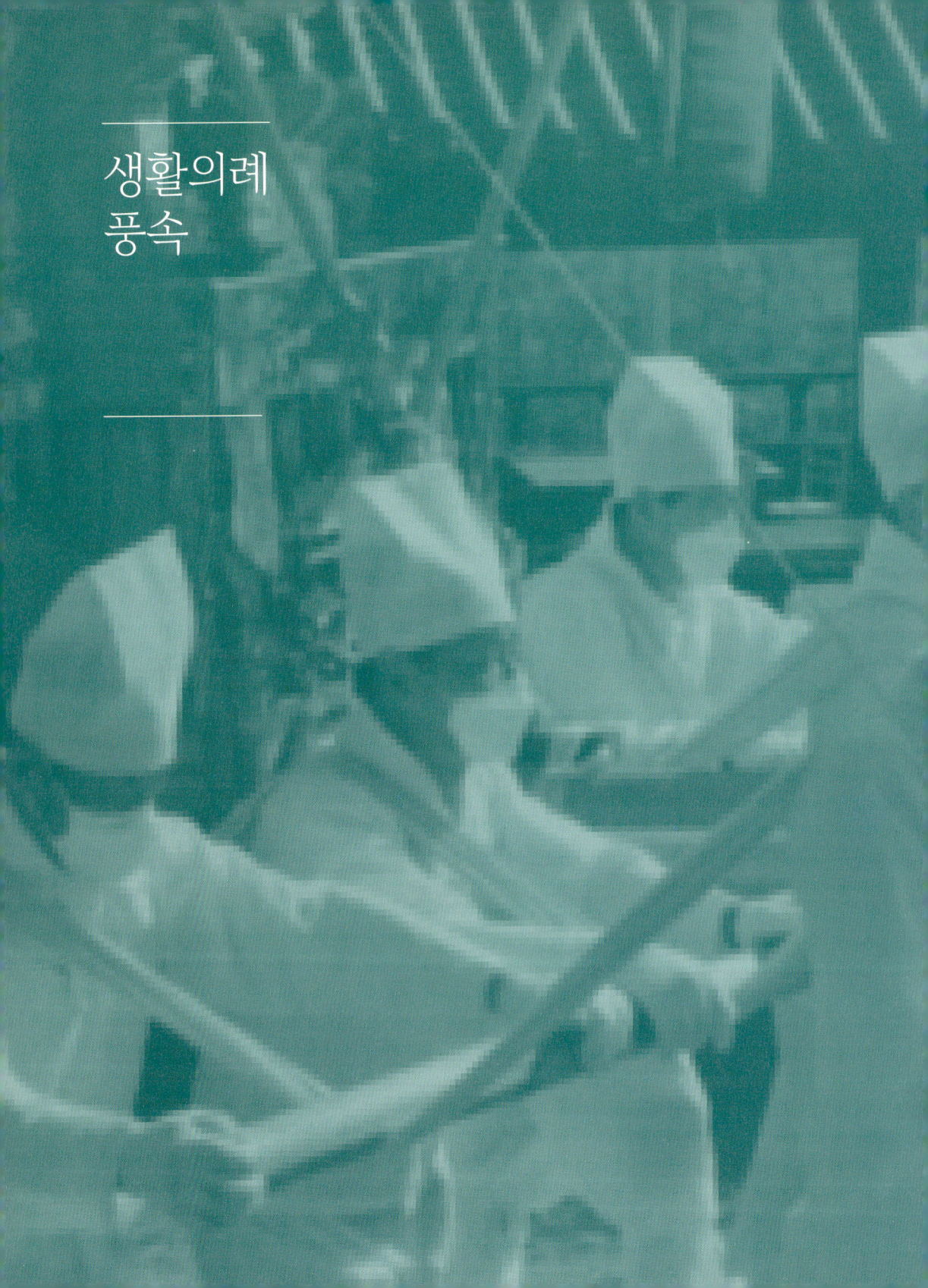

생활의례
풍속

생활의례 풍속

"고추다, 고추여" – 출산의례

기자의례 祈子儀禮

남존여비사상이 팽배하던 시절, 각 가정에서는 아들을 낳게 해달라고 기원을 했다. 과거에는 집안에 아들 낳지 못하면 '대代가 끊긴다'고 하여 며느리는 소박을 당해도 할 말이 없었다. 어떻게 해서라도 남아를 낳아 집안 대를 잇도록 하는 것이 시집온 며느리의 첫 번째 도리인 것이다.

    전통적으로 아들은 '삼신할매'가 정해준다고 믿었다. 부녀자 등은 아들을 점지받기 위해 다양한 형태의 기자의례를 행한다. 달성에서는 아들을 낳기 위해 절에 가서 백일기도를 드리기도 하고 맑은 물가에 가서 용왕제를 올리기도 한다. 더러는 큰 바위를 '어미바위'로 정해 초하루와 보름날 정성을 들이기도 하고 왼새끼를 꼬아 색색의 천을 달아 당산나무에 걸고 빌기도 한다.

유가읍 초곡리 문바위 산신제

문바위는 바위가 문처럼 생겼다고 해서 붙여진 이름이다. 문바위에 산신제를 지내면 큰 인물이 될 아들을 낳는다고 전해온다. 초곡리 마을의 부녀자들은 택일을 하여 집에 7일간 금줄과 황토로 금토禁土를 하고 목욕재계한 뒤 문바위에 올라 제를 지낸다. 제를 지낼 때는 문바위에 가서 밥을 짓고 그 자리에서 제수를 장만한다. 산신제가 까다로운 대신 효험이 대단하다고 전한다.[1]

출산 전 금기

임신을 하여 태기가 보이면 건강한 남아를 낳기 위해 임신부뿐만 아니라 가족들이 다양한 금기를 지킨다. 특히 임신부는 바깥출입을 삼가고 먹는 것에서부터 몸가짐 하나까지 극도로 자제하고 조심한다. 임신부는 돼지, 개 등 짐승 잡는 것을 보지 않으며, 남편 역시 살생을 삼간다. 특히 임신부는 죽음, 장례 등의 말을 입에 올리지 않는다. 장례나 제사 등 절한 음식은 먹지 않고 남편도 상갓집 출입을 삼간다.

평소에 먹는 것도 유감주술類感呪術에 따른 속설과 태아 건강을 해칠 염려 때문에 다양한 금기가 따랐다. 예를 들어, 달성에서는 임신 기간 오리고기를 먹으면 손이 붙은 아이를 낳고, 토끼고기를 먹으면 언청이를 보게 된다고 믿었다. 닭고기를 먹으면 닭살과 같은 피부를 가진 아이가 태어나고, 상어고기를 먹으면 역시 피부가 상어껍질처럼 거칠어진다고 전해온다.

임신부는 출산 때까지 일상생활에서도 많은 금기가 따랐다. 임신부가 불을 뛰어넘으면 태어나는 아이가 경기驚氣를 잘하고 임신 중에 도끼, 낫 등의 연장을 쓰게 되면 아이 성격이 거칠어진다고 했다. 담을 뛰어넘으면 아이가 도둑이 된다고 해서, 임신부는 물론 남편도 담을 넘지 않았다.

---

1 달성군, 『달성백서』, 2014.

출산·삼칠일

출산 때 산모는 진통이 시작되면 방바닥에 깨끗한 짚으로 깐 산방產房으로 들어간다. 손 없는 방향으로 머리를 두고 누워 산파의 도움을 받아 출산을 한다. 과거 달성에서는 산파역을 출산 경험이 많은 이웃 여성이 맡아서 했다. 탯줄은 양쪽을 명주실로 묶은 후 낫이나 가위로 자른다. 가끔 귀하게 아들을 얻은 경우 아이 아버지가 이빨로 탯줄을 끊어 무병장수를 기원하는 경우도 있었다.

아이를 낳으면 산방 밖에서 기다리는 아이 아버지에게 알린다. 아이 아버지는 가족들에게 출산 소식을 전한 후 짚으로 싼 탯줄을 받는다. 탯줄은 곧장 땅에 묻지만, 경우에 따라서는 산모 방에 뒀다가 한 주일 후 불에 태우는 집도 있다. 만일 출산 때 아이 아버지가 궂은일을 봤다면, 산방뿐만 아니라 산모 근처에 가는 것을 삼간다. 출산 후 가족들은 대문 위에 왼새끼로 고추나 명주실, 그리고 솔가지, 숯, 미역, 백지를 단 금줄을 치고 황토를 놓는다. 달성에서는 이를 '금구 친다'고 한다. 삼칠일 동안 가족 외에는 다른 사람의 집안 출입을 금하여 부정不淨한 기운이 침입하는 것을 막는 것이다. 쌀과 미역, 물 한 그릇을 차려 아이를 점지해준 '삼신할매'한테 상을 올린다.

아이를 본 집에서는 주로 아버지나 할아버지가 5일장에 미역을 사러 간다. 미역을 먼저 사놓으면 '삼신할매'가 노한다고 하여 미리 사놓지 않는다. 대각미역을 사서 가지고 올 때는 절대 중동을 꺾어서는 안 된다. 미역을 꺾으면 아이가 단명短命한다는 속설이 전한다. 미역으로 국을 끓일 때도 '부정 탄다'고 하여 육고기를 일절 넣지 않고 끓인다. 들깻가루나 명태를 넣고 끓인다.

달성의 반가班家에서는 보통 사흘째 되는 날 쑥 달인 물로 태아를 씻기고 초칠일에야 조부모 등 가족들에게 아이를 보인다. 그 후에도 산모는 삼칠일 동안 바깥출입을 삼간다. 그러면서 칠일마다 올리는 '삼신할매'상의 국과 밥을 먹고, 칠일마다 아이를 목욕시키며 산후조리를 한다.

삼칠일 날에는 '삼신할매'상을 차려 아이의 무병장수를 비손하고 금줄을 걷는다. 여유가 있는 집에서는 백설기 떡과 음식을 마련하여 이웃들에게 돌리고 아이를 보이기도 한다.

그러나 대부분 농가에서는 산모가 3일 정도 몸조리를 한 후 바깥출입을 하고 들일을 하는 것이 다반사였다. 드물게는 살림에 여유가 있고 친정집이 넉넉한 경우에는 친정으로 가서 출산하고 몸조리를 한 후 칠일을 지내고 본가로 돌아오는 경우도 있었다.

"붓을 잡았으니 학자가 되겠네" – 돌

돌은 아이가 태어난 지 1년 되어 첫 생일을 맞는 날이다. 영아사망률이 높았던 과거에는 첫돌을 넘기게 된 것을 축하하기 위하여 돌상을 차리고 돌잔치를 했다.

돌날 아이에게는 색동저고리에 까치두루마기를 입혀 돌띠를 길게 한 바퀴 돌려 맨다. 머리에는 복건을 씌우고 발에는 타래버선을 신겨 돌주머니를 채운다.

달성에서는 아이가 무사히 첫돌을 맞이하게 된 것을 삼신할매의 음덕이라고 믿었다. 이에 삼신상을 차려 비손하고 첫돌을 축하하는 의미에서 아이에게 돌상을 차려준다. 돌상은 주로 백설기, 수수경단, 무지개떡 등 떡 종류와 과일을 올려 차린다. 돌상에 백설기를 올리는 것은 깨끗한 몸과 마음으로 올바르게 자라기를 바라서이며 붉은 수수경단을 올리는 것은 아이를 살煞과 액으로부터 막아준다는 믿음에서이다.

한쪽 상에 남자 아이일 때는 실타래, 붓, 먹, 벼루, 종이, 화살, 활, 돈 등을 놓고 여자 아이일 때는 실꾸리, 가위, 자, 피륙 따위를 놓는다. 아이가 상 위에 놓인 것 중 무엇을 먼저 집는가 보아 장래를 점치기도 한다. 아이가 붓이나 먹을 먼저 잡으면 장래 학문으로 입신할 것으로, 화살을 먼저 잡으면 장군이 될 것으로, 실꾸리를 먼저 잡으면 무병장수할 것으로 점친다.

조선 선비 권상일의 글[2]에 "아이 만萬의 돌날이어서 세속의 말에 따라 놀이 도구를 차려 놓았더니, 먼저 실을 집고 마지막으로 책과 붓을 집었다. 우습다"고 돌날 풍경을 기록하고 있다. 이를 볼 때 조선시대에도 돌상을 차리고 실과 붓 등을 상에 놓아 돌잡이한 것을 확인할 수 있다.

돌날은 미역국을 끓이고 밥을 하여 가까운 친척을 불러 나눠 먹는다. 이웃에는 돌떡을 해서 돌리기도 한다. 이웃은 돌떡을 받으면 돈이나 실타래, 옷가지 등 축물祝物을 쟁반에 담아서 돌려주는 풍습이 전해온다.

병치레 객귀물리기

아이가 바깥출입 후 집으로 돌아와 갑자기 몸에 탈이 나면 객귀, 즉 잡귀신이 붙어 와서 아픈 것이라고 여기고 민간요법인 객귀물리기를 한다. 객귀물리기는 주로 집안의 나이든 여성이 한다. 객귀물리기는 밥을 물에 말아 바가지에 담고 부엌칼을 준비하여 해 질 녘에 한다.

먼저 아이 방에 물밥과 부엌칼을 가지고 들어가서, 아이 머리를 문지방에 걸쳐 베개 삼아 베고 눕게 한다. 그런 다음 식칼로 아이 머리꼭지를 세 번 찍듯이 휘저으며 주문을 외운다.

'엇세시, 엇세시, 엇세시~

귀신아 들어봐라 / 앞도 동생 뒤도 동생 / 고을메기 천왕을 물러내라 / 이 집 성주를 물러낸 자리 / 아아 60 넘은 옻골댁집 모두 / 왕래주랑에 익은 음석에 / 따라들고 묻어들어 / 서액나빠 들어서니~~ / 오늘밤 삼경에 / 물 좋고 정기 좋은 데로 / 썩 물렀거라 엇세이 귀신아 / 썩 물렀거라 엇세이 귀신아 / 자~ 나갔다.'

주문과 칼로 휘젓는 행동을 수차례 반복하다가 마루나 마당에 서서 대문 쪽이나 골목

---

2 『청대일기』, 숙종 37년(1711년) 1월 24일편.

밖으로 부엌칼을 던진다. 이때 칼끝이 대문 쪽으로 똑바로 나아가면 잡귀가 깨끗하게 물러난 것으로 본다. 만일 칼끝이 밖으로 향하지 않고 방이나 집 쪽으로 향하면 아직 객귀가 나가지 않은 것으로 다시 한번 주문을 외고 칼을 던진다. 칼끝이 밖으로 나간 후 물밥은 대문 밖에 뿌리고, 부엌칼을 거두어, 마당 복판에 부엌칼을 꽂고 바가지를 뒤집어 씌워둔다.

"우리 도련님 청포를 입으시네" – 관례

예로부터 관례는 남자 머리에 갓을 씌우는 예식이다. 관례는 아이에서 어른이 되는 통과의례이다. 갓을 쓰기 위해 상투를 틀고 나면 어엿한 성인으로 인정받게 되는 것이다. 관례는 15세부터 20세 때 정월달이나 4월, 7월 초하룻날 올린다. 보통은 혼례를 한두 달 앞두고 치르는 경우가 많았다. 그러나 집안에 상을 당한 경우에는 관례를 치를 수 없다. 그 때문에 부모가 연로하거나, 자손이 귀한 집안에서는 관례를 서둘러 치르는 경우도 있었다. 또 아이를 빨리 어른으로 만들 욕심에 열 살만 넘어도 상투를 틀어주는 집도 있었다. 관례를 치르고 상투를 틀면 머리를 땋은 사람에게는 무조건 하대하던 습속이 있었다.

관례는 우리나라에 『주자가례朱子家禮』가 들어오면서 고려 말기 이후 정착되었다. 관례의 예법도 그에 따라 치러졌다. 관례는 정해진 격식에 따라 진행된다. 택일로 시작하여 고유, 삼가례, 초례, 자례, 다시 고유 순으로 진행된다.

길일吉日을 받아 택일한 후 빈賓을 정한다. 빈은 관자冠者의 주변에서 예법에 밝으며 덕망이 높고 어진 사람으로 정한다. 주인은 사전에 빈이 될 사람에게 찾아가 정중히 청한다.

옛 선비의 일기에 관례에 관한 기록이 자주 등장한다.

"하회 류운 군이 보러 왔다. 손자 '문'의 관례를 올리는데 자설字說을 지어주려고 해서

이다"³

이는 일기를 쓴 장본인이 부제학에 제수될 만큼 학덕이 높아 존숭받는 인물이기에 주변의 많은 사람이 관례에 주빈으로 청하고 있음을 알 수 있다.

"손자 '성'의 관례를 행하였으나 예를 갖출 수 없어서 너무 아쉽다. 조카 '육'과 손자 '복인'이 나가서 자고, 보러 왔다가 돌아갔다. 이름은 '발'이고 자는 '준명'이다."⁴

권상일의 영조 28년 일기에서는 마을에서 전염병이 만연하고 연이어 초상이 남으로써 손자의 관례를 성대하게 치를 수 없는 아쉬움을 기록하고 있다.

관례에 있어 청객과 접빈에서도 꽤 고심했다.

'요사이 아이들 데리고 어찌 계신고. 기별 몰라 염려하네. 보름날 아들 초거례⁵를 하라 하고 고을 어르신들이 모두 시키니, 내일 장에 가서 절육切肉⁶할 것을 대구나 아무것이나 사서 쓰도록 하소. 술은 먼저 빚어 놓았던 술을 쓰도록 하소. 당새기에 넣은 안주를 적으나마 남이 보암직하게 차려 보내소. 한 고을 어르신들을 다 청하니 너무 초라하게 하지 마소'⁷

또 다른 기록, 편지글에서 보듯 관례는 '한 고을 어르신들을 다' 빈으로 청할 정도로 성대하게 치렀다. 술과 안주 준비에 있어서도 부인에게 '보암직하도록' 차리라고 당부한 것으로 보아, 손님 접대에 쏟는 정성을 읽을 수 있다.

---

3 『청대일기』, 영조 26년(1750년) 12월 16일편.
4 『청대일기』, 영조 28년(1752년) 11월 19일편.
5 초거례는 초가례의 방언이다. 관례를 치를 때 세 차례 의복을 바꿔 입는 예를 올릴 경우, 첫 번째 절차를 초가례라고 한다. 하지만 이익의 『성호사설』에 대부분 반가에서 삼가례 중 초가례만 치른다고 한 것으로 보아, 초가례는 관례의 다른 말로 쓰인 것을 알 수 있다.
6 절육은 알곽알곽하게 썰어 양념장에 재워 익힌 고기를 말한다.
7 곽주 외, 백두현 주해, 『현풍 곽씨 언간―아이들에게 한글을 가르쳐 주십시오』, 역락, 2019, 199~200쪽. 떨어져 사는 부부간에 아들의 관례준비에 관하여 의견을 나눈 편지 글.

관례 때 빈은 관자를 위해 사전에 자字를 지어둔다. 자를 풀이한 글을 '자설' 또는 '자사字辭'라고 한다. 때에 따라서는, 아명兒名을 버리고 새롭게 이름을 갖는 경우도 많다. 자설은 자를 짓게 된 연유를 밝히고 관자가 앞으로 살아가면서 교훈이 될 만한 내용을 담는다.

관례가 시작되면 3일 전에는 축문을 지어 조상에 고告하고, 하루 전에는 대청에 병풍을 쳐서 관례청을 차린다. 관례 당일 아침에는 필요한 각종 도구를 진설하고 관복을 준비한 후 집안 어른들이 밖에서 빈과 찬贊[8]을 맞이한다.

관례는 빈이 관자에게 읍을 하면서 본격 시작된다. 이때 관자는 정해진 복색에 띠를 두른 채 관례청 앞에 꿇어앉는다. 찬이 관자의 머리를 빗겨 상투를 틀고 망건을 씌우면 빈은 축사를 낭독하고 관을 씌운다. 연이어 흰 도포와 푸른 도포를 갈아입고 띠를 하고 나오면 빈은 그에 따른 갓과 유건을 씌워준다. 세 번에 걸친 복색의례가 끝난 후 관자가 남쪽을 향해 꿇어앉는다. 빈이 축하하는 말을 건네고 관자는 술잔을 받아 물러나 마신 후 빈에게 두 번 절한다. 이후 빈은 마당으로 내려가 축사를 하고 자字를 지어준다. 그로써 집안 어른은 관자를 데리고 가서 조상에 관례를 치렀음을 고유하여 예식을 모두 마친다. 예식이 끝난 후에는 찾아온 하객들에게 음식을 접대하여 예의를 표하고 마을과 향촌의 어른들에게 인사를 올린다.

한편 달성 인흥마을 인수문고에 보관된 1925년 간찰에는 관례 초대하는 간찰을 받았으나, 집안의 제사로 참석하지 못하고 대신 토련土蓮과 도조 보리를 실어 보낸다는 내용이 있다. 이를 볼 때 일제강점기에도 관례가 치러졌음을 알 수 있다.[9]

여성이 관례를 할 때는 상투 대신에 머리를 쪽 찌게 된다.

---

[8] 찬은 빈을 도와 관례 진행을 도와주는 사람을 일컫는다.
[9] 남평 문씨, 『남평문씨 인흥세거지』, 매일원색정판사, 2014.

"꽃가마 타고 시집간다네" – 혼례

'신랑은 백마를 타고 자색 비단의 단령團領[10]을 입고 서대를 띠고 겹날개가 달린 사모를 쓴다. 나무기러기를 가지고 가는 안부雁夫는 붉은 갓을 쓰고 검은 단령을 입고 기러기를 받들고 앞서서 신랑을 서서히 인도하여 간다. 신부는 윗부분을 황동으로 장식한 팔인교를 타고 네 면에 발을 늘어뜨린다. 고운 옷을 입고 단장을 곱게 한 12명의 계집종이 예식 때 피울 부용향을 높이 받들고 쌍쌍이 앞에서 신부를 인도한다'[11]

과거 신랑신부의 혼행을 묘사한 내용이다. 예로부터 혼례는 '이성지합二姓之合'의 의례라고 한다. 이는 남녀 간 음양의 화합으로 부부관계를 맺는 것에 아울러, 위로는 조상을 받들고 아래로는 후세를 잇는다는 의미를 담고 있다. 한 집안의 가계를 계승하는 일생의례인 만큼 흔히 인륜지대사라고도 한다.

혼례는 두 집안의 합의에 의해서 이루어지는 만큼 엄격한 절차에 따라서 진행된다. 조선시대 이후 오늘날까지 민간에서는 의혼, 납채, 연길, 납폐, 대례, 현구고례[12] 순으로 진행하는 것이 일반적이다.

혼례의 시기는 시대상황에 따라 다소 차이가 있다. 조선시대 법전『경국대전』에는 남자는 15세, 여자는 14세가 되면 혼례를 허락하고 13세부터 의혼議婚을 즉 혼인을 의논하는 절차에 들어가는 것을 허락한다고 명시하고 있다. 단 혼례를 치를 때 혼주가 1년간 상복을 입을 경우에는 혼인을 금했다. 오늘날 우리나라 민법에서는 남녀 공히 18세 이상이 되면 결혼을 허용하고 있다.

예나 지금이나 결혼 적령기의 총각과 규수가 있는 집안에서는 혼사에 대한 논의가 오

---

10 조선시대 관원들이 착용한 상용 옷으로 옷깃이 둥글기 때문에 붙은 이름이다. 보통은 사모, 띠 화靴로 일습을 갖춘다.
11 유득공 지음, 최대림 역해,『경도잡지』, 홍신문화사, 2015.
12 현구고례는 신부가 폐백을 가지고 시댁으로 가서 처음 시부모에게 인사를 올리는 예이다.

가게 마련이다. 과거의 전통혼례에서는 보통 중매쟁이로부터 혼례가 시작된다. 달성에서는 중매쟁이를 흔히 '중신애비'라고 한다. 중신애비는 향촌에서 주로 발씨가 넓은 사람이거나 양가를 잘 아는 일가친척 중에서 나서기도 한다. 집안에 혼기가 찬 총각과 규수가 있으면 중매쟁이는 양가를 오가며 혼사를 권한다. 양가 모두 혼사에 관심을 가지면 총각과 규수의 나이나 용모, 집안 사정 등을 알리고 혼담을 이끌어낸다.

혼담이 나오면 보통 총각 쪽에서는 집안 어른과 함께 규수의 집으로 찾아가 선을 보고 규수 쪽에서도 총각 쪽으로 와서 신랑감의 됨됨이와 집안 형편을 살핀다. 과거에는 혼담이 오가면서 양가에서는 신랑신부 궁합을 보기도 했다.

총각과 규수, 양가 모두 혼례에 대해 허혼하면 납채를 들인다. 납채는 혼례의 첫 의례로 신랑 측에서 납채문과 신랑의 사주를 적은 사주단자를 보내는 것이다. 달성에서는 예로부터 '사성'이라고 한다. 사성은 한지에 신랑의 생년월일과 태어난 시각을 적은 사주를 한지 봉투에 넣고 싸릿가지를 질러 봉서한다. 더러는 사주와 함께 '혼사를 허락해주심에 가문의 경사'라고 치하하고 '사주단자를 보내오니 혼인 날짜를 정하여 회신해주시기를 청합니다' 하는 납채문을 동봉한다. 사주단자는 외피를 봉하여 '근봉謹封'이라고 적어 위는 청실, 아래는 홍실로 매듭지어 안팎 청홍색 보자기에 싸서 보낸다.

사주단자가 도착하면 신부 측에서는 좋은 날을 골라서 혼례일을 잡는다. 이를 '연길涓吉' 또는 '날받이'라고 한다. 사주에 따른 혼례일이 정해지면 신부 집에서는 이미 받은 납채 보자기를 뒤집어 청록색이 보이도록 '연길장'을 싸서 신랑 집으로 보낸다.

혼례일이 정해지고 대례일이 다가오면 신랑 집에서는 납폐를 들인다. 납폐는 신부 집에 혼인을 허락한 것에 대한 감사의 의미로 신부의 혼수와 혼서지, 물목을 함에 넣어서 보내는 것이다. 달성에서는 이를 '봉치'라고 하며 '함 보낸다'고도 한다. 봉치는 보통 대례를 며칠 앞두고 보내는데, 예전에는 예물로 주로 비단을 함에 넣어 보냈다. 함에 채단을 넣을 때는 맨 아래 오곡주머니를 넣어 깔고 자손의 번창을 기원하는 목화씨, 잡귀를 쫓기 위한 팥, 부부의 백년해로를 바라는 마음을 담은 찹쌀 등을 넣는다. 그 위에 푸른 비단을 먼저 넣고 차례로 붉은 비단을 넣는다.

함은 청색, 홍색의 겹보자기로 싸는데, 홍색이 바깥으로 나오도록 싸서 매듭짓고 '근봉'을 써서 봉합지를 끼운다. 함은 등에 질 수 있도록 무명천으로 끈을 매듭짓는다. 매듭은 신랑신부의 앞날이 잘 풀리도록 기원하는 의미에서 잡아당기면 한 번에 풀리도록 묶는다.

봉치를 보낼 때는 반드시 혼서지를 보낸다. 혼서지는 신부 댁 주혼자主婚者에게 보내는 편지로 정중하게 인사를 올리고 '아들이 나이가 들어 배필이 없더니 어르신께서 허락하여 사랑하는 딸을 배필로 주시니 조상의 예에 따라 납폐를 하고자 한다'는 내용을 담는다. 혼서지는 봉치와 함께 보내되, 누가 어느 댁에 보내는 것인지 알 수 있도록 따로 상자에 넣어 붉은 보로 싸서 보낸다.

신랑 집에서 봉치를 보낼 때는 먼저 조상에 고하고 담폐자擔幣者, 즉 함진아비에게 지워 보낸다. 함진아비는 주로 아들을 낳고 복이 많은 사람으로 한다. 이때 신랑은 동행하지 않는다. 봉치가 신부 집에 도착하면 주혼자는 조상에 고한 후 대청에 병풍을 두르고 자리를 깔아 정중하게 받는다. 처음 신부의 어머니가 함을 열고 안에 든 채단을 꺼낸다. 이때 붉은 비단을 먼저 잡으면 첫아들을 낳고, 푸른 비단을 잡으면 첫딸을 낳는다는 속설이 전한다.

과거에는 혼례를 치를 때 경우에 따라서는 '친영親迎'[13]을 하는 경우도 있었다. 그러나 달성에서는 예로부터 신부 집에서 전안례奠鴈禮[14]와 대례를 올리는 남귀여가혼男歸女家婚이 대부분이었다.

이에 따라 신랑은 신부 집으로 가서 대례를 올린다. 이를 흔히 초례라고 한다. 이때 집

---

13 친영은 『주자가례』에 의거하여 '육례(六禮)'를 치르는 중국식 혼례법으로 조선시대 일부 사대부가에서 시행을 주장했지만 일반에게는 미치지 못했다. 이와 같은 친영은 일제강점기 이후 의미가 변질되어 신랑이 혼례를 치르기 위해 신부 집으로 가는 것을 뜻하게 되었다.
14 전안례는 신랑이 신부 집에 기러기를 드리는 의식이다. 기러기는 새끼를 많이 기르고, 순서를 지키며, 배우자를 다시 구하지 않는 새이다. 전안례는 신랑이 기러기와 같이 살겠다는 다짐의 의미로 드리는 의례이다.

안자執雁者가 기러기를 안고 따라가서 대례청, 즉 초례청에 올린다. 이후 창홀唱忽[15]의 진행에 따라 신랑은 기러기에 두 번 절하여 전안례를 치른다. 이어서 신랑과 신부의 첫인사인 교배례와 표주박잔에 술을 나누어 마시는 근배례를 올린다. 초례청에서 대례가 끝나면 신랑 신부는 방으로 들어가서 서로 초대면을 한다. 그 후 밤이 들면 합궁례를 치르게 된다.

　달성에서는 초례를 치른 날 저녁 단자풍습이 있다. 단자는 신부 집에서 또래의 마을 청년들에게 술과 잔치음식을 나누어 베푸는 것이다. 이는 친구가 시집가는 것에 대한 섭섭함을 달랜다는 의미를 담고 있다. 또 합궁례를 치른 이튿날에는 동상례東床禮를 치른다. 동상례는 신부 집에서 신랑이 처가의 친척들한테 음식을 대접하는 것이다. 달성에서는 이를 '신랑 다룬다'고 한다. 때로 대청마루 들보에 신랑을 달아놓고, 명태 따위로 신랑의 발바닥을 때리는 장난을 치기도 한다.

　신랑이 신부 집에서 이틀을 지내고 3일째가 되면 인재행을 하는 경우도 있다. 인재행은 마을의 다른 집에 하루를 묵었다가 다시 신부 집으로 들어가는 것이다. 과거에는 대례를 치른 후 신랑은 첫아이를 낳을 동안 신부 집에서 생활하는 것이 일반적인 습속이다.

　달성에서는 일제강점기 이후 대례를 마친 후 사흘 만에 신랑 신부가 함께 신랑 집으로 오는 것이 일반적 풍습으로 정착되었다. 신부가 처음 시댁에 오는 것을 신행이라고 하며, 이때 신랑 집에서 신부를 맞이하는 잔치를 베푼다. 잔치 후 신부는 집안의 대소가를 돌면서 인사를 올린 후 시가생활을 시작하게 된다.

15　의례를 주관하는 사람이 진행에 따라 낭독하는 일을 뜻한다.

"아버님, 만수무강하소서" – 환갑

환갑은 회갑, 갑년, 화갑이라고도 한다. 갑, 을, 병, 정 등 십간十干과 자, 축, 인, 묘 등 십이지十二支를 하나씩 조합하면 갑자, 을축, 병인 등으로 60개의 간지가 만들어진다. 육십 간지를 환산하여 본인이 태어난 해의 간지로 다시 돌아오는 때가 환갑이 된다. 우리 나이 61세가 갑년이 되는 것이다.

과거에는 사람이 나이 60세를 넘기고 사는 경우가 드물었던 만큼 환갑을 맞이하는 것은 큰 경사였다. 이에 그 자손들이 일가친척과 친구, 이웃을 청해 잔치를 베풀었다.

조선시대 숙종실록 1682년 10월 9일 조에는 "내년은 자의대비慈懿大妃의 회갑이 되는 해입니다. 민간의 비천한 백성도 부모의 회갑이 되면 술을 거르고 음식을 장만하여 친족을 모아 경하하니, 이는 곧 인정상 그만둘 수 없는 것입니다"라는 기사가 보인다.

이처럼 환갑연은 이미 조선시대에 궁실뿐만 아니라 민간에서도 널리 행하였음을 확인할 수 있다.

환갑잔치 당일 아침, 환갑을 맞은 갑주甲主는 조상에 고유한 후 미역국을 곁들인 아침상을 받는다. 자손들은 잔치를 위한 상을 차리는데, 대청이나 마당에 차일을 치고 병풍을 둘러치고 큰상을 차린다. 큰상차림은 생실과, 숙실과와 편이나 유과 등을 제사상에 기준하여 차린다. 다만 밥과 국은 올리지 않는다. 큰상은 '고임상' 또는 '망상望床'이라고 하여 먹기보다는 바라보도록 하는 것이 목적이다. 그 때문에 하객들이 보는 앞쪽에 '축祝', '수壽', '복福' 등의 글씨를 새긴 강정, 다식, 유밀과, 생실과, 건과, 정과를 쌓아 올린다. 과실과 과자 등을 색에 맞춰 가지 수와 높이를 5치, 7치, 9치 홀수로 괴어 올린다. 상차림을 할 때 유밀과나 실과 등을 높이 쌓아 올릴수록 효성이 더 깊다고 생각한다. 이에 상차림은 대부분 전문숙수를 초빙하여 맡긴다. 뒷줄에는 돼지머리나 편육, 적과 전을 놓으며 다음으로 육회나 편을 놓는다. 큰상 중간에는 마른 문어로 봉황, 용, 국화, 학 등 부귀와 장수를 상징하는 동물을 오려서 올리기도 한다. 큰상의 양 옆에는 꽃과 하객들에게 나누어줄 선물을 상 위에 올려 준비해둔다.

큰상이 '보이기 위한 상'인 만큼 큰상 뒤에는 갑주가 요기를 할 수 있도록 입매상을 차린다. 입매상은 면麵을 위주로 차리는데, 나물이나 편육, 전유어, 편, 숙과, 수정과 등을 곁들여 간단히 먹을 수 있도록 한다. 큰상 앞쪽에는 작은 상 위에 술잔과 술 주전자를 차리고 그 옆에 술병을 준비한다.

상차림이 끝나면 환갑주 내외가 병풍 앞 보료 위에 정좌한다. 만일 웃어른이 있으면 큰상 양 옆에 남자는 남자 갑주 쪽, 여자는 여자 갑주 쪽에 앉는다. 회갑연은 가족행사와 손님 접객행사로 나뉜다.

먼저 가족행사를 하는 것이 관례이다. 맏아들, 맏며느리가 각각 갑주 당사자 내외를 모시고 와서 남자는 동쪽, 여자는 서쪽에 마주 선다. 갑주 내외는 서로 평절 맞절을 한 후 남향을 향해 나란히 앉고 맏아들 내외는 물러난다. 이어 장남 부부가 큰상 앞으로 나가, 아들은 동쪽 며느리는 서쪽에서, 갑주를 향해 북향하여 나란히 꿇어앉는다. 서쪽 옆에서 대기하던 여자아이가 건네주는 잔을 받으면 동쪽 남자아이가 각각 잔에 술을 따른다. 맏아들 내외는 술잔을 받들어 갑주 내외에 올리고 공수한 채 기다린다. 갑주가 술을 마시고 잔을 주면 받아서 상 위에 올려두고 아들은 재배, 며느리는 사배를 올린다. 절이 끝나면 꿇어앉아 '아버지 어머니 만수무강하시고 오복을 누리십시오'라고 축수를 한다. 그러면 갑주는 '너희들 효성에 즐겁구나'며 답례한다. 헌수례獻壽禮를 할 때는 옆에 대기하던 소리꾼이나 춤꾼이 헌주가를 부르며 춤을 춘다.

그 다음으로는 형제 순으로 헌수를 하고, 이어서 손주들이 술잔을 올린다. 만일 자손들이 많을 경우에는 맏아들 내외가 헌수할 때 그 자녀들이 뒤에 함께 서서 인사를 올리고 둘째 아들이 할 때도 동일하게 한다. 자녀들의 헌수가 끝나면 촌수에 따라 근친이 술잔을 올린다.

헌수례가 끝나면 갑주는 일하는 사람에게 일러 '아이들에게 마실 것을 주라'고 하면 자손마다 음료와 안주를 차려 한상씩 준다. 자손들은 주안상을 받아 함께 남자는 재배, 여자는 사배를 하고 음료와 다과를 먹는다. 이때 갑주 내외는 자손들에게 교훈이 될 만한 당부나 소감을 말한다. 이어 자손들에게 말하여 '이제 손님들을 정성껏 대접하라'고 하면 자손들은 다시 각각 재배와 사배를 하고 물러난다.[16]

친인척의 헌수가 끝나면 접객례를 한다. 친구, 후배, 제자들이 축하의 술을 올리고 준비해 온 문집이나 축시, 헌사나 기념품 등을 올리며 축수한다. 이때 갑주는 축하객들에게 들어온 선물이나 기념품 등을 나누어 준다. 만일 환갑주의 부모가 살아있는 경우에는 갑주는 색동옷을 차려 입고 부모에게 절을 올리고 기어 다니면서 재롱을 떨기도 한다.

헌수와 접객례가 끝나면 아들·사위가 갑주를 등에 업거나 가마에 태워 마당을 돌면서 참석한 모든 축하객들과 춤을 추고 노래하며 논다. 놀이를 마치면 큰상은 헐어서 이웃에 나눠 주고 들어온 선물도 주위에 모두 나누어 베풀어 준다.

"북망산천 가는 길이… 어화넘차 어화" — 상례喪禮

'죽음'은 한 사람에 있어 인생의 종결을 의미한다. 상례는 그 사람의 죽음을 맞아 그 주검을 갈무리하여 장사 지내는 것이다. 이와 함께 가족뿐만 아니라 일가친척들이 일정 기간 슬픔을 다해 죽은 이를 기리는 의식절차를 말한다.

먼저 상례라는 말은 "소인의 죽음은 육신이 죽는 것이기 때문에 '사死'라고 하고 군자의 죽음은 도를 행함이 끝나는 것이기 때문에 '종終'이라 하는데, 사와 종의 중간을 택하여 '없어진다'는 뜻인 '상喪'을 써서 상례라고 한다"고 전한다.[17]

상례의 용어에 담긴 깊은 뜻만큼이나 상례의 연원 또한 인류역사와 궤를 같이 한다.

---

16 전례연구위원회, 『우리의 생활예절』, 성균관, 1993, 267~268쪽.
17 앞의 책, 168쪽.

우리나라에서는 이미 신라 지증왕 5년(504년)에 상주가 입는 옷을 규정했다는 기록이 전한다. 이를 통해 볼 때 상례는 생활의례에서도 가장 중요한 절차였음을 알 수 있다.

과거 반가의 유교식 상례는 20여 절차와 세부 규례에 따라 3년여에 걸쳐 치렀다. 죽음을 알리는 초혼招魂에서부터 사당의 신주를 고쳐 쓴 후 제사를 올리는 길제吉祭까지 절차가 그것이다.

우선, 초혼은 망자亡者의 직계자손이 아닌 사람이 한다. 망자의 윗옷을 들고 지붕에 올라가서 북쪽을 향해 흔들며 망자의 명호를 세 번 부른 후 내려와서 다시 옷을 망자의 가슴 위에 덮는다. 이는 이미 망자의 신체를 떠난 영혼을 다시 불러들이는 의식이다.

다음으로 주검을 갈무리하는 수시收屍이다. 수시는 사망 후 1시간 뒤에 주로 근친이 한다. 우선 눈을 쓸어내려 감기고 망자의 머리가 남쪽으로 가도록 하여 방 한쪽에 발바닥이 벽에 닿도록 반듯이 누인다. 무릎은 펴서 백지로 묶고 두 손은 배 위로 모아 흉사 때의 공수와 같이 하여 역시 백지로 묶는다. 망자 앞에는 병풍으로 가린 다음 향상香床을 차려 향을 사르고 좌우 두 개의 촛대를 세우고 불을 붙인다.

주상主喪, 주부主婦[18]는 '역복易服'을 하는데, 남자들은 두루마기를 입을 때 부친상에는 왼 소매, 모친상에는 오른 소매의 팔을 꿰지 않는다. 주상, 주부와 자녀들은 머리를 풀고 버선을 신지 않으며 자리를 깔고 앉지 않는다. 이로부터 장례까지는 식사를 하지 않는다.

수의와 상복을 봉제한다. 수의는 명주나 질긴 삼베 등으로 겹으로 하여 살았을 때 옷과 반대로 오른쪽 섶이 밖으로 나오도록 짓는다. 과거 상복의 복제는 봉제방법에 따라 다섯 가지가 있으며 상복을 입는 기간에 따라 '9복'으로 나뉜다. 더불어 관곽棺槨을 준비한다.

---

18 주상, 주부는 상의 바깥주인과 안주인이다. 아내의 상에는 남편이 주상이 되며, 맏며느리가 주부가 된다. 남편의 상에는 맏아들이 주상이 되며, 아내가 주부가 되나, 삼우제가 지나면 맏며느리가 주부가 된다. 부모의 상에는 맏아들, 맏며느리가 주상, 주부가 된다. 맏아들 내외가 없으면 장손자, 장손부가 상주가 되는데, 이를 승중承重이라고 한다. 큰아들, 큰며느리가 상을 당하면 아버지, 어머니가 주상, 주부가 된다. 기타 상에는 근친의 부부가 주상, 주부가 된다. 다만 인척관계인 사람은 주상, 주부가 될 수 없다.

수의, 상복, 관 준비가 되면 죽음을 알리는 부고를 낸다. 부고는 주상을 중심으로 사망만 기재하고 호상護喪 명의로 낸다. 상을 당한 이후 아침과 저녁 망자의 오른쪽 어깨 옆에 밥과 반찬, 술과 과일, 포, 전을 차려 올린다. 상가의 대문 앞에는 저승사자를 대접하기 위하여 밥과 나물, 짚신, 돈을 상에 내놓는데 이를 '사잣밥'이라고 한다.

과거에는 죽은 당일 목욕을 시키고 수의를 입히는 습襲을 했다.

이틀째는 작은 이불로 시신을 싸고 21가닥 끈으로 19매듭을 짓는 소렴을 한다.

사흘째 되는 날에는 시신을 큰 이불로 싸고 15가닥, 13매듭으로 묶는 대렴을 한다. 대렴을 마친 다음에는 입관을 한 후 머리가 북쪽으로 가도록 하여 관을 안치한다. 그리고 관 앞에 병풍을 친 다음 발 쪽에 명정을 세우고 손님이 망자에 조상弔喪할 수 있도록 영좌靈座[19]를 설치한다. 이때 초혼한 망자의 윗옷을 흰 종이로 싸서 상자에 담고 명주 등의 베로 혼백을 접어 만들어 백색의 두꺼운 상자에 넣어 영좌 앞에 놓는다.

나흘째는 주상과 주부에서 근친까지 모두 삼베로 지은 중대복부터 경복까지 상복[20]을 갖추어 입고 성복례를 한다. 성복례는 그때까지 주상과 주부 이하 모든 복인들이 슬픔으로 서로 조문하지 못하였으므로 조문하는 절차이다. 성복례는 영좌 앞에 제상을 차려 꿇어앉아 슬픔을 표하고 남자는 영좌 앞에서 동쪽에 서고, 여자는 서쪽에 선 후 아랫사람부터 차례로 웃어른에게 조문을 한 후 남자는 여자 쪽으로 두 번 절하고, 여자는 남자 쪽으로 네 번 절을 한다. 성복례를 마친 후부터 조문객을 맞이한다.

다음으로 망자를 갈무리하는 치장治葬 순서이다. 과거에는 일반 백성은 한 달 건너뛴 후 장례하고, 사대부의 경우는 두 달을 건너뛰어 장례를 치렀다. 이 기간 사당이 있는 경우

---

19 상(喪)이 났을 때 영위를 모셔놓은 작은 의자와 그것을 받치는 상(床)을 말하며 영궤라고도 한다.
20 과거 상례에서 입는 상복으로 중대복은 망자의 배우자, 주부, 아들, 며느리가 입으며, 대복은 망자의 부모, 형제자매, 손자녀, 외손자녀가 입는다. 중복은 망자의 2촌 존속과 그 배우자가 입으며, 소복은 망자의 3촌 존속과 4촌 비속, 4촌 형제자매와 배우자가 입는다. 경복은 망자의 8촌 이내 존비속 등 애도자 누구나 입는 의복을 말한다. 또 과거에는 이들 정해진 상복은 대렴 다음날 입는데, 이를 성복이라고 한다.

에는 밤나무로 신주를 만드는 한편, 묘지를 조성하고 지석과 표지석 등 석물을 준비한다.

장례일이 다가오면 발인 전날 망자가 묘지로 떠나기 전 조상에 고하는 '천구고사'를 올린다. 발인 당일에는 천구遷柩를 고하고 집을 영원히 떠나는 견전을 지낸 후 발인하여 출상한다.

출상 후 묘지로 가는 중 망자의 연고지나 친지가 사는 곳을 지날 때 노제를 지낸다.

상여가 묘지에 도착하면 묘지 남쪽에 관의 상上이 북쪽으로 향하도록 모신다. 관의 서쪽에 영좌를 설치하여 명정으로 관을 덮어 곡을 한 후 영좌 앞에서 조상을 받는다. 하관 시時에 이르면 명정을 걷고, 관 매듭을 풀어 하관하고, 봉분을 지어 떼를 입힌다. 묘역을 마치면 산신에게 아뢰고, 영좌 동남쪽에 탁자를 놓고 서기가 서향하여 신주를 쓴다. 다시 묘지 앞에 혼백과 그 앞에 신주를 모시고 제상을 차려서 제를 지낸다.

이후 반곡反哭이라고 하여 주상 이하 복인은 신주와 혼백을 모시고 묘지로 갔던 길을 되짚어 집으로 돌아온다. 반곡 후에는 조용한 방에 병풍을 치고 교의를 놓은 후 그 위에 혼백과 신주를 모신다. 그리고 그 앞에 제상과 향안을 놓고 궤연几筵을 설치한다. 궤연을 모시는 동안은 아침, 저녁으로 상을 차려 상식을 올리고 매월 초하루와 보름 삭망에는 특별한 상을 보아 올린다.

상중에는 우제虞祭를 지내는데 장례 당일 초우제를 지내고 이후 처음 맞는 유일柔日[21] 아침에 재우제를 지낸다. 삼우제는 재우제를 지낸 후 첫 강일剛日,[22] 즉 재우 다음날 아침에 지낸다. 삼우제를 지낸 후 혼백을 산소에 묻고 성묘한다.

죽은 때로부터 석 달이 지난 다음 맞이하는 강일 아침에는 졸곡제를 지낸다. 만일 신주를 사당에 모실 경우에는 신주를 봉안한 후 부제를 지낸다. 이후 1주기에는 소상, 2주기에는 대상 또는 탈상제를 지낸 후 궤연을 철거하고 상복을 벗고 소복으로 갈아입는다. 대

---

21 유일 : 일진에 을(乙), 정(丁), 기(己), 신(辛), 계(癸)가 드는 날.
22 강일 : 일진에 갑(甲), 병(丙), 무(戊), 경(庚), 임(壬)이 드는 날.

상 후 중월仲月인 달²³에 날을 택해 담제를 지낸 후 소복을 벗는다. 그 두 달 후, 일진에 정丁, 해亥가 드는 날 길제를 지낸다. 이로써 모든 상례절차는 끝난다.

과거 전통상례가 교통문제, 농경사회의 특성 등 사회적 여건으로 오랜 기간에 걸쳐 행해졌다. 그러나 근래에 들어서는 습과 소렴, 대렴 등을 염습이라고 하여 한꺼번에 처리하는 경우가 많다. 또 매장문화 역시 화장이나 산골散骨 등으로 크게 변화하여 과거의 상례절차가 맞지 않게 되었다. 그 때문에 졸곡제에서 길제까지 과거 상례절차에 맞춰 삼년상을 치르는 경우는 현대에 들어서 거의 볼 수가 없어졌다.

〈마을에서 들은 이야기〉
설화 상여소리 제4대 앞소리꾼 이종수 씨

사람들은 흔히 상여소리라 하는데, 우리는 그저 '생이 소리'라고 하지요. 이쪽 지방에서는 상여를 '생이'라고 하잖아요. 내가 상여소리 앞소리를 하게 된 것은 아마 스물다섯 살 즈음부터였을 겁니다.

설화 상여소리라는 것은 물론 옛날부터 있었지요. 굳이 연도를 따지자면 몇백 년은 되었겠지요. 과거에는 어느 곳 없이 상을 당하면 마을 사람들끼리 서로 돕는 상포계 또는 상두계가 있었잖아요. 그래서 그때는 상이 나면 소리 좀 하는 사람이 앞에 나서서 북을 치고 마을 사람들은 상여를 메고 그렇게 뒤를 따랐던 거지요. 전라도 쪽에서는 앞소리꾼이 상여 위에 올라가서 요령을 흔든다고 그래요. 그러나 북을 칠 때는 상여에 올라서지 않습니다. 설화 상여소리가 120년 정도 전통이라고 말하는 것은 이런 것들이 정리된 때, 초대 김철암 씨로부터 그렇다는 것이지요. 실은, 그전에는 누가 배워서 하는 것도 아니니까 사람마다 좀 다르고 그때 그때 조금씩 달랐어요. 그런데 초대 앞소리꾼 김철암 씨가 그것을

---
23 중월 : 음력 2, 5, 8, 11월.

표준화해가지고 계속 그것에 따라서 하고 있습니다.

제가 하게 된 것은 전문가한테 배운 것은 아닙니다. 내 앞의 어른들도 그랬겠지만, 예전에 상이 나면 자주 상여를 메러 가면서 뒷소리를 하다가 보니까 그렇게 된 거지요. 나는 군대에 간 때 이외에는 늘 이 동네를 지키고 살았어요. 그때부터 어른들이 상여 메러 가자 그러면 따라다녔지요. 그러다 보니

이종수 씨(1948년생), 대구광역시 달성군 화원읍

자연스레 그렇게 되어버리데요. 물론 전문가한테 교육을 받고 소리를 배웠으면 높고 낮고 길고 짧고 그런 것을 정확하게 했겠지요. 그렇지만 나야 그냥 귀동냥으로 따라 하는 것이니까 말하자면 '벌소리'지 뭐. 그러나마 소리야 약간씩 다를지 몰라도 기본 소리는 그 틀 안에서 하려고 합니다.

어차피 앞소리란 것이 그래요. 우리 설화리는 지금 가구 수만 해도 600가구 정도 되니까 자연부락으로 한강 이남서 가장 크다고 할 정도지요. 한때는 동네에 상포계가 셋이나 있었어요. 이곳 설화리가 생기고 처음에는 배씨가 들어와서 자리를 잡았는데, 차츰 그 사람들이 줄어들고 그 후 임씨, 김씨가 들어와서 크게 번성하게 되었지요. 각각 집안이 커지다 보니까 김씨, 임씨 집안끼리만 하는 상포계가 있었고 그리고 각성바지끼리 모아서 하는 상포

설화리 마을회관 앞에서 발인제를 지낸 상여가 앞소리꾼의 북소리에 맞춰 장지를 향해 출발하고 있다(사진 임이현 설화리 이장).

계가 있었습니다. 당연히 상여도 따로, 상여집도 따로 있었어요. 그렇지만 앞소리를 하는 사람이 많지 않으니까 앞소리는 늘 하던 사람이 여기도 해주고 저기도 해주고 그랬어요.

지금은 바뀌어서 상포계가 하나로 통합되었어요. 동네 사람 80명 정도가 회원으로 가입하고 있지요. 그나마 이젠 상여를 멜 일이 거의 없으니 그냥 이름뿐이지요. 보시다시피 이젠 동네가 도시가 되어버려 매장할 곳도 없잖아요. 장례문화가 완전히 바뀌어버렸지요.

그런데도 어째서 설화상여소리가 명맥을 이렇게 잇게 되었는가 하니, 꼭 이 마을뿐만 아니라 다른 마을에 가서도 산역山役을 많이 했기 때문에 그렇습니다. 동네에서 장의 일을 하는 이가 있어서 마을 사람들 30, 40명이 서너 팀으로 나눠 인근 각 지역으로 장의 일을 하러 많이 다녔어요. 영천이나 성주, 고령 등으로 가서 상여도 메고, 묘역도 많이 했지요. 사실 마을에서는 3대 앞소리꾼인 오상식 씨가 근래까지 하고 있었어요. 그래서 나는 마을에서는 할 기회가 별로 없었어요. 대신 동네 형님들과 외지에 일하러 나가면서 앞소리 할 기회가 많아졌습니다. 그렇게 하다 보니까 4대 앞소리를 맡게 된 것이고요.

물론 3대 앞소리꾼이 있었지만 소리하는 것을 두고 이렇게 저렇게 하라고 하지는 않았어요. 그저 일하러 가서 앞소리를 하고 돌아와서는 혼자서 생각해보는 거지요. 그러면 오늘은 이래 했는데 다음번에는 저래 한번 해봐야겠다 싶지요. 그렇게 조금식 바꿔가다 보니 차츰 나아진 거지요.

가령 앞소리를 해보면 상주들이 슬퍼하는 게 지극해 보인다거나 주위 사람들이 숙연해 하는 모습을 보이지요. 그러면 '아하, 이렇게 해야겠구나'는 생각이 들어요. 그렇다고 앞소리가 늘 마음먹은 대로 되는 것은 아니지요. 때로 형님들이 그런 소리를 해요. "종수야, 오늘은 소리는 잘했지만 노잣돈이 좀 적게 나왔더라" 그렇게 농담 반 진담 반으로 하면서 "다음에는 이렇게 좀 바꿔봐라. 그러면 노잣돈이 한 푼이라도 더 나올지 아는가" 그래요. 그렇게 청승맞게도 하고 높낮이도 조절해보고 그랬지요. 그러다가 3대 오상식 어른이 몸이 편찮아서 앞소리를 이어 받아야 되니까 그분에게 지도를 좀 받아서 본격적으로 앞소리꾼을 하게 되었지요.

그렇게 배운 소리니까 내 소리가 잘하는 소리라고는 생각하지 않아요. 그런데 한번은 그런 일이 있었어요. 상여를 메고 가서 산역을 모두 마치고 점심을 먹었지요. 그런데 상주가 오더니만 그 앞소리 가사를 좀 적어달라는 겁니다. 또 백관이나 이런 사람들 중에 가사를 적어달라는 사람은 심심찮게 있습니다.

이 상여소리란 것이 실제 산에 상여를 메고 갈 때 하고 행사 때 하는 소리는 전혀 달라요. 산에 갈 때는 슬프고 간절한 마음이 있어야 되지만 행사 때는 슬프기만 해서는 되는 게 아니고 좀 더 힘차고 우렁찬 구석이 있어야 되더라고요.

아마도 최근에 실제 상여를 멘 것은 한 8년 되었을 거요. 동네 요 앞의 이장 모친상을 당했을 때 골안에 상여를 멘 게 마지막이었어요. 그때는 상여소리보존회 문화재신청 문제도 있고, 영상기록도 남겨야 하고 해서, 옛날에 하던 그대로 했어요. 그 거리가 한 2킬로미터는 더 되었을 겁니다. 적잖은 거리였지요. 멀리 갈 때는 했던 소리를 또 하기도 하지만 그런 경우는 드물어요. 설화상여소리 전부를 다 하려면 두 시간은 족히 걸리지요.

그때 마을회관 앞 정자나무 아래서 상여를 꾸며서 발인제 지내고 출상을 했어요. 요즘에 가끔 상포계가 있는 동네서 상여를 멘다고 해도 대부분이 쇠파이프로 만든 상여지요. 거기다가 대부분 꽃상여니까 무게도 없어요. 보통 6명이 멥니다. 그렇지만 우리는 예전부터 쓰던 목상여를 씁니다. 물론 상여의 용수판이나 뒷마루, 용마루, 장식 동물 따위도 옛날 쓰던 것 그대로 다 있지요. 상두꾼 24명이 메는 24목 상여입니다.

초상이 나면 이들이 발인에 앞서 상엿집에서 상여를 내와서 먼저 꾸며둡니다. 그래서 집에서 운구를 해 와서 상여에 안치하고 발인제를 지내면 이윽고 장지로 향하는 거지요. 앞소리꾼이 북을 둥둥둥 치면서 '가자가자 어서가자' 그러면 상여꾼들이 상여를 메고 일어나서 출상되는 거지요. 이어서 '어제날에 성턴몸이 저녁나절 병이들어' 그러면서 사설을 엮듯이 하면서 나서는 거지요. 그때 역시 상여꾼들이 받아서 '오호옹 오호옹 오호헤야 오호옹' 하며 후창을 합니다. 그런 후에 마을 밖으로 나가면 소리가 달라져서 좀 빨라져요. 가장 볼만하고 들을 만한 건 외나무다리를 건널 때 소리지요. 이때는 좁은 다리에 모두 발만 다리 위에 올리고 몸은 밖으로 내밀다시피 해야 하기 때문에 깨금발 뛰듯 한단 말이지요. 그러니까 단조로우면서도 좀 빠른 가락으로 '어화넘차' 하면 '어화넘차' 받고, 다시 '만리갈 때' 하면 '어화넘차'로 받는 거지요. 긴박감이 있는 앞소리를 해야 되지요. 물론 길을 갈 때나 물을 건널 때, 그때그때 북소리 장단도 소리 가락도 모두 달라지는 겁니다.

예전에는 좀 사는 집 상여를 메면 상두꾼들이 가파른 길을 오르거나 할 때 가지 않는 경우가 있지요. 그걸 두고 '상여 튼다'고 하는데 오르막에 상여를 내려놓고 막걸리를 마시며 퍼질고 앉았는 경우도 많았어요. 그러면 사위나 백관 되는 사람들이 노잣돈을 좀 내놓기도 하고 그랬지요. 옛날 사람들은 산꼭대기 같은 데 묘를 썼잖습니까. 그러면 상두꾼들이 엄청 애를 먹을 때도 많아요. 우리 동네서 마지막으로 상여를 멨을 때 큰아시골로 올라

갔어요. 워낙 가팔라 마지막에 가서는 모두 기진맥진이라. 내가 '어화넘차 어화넘차, 이산 저산 야산중에'라고 앞소리를 하는데 보니까 나 혼자만 하고 있는 거라. 거기는 중간에 쉴 데도, 상여를 내려놓을 곳도 없어. 무조건 치고 올라갈 수밖에 없으니 모두 숨이 턱까지 차지요. 상두꾼들이 헉헉거리며 그냥 '영차 영차' 하는데 앞소린들 귀에 들리겠어요.

일하며 힘든 때는 비가 많이 오면 참으로 난감하지요. 한번은 상여를 메고 나서는데 비가 쏟아졌어요. 그러면 북을 못 쳐요. 북이 당당당 소리가 나야 되는데 비를 맞으면 '퍽퍽'거린단 말이지. 북을 가지고 갈 수도 없었지요. 그래서 급한 김에 소리는 해야겠고 해서 삽을 들고 두드렸지요. 한번 그러고 나니까 저 사람은 삽 두드리면서도 앞소리한다는 소문이 났어요.

그렇게 장지에 가서 하관을 하고 봉을 모은 후 봉분을 다리질을 합니다. 이것을 우리는 '다리'라고 하는데 어떤 곳에서는 '달개'라고도 하고 '달구'라고도 하고 지역마다 말이 다르더라고요. 이때 앞소리꾼이 북을 치면서 '오호오호 다리여' 하면 후창자도 따라 합니다. 이어서 '비슬산 명기도여게로다' 하면 '오호오호 다리여'라고 하지요. 다리질을 할 때 가끔 잘 좀 밟아 달라고 앞소리꾼한테 사례를 하는 경우도 있지요. 그렇지만 우리는 일하며 생긴 노잣돈은 공평하게 나눕니다. 그렇게 떼를 입혀 달구질이 마무리되면 상두꾼 일은 모두 끝이 나는 겁니다.

앞서도 말씀드렸지만, 이젠 상여를 메고 앞소리꾼을 세우는 경우가 거의 없어요. 그나마 앞소리를 한다면 행사에 나가서나 하는 정도지요. 그런데 그 행사 출연도 쉽지가 않아요. 행사에 한번 나가려면 적어도 100명은 움직여야 합니다. 기본 상여를 멜 사람 24명하고 잉여, 명정, 만장 등 해서 상여 메는 데 꼭 필요한 최소 인원이 56명입니다. 만장을 좀 많이 들면 100명은 되어야 합니다. 멀리 갈 때는 버스 2대, 화물차, 개인차 해서 한번 움직이려면 엄청난 행렬이 될 수밖에 없지요.

2014년 정선 제55회 한국민속예술축제 장려상을 받고, 2015년에는 평택 대회서 은상을 받았어요. 그렇지만 아직 무형문화재 지정은 받지 못했고 다만 군보조사업으로 하여 전통의례 중 하나로 유지해 나가고 있지요. 그나마 10여 년 전만 해도 상두꾼 모두가 상여를 멨는데 이젠 모두 연세가 있으니까 어렵지요. 상두꾼 나이가 최연소자가 60세 정도이니까요.

더구나 요새 젊은 사람들 누가 상여 메는 거 잘 하려고 하나요. 젊은 사람들 상여에 대한 거부감이 많아요. 갈수록 젊은 사람이 드뭅니다. 이 전통을 살리기가 쉽지 않습니다. 예전에는 상포계 들고 하니까 할 수 없이 상여도 메고 앞소리도 하고 했지만 지금은 안 하려고 하잖아요. 이젠 행사를 나가는 것조차도 지원 안 해주면 곧 사라지고 말 겁니다. 앞소리도 배우려는 젊은 사람이 잘 없어요.

매년 경산서 하는 '상엿집' 행사가 있어요. 지난해 동장이 앞소리를 좀 해야겠다고 했지요. 내가 허리수술을 해서 지금도 걷는 게 어려울 정도거든요. 그래서 천상할 수가 없다고 했더니 도리 없이 동네 후배 이해만 씨가 앞소리꾼으로 나서서 행사를 치렀지요. 물론 행사에 처음 출연하고 대목 대목 앞소리도 아직 모두 익히지 않았지요. 그런데도 북 위에다가 가사를 써서 꽂아가지고 하는데도 잘하더라고요. 앞서 전문적인 소리를 좀 배운 적이 있어 앞으로 잘 할 겁니다. 그나마 이렇게 우리 설화 상여 소리가 명맥을 이어가는 것이 다행스러운 일이지요. [24]

"무릇 '접빈객, 봉제사'라네" – 제례

제례는 조상에 제사를 지내는 의식절차이다. 유교에서는 돌아가신 조상 모시기를 살아계실 때 섬기듯 하는 것을 효의 근본으로 삼는다. 그 실천이 곧 제례인 것이다. 조선시대『경국대전』에는 3품관 이상은 4대 고조부모까지, 6품관 이상은 3대 증조부모까지, 7품관 이하

---

24 본 대담은 이종수 앞소리꾼의 난청으로 임이현 설화리 이장의 도움으로 진행되었다.

선비들은 2대 조부모까지, 일반 백성은 부모 제사만 지내도록 규정했다. 그러나 1894년 갑오경장 때 신분이 철폐된 이후 '효에 신분 차이가 있을 수 없다'고 하여 대부분 가정에서 4대까지 제사를 지내는 '4대봉사四代奉祀'를 하게 되었다.

과거에는 제의의 종류가 매우 다양했다. 우선 춘하추동 네 절기마다 가운데 달 중에 하루 날을 받아 모든 조상에게 올리는 시제時祭가 있다. 또 매월 초하루, 보름에 조상에 간략히 올리는 삭망참朔望參이 있다. 설날, 한식, 한가위 등 명절에 음식을 차려서 올리는 차례茶禮가 있고 음식이나 과실이 나오면 올리는 천신薦新 등이 있다.

시제와 관련하여 과거 달성의 인흥마을 남평 문씨 집안에서는 '차사茶祀'라고 하여 1년에 다섯 번 제사를 올렸다. 설날은 떡국, 오월 단오에는 햇병아리탕과 앵두, 유월 유두에는 햇밀 국수, 한가위에는 햇곡 송편, 동짓달 동짓날에는 팥죽을 올리고 각각 제사를 모신 것으로 전한다.[25]

이와 함께 제사를 지내는 대상에 따라 나눠지기도 한다. 동짓날 시조始祖에 올리는 시조제, 입춘 때 5대조 이상 조상에 지내는 선조제先祖祭, 고조까지 돌아가신 날 지내는 기일제忌日祭, 부모님 생일에 지내는 이제禰祭, 음력 10월 중 날을 잡아 5대조 이상 조상의 묘지에서 지내는 세일사歲一祀 등이 그것이다.

다양한 제례만큼 과거뿐만 아니라 오늘날까지 '가가례家家禮'라고 하여 지역에 따라서, 집안에 따라서 각기 다른 예법이 전한다. 따라서 제례는 전통의 생활의례 가운데 가장 개별성이 뚜렷한 생활의례라고 할 수 있다. 두드러지게 차이가 나는 것은 사당이 있는 집의 제의와 그렇지 않은 집의 시제가 서로 다르며, 제례를 올리는 절차도 차이가 난다. 또 제수祭羞에 있어서도 지역에 따라 서로 다른 점이 있으며 진설에서도 차이를 보이고 있다.

조선시대 제수진설을 보면『국조오례의』, 율곡의『제의초』, 김장생의『가례집람』, 이재의『사례편람』진설도가 제각각 다름을 알 수 있다. 예를 들어, 수저의 위치를 국조오례

---

25 문희웅,『인흥록』, 거경서사, 2003, 177쪽.

의와 제의초에서는 2열 중간에 위치하지만 가례집람과 사례편람에서는 신위 앞 1열 중앙에 놓고 있다. 또 과일의 진설에도 앞의 두 기록은 홀수 종류로 올리는 반면, 뒤에서는 짝수로 차리고 있다.

이에 오늘날 유교문화의 중심인 성균관에서는 과거 기록들에 기초하여 그 공통점을 찾고 성균관 석전대제의 예법에 따라 합리적인 제례를 제시하고 있다.

그 공통점을 보면 다음과 같다. 내외분의 제사라도 남녀 상은 따로 차린다. 수저 그릇은 신위 앞 중앙에 위치하며, 술잔은 서쪽, 식초종지는 동쪽에 놓는다. 메(밥)는 서쪽, 갱(국)은 동쪽이며 적炙(구이)은 중앙에 둔다. 고기는 서쪽이며 생선은 동쪽, 국수는 서쪽이며 떡은 동쪽, 익힌 나물은 서쪽 생김치는 동쪽, 포는 서쪽 생선젓과 식혜는 동쪽에 진설한다. 또 하늘에서 나는 것은 홀수로, 땅에서 나는 것은 짝수로 차리는 것으로 정했다.

제례가 비록 가가례라고 하지만 대체로 기일忌日제사를 모시는 방법은 대동소이하다. 흔히 기제사라고 하는 기일제사는 장자손이 주인이 되고, 그 아내가 주부가 되어 4대 고조까지 봉사하는 것이 일반적이다. 예서에서는 기제사는 운명한 날 먼동이 틀 때 시작해서 밝아올 때 끝낸다고 기록하고 있다. 예로부터 우리 선조들은 기일이 돌아오면 무엇보다 먼저 돌아가신 조상을 기리는 일부터 하는 것이 후손된 첫 번째 도리라고 했다. 따라서 하루가 시작되는 첫 새벽에 제사를 모시는 것을 원칙으로 삼았다.

제사를 모시는 것이 곧 효인 만큼 제사에 임하는 자세를 무엇보다 중시했다. 제사가 기일이 당도하면 그 전날부터 참례할 모든 제관은 몸을 깨끗이 하고 근신하여 조상을 기리는 마음가짐을 갖는다.

주부는 집안을 맑게 하고 마음을 정갈히 하여 제수를 준비한다. 과거 반가에서는 1년 내내 제수 준비에 정성을 기울여야 했다. 조선 중기 선비의 편지 글[26]을 보면 많은 부분 제

---

26 곽주 외, 백두현 해제, 『현풍 곽씨 언문편지 주해』, 1999; 제수 관련 내용은 부부간에 서로 떨어져 있으면서 제사 준비를 논의하는 편지글을 주고받은 것을 발췌한 내용이다.

수와 관련하여 의논하고 있다.

'스무날에 쓸 식해젓을 미리 담그도록' 하고 '제사에 쓸 백미 서 말, 찹쌀 한 말, 녹두 다섯 되, 팥 다섯 되'를 보내니까 자세히 받도록 적고 있다. '제사에 쓸 떡은 멥쌀 한 말 다섯 되, 찹쌀 한 말로 하여 쓰도록' 하면서 기름은 '한 되로 짜게' 하고, '메밀쌀 한 되 다섯 홉도 국수에 쓰도록 간다'며 챙겨서 받도록 당부하고 있다. 또 제물 목록을 기록하여 전하고 있다. '물[27]/ 연한 고기, 양누르미, 꿩탕, 해삼회, 전복회, 홍합볶음, 이상 여섯 가지. 안주/ 염통산적, 꿩구이, 전복구이 이 세 가지를 한 그릇에 곁들여 놓게 하도록' 이라 전하고 있다.

또한 제사에 입을 의복에 대해서도 세세하게 신경 쓴 것을 확인할 수 있다.

'밤 사이 기후 어떠하오십니까? 단성 박생원이 제사에 쓴 나머지라 하고 황육(쇠고기)을 조곰 주옵거늘 보내옵니다. 베 짤 것은 어제 보내셨습니까? 두 근斤으로 비록 여든 자尺나 아흔 자나 되는 대로 하고, 새[28] 수數는 제 등급에 맞게 짜게 하여 빨리 단단히 짜서 한 감을 미리 베어 제사에 미쳐 직령直領[29]을 입게 하소서. 부디 흠 없이 쪽 고르게 짜게 하여 포대가 배로 하여 옷을 하게 하소서. 씨실이 적거든 양에 미치도록 더 장만해서라도 부디 아흔 자만큼 넉넉하게 짜서 빨리 제사 날짜에 미쳐 단단히 짜게 시키옵소서. 아무쪼록 바라옵기는 기후 매일 평안하옵심을 축수하옵니다. 을유 시월 초오일 자식 유창 사룀'[30]

이는 곽주의 셋째 아들이 제사에 입을 직령 마련에 관한 내용을 어머니 진주 하씨에게 전한 언문편지글이다. 제사 때 입을 옷을 사전에 빈틈없이 준비하는 모습에서 제례를 대하

---

27 물은 혼사나 제사 등의 큰일을 치를 때 상에 올리는 음식을 이른다.
28 새는 과거 직물의 올을 새는 단위로 '승(升)'이라고도 한다. 날실 80올이 한 새이다. 새의 수가 많을수록 베가 고와 상품으로 친다. 모시나 무명은 7새에서 15새 사이로 짠다.
29 직령은 깃이 곧게 세워져 있고, 소매가 넓은 겉옷으로 사대부들이 입는 편복(便服)이다.
30 곽주 외, 백두현 주해, 『현풍 곽씨 언간-아이들에게 한글을 가르쳐 주십시오』, 역락, 2019, 310~314쪽.

는 경건함을 읽을 수 있다.

과거에는 제례가 1년 집안일 가운데 중요한 의례인 만큼 봉행하는 절차도 세세하다. 우선 기제를 지낼 곳을 깨끗이 하고 신위의 방위를 북쪽으로 하여 병풍을 두른다. 주인은 신주가 없으면 지방을 쓰고 축문을 쓴 후 제기를 배설하고 주부는 제수를 조리하여 대상 위에 놓아 진설 준비를 한다. 제사를 모실 시간이 되면 모든 제관은 제자리에 서고 동서의 양 집사가 점촉點燭을 한다. 주인과 주부는 집사의 도움을 받아 5열부터 1열 순으로 제수를 진설한다. 진설이 끝나면 신주를 모시거나 지방을 교의에 붙여서 모신다.

제사 봉행에서 먼저 주인이 향연을 올려서 하늘에 계신 신령이 임하시도록 하는 강신분향을 한다. 이어 지하에 계시는 혼백을 모시는 강신뇌주. 주인은 양 집사의 도움을 받아 준비된 술을 술잔에 따라 세 번에 걸쳐 모사에 지운다. 잔반이 다시 제자리로 돌아가면 모든 참례자가 절을 하여 참신參神한다. 주인과 남자는 두 번, 주부와 여자는 네 번 절한다. 참신이 끝나면 주인과 주부는 집사와 함께 식어서는 안 되는 육전, 어전, 갱반을 제상에 올리는 진찬을 한다.

이어 주인이 첫 번째 잔을 올리는 초헌을 한다. 초헌은 주인이 자리를 옮겨가며 고위, 비위 잔을 받들어 술을 올린 후 좨주祭酒[31]를 하고 동서 집사는 육적을 올린 후 갱반부터 모든 탕의 뚜껑을 연다. 다음은 독축으로 주인 이하 제관이 모두 꿇어앉은 가운데 독축관이 향안 위의 축판을 들고 축을 읽은 후 물러나면 묵념한 후 주인은 두 번 절한다. 이어 주인은 퇴주기를 들고 양 집사는 고비 잔반을 비운 후 모두 제자리에 두고 양 집사는 육적을 대상으로 옮긴 후 모두 물러난다.

다음은 두 번째 술을 드리는 아헌. 아헌은 주부가 하며 어적을 올리고 사배를 하며 독축 없이 술잔을 올리는 것은 초헌과 같다. 이어서 참례자 중에서 어른이나 특별한 사유가 있는 사람이 계적을 올린 후 세 번째 잔을 드린다. 이때 계적은 대상으로 내리지 않는다.

---

[31] 좨주는 초헌, 아헌, 종헌할 때마다 받들어 올렸던 술을 퇴주기에 세 번 나누어 지우는 것을 말한다.

세 번의 잔을 드리고 나면 조상이 넉넉하게 흠향하시기를 권하는 유식 절차이다. 주인과 주부는 나란히 서서 읍하여 예를 표한 후 주인은 고비위 잔반에 술을 가득 채운다. 주부는 숟가락을 고위, 비위 순으로 꽂고 젓가락을 손잡이가 서쪽으로 가도록 시접匙楪 위에 걸친 후 주인과 주부는 각각 재배, 사배를 하고 물러난다. 이어 참례자 모두는 문밖으로 나가 남자는 서향, 여자는 동향하여 서서 아홉 숟가락을 뜰 시간만큼 기다린 후, 독축관이 먼저 인기척을 내어 문어 열고 들어가 제자리에 선다.

이어 주인과 주부는 향안 앞에서 읍과 굴신례屈身禮를 한 후 주인은 고비위 갱을 덮고 주부는 고비위의 숙수를 올린다. 잠시 후 주부는 고비위의 숟가락을 차례로 뽑고 젓가락을 내려 시접에 담고 집사는 모든 뚜껑을 덮는다. 마지막으로 조상을 배웅하는 절차로 주인 이하 남자는 재배, 주부 이하 여자는 사배를 하여 사신한다. 모셨던 신주는 가묘에 모시고 지방일 경우 축문과 함께 태워 재를 향로에 담고 제상 위의 제수를 내린다. 제례의 마지막 순서로 참례한 자손, 친지 모두는 제수를 나누어 먹는 음복을 하며 조상의 음덕을 기린다.

제사는 집집마다 다르다고 할 정도로 풍습이 다르지만, 근래까지 가장 그 원형이 잘 보존되어 온 전통 생활의례이다. 기제사의 경우는 진설에서부터 강신, 음복까지 대체로 비슷한 절차에 따라 봉행하는 풍습이 전해 내려온다. 그러나 명절 제사의 경우는 간소화하는 경향이 뚜렷하다. 또 근래에는 시제, 삭망참, 천신, 이제 등을 모시는 경우가 드물고 대부분 설, 추석 명절에 무축단잔無祝單盞으로 차례를 모신다.

〈마을에서 들은 이야기〉
현풍 곽씨 불천위不遷位 제사 곽태환 씨

저는 청백리 '안자', '방자' 곽안방 입향조入鄕祖 19세 종손입니다. 유가儒家에서 집안의 가장 중요한 일이 '봉제사奉祭祀 접빈객接賓客'이라 할 것입니다. 즉 조상의 제사를 받들어 모시고 집에 찾아오는 손님을 극진히 대접하는 것이 유가의 주요 덕목이라는 것이지요.

특히 불천위 제사를 모시는 입장에서야 더 말할 바 도 못 되지요.

우리 '안자', '방자' 선조는 해남현감 시절, 고을의 백성들이 살아있는 사람의 덕망을 기려서 모시는 생사당生祠堂을 지어서 칭송했던 청백리였지요. 그런 만큼 세조연간에 청백리로 녹선錄選되어 예로부터 누구나 선조의 함자 앞에는 반드시 청백리를 붙여서 불렀습니다. 나중에는 '이시애 난'을 평

곽태환 씨(1948년생), 대구광역시 달성군 현풍읍

정한 원종공신으로 1467년에 이 마을에 자리를 잡았지요. 여기 터를 잡고 후손들로 하여금 예절을 따르는 사람이 되라는 뜻에서 마을 이름을 솔레마을이라고 하였습니다. 아마도 마을 들어오는 입구에 12정려각을 보았을 겁니다. 그것 역시 청백리 입향조 선대의 뜻을 따라 그 후손들이 실천하다 보니 자연 그렇게 된 것일 터이지요.

저기에 있는 「추보당」 역시 그러합니다. 「추보당」은 '추원보본追遠報本'에서 연유한 말이지요. 그 말은 '조상의 음덕을 기려 정성껏 제사를 모시고, 태어나게 된 근본을 저버리지 않고 은혜를 갚는다'는 뜻이지요. 저희가 자손대대 사당에 청백리의 신주를 모시고 또 불천위 제사를 모시는 것은 그 근본을 따르는 지극히 당연한 일이라고 생각합니다. 청백리 사당 앞 400년 묵은 배롱나무와 같이 겉과 속 또한 다르지 않은 자손의 삶이 우리들의

자긍심이겠지요. 또 그것이 청백리 불천위 제사를 모시는 우리 후손들의 마음가짐이기도 합니다.

그러나 안타깝게도 청백리 선조와 관련하여 온전히 전하는 문적은 없습니다. 아시다시피 한훤당이 무오사화로 멸문지화滅門之禍를 당하지 않았습니까. 그렇다 보니까 가까이 있으면서 인척관계에 있던 우리 집안도 화를 면하기 위해 모든 기록을 마당에 내놓고 불을 질러버리고 산속에 은거했던 거지요. 그래서 문적이 전혀 없고 다만 다른 집안 문집에서 한두 편, 한두 줄 나오는 경우가 있어 그것으로 선조들의 행적을 짐작할 따름이지요.

물론 이 마을에서 불천위 제사를 모시는 집은 우리 집뿐만은 아닙니다. 저 위에 못골 한훤당 종택에서도 한훤당 불천위 제사를 봉행하지요. 예전에는 양 집안이 서로 제사를 지내러 다니기도 했습니다. 1989년 당시 구지 도동 뒷산 석문산성 안에 진주 하씨 할머니 묘를 이장하던 중에 관 속에서 많은 편지글이 발견되었지요. 그 가운데 한 편을 보면 그런 게 나와요.

'내일 새벽에 한훤당의 제사를 나라에서 명하여 행하시고, 우리에게 그 제사에 참예하라고 하십니다'라고 편지의 주인공 곽주 할아버지는 떨어져 사는 부인에게 전합니다.

그리고 이어서 적기를 '마침 내가 오늘 소례로 도로 나가니, 내 철릭하고 두건하고 한 수가 가져간 낡은 명주 중치막하고 이불, 베개, 포대기, 빗접, 수건 따위를 재자리보에 모두 싸서 종으로 하여금 오늘로 소례 못골로 보내소. 나는 내일에야 갈 것이오'라고 당부하는 편지글이 보입니다. 이 편지글로 보아, 한훤당 불천위 제사를 나라에서 명했던 것을 알 수 있고 우리 선대 작은댁 할아버지가 그 제사에 급히 참례한 것을 알 수 있습니다.

음력 6월 11일은 청백리 '안자 방자' 불천위 기일입니다. 그날 고위考位와 비위妣位 합설하여 제사를 모시지요. 어떤 기록에 보면 '유월 유두절에 햇밀을 빻아 닭 국물에 만 유두국수를 올려서 불천위 제사를 모신다'고 나옵니다. 아마도 그것은 청백리 '안자 방자' 선조의 불천위 기일이 유두절과 가까우니까 그렇게 본 게 아닐까 합니다. 물론 국수를 올리는 것은 지금도 올리지요. 예전에는 밀이 날 철이어서 햇밀로 국수를 했고 꿩고기 국물에 면을 말아서 썼습니다. 그 이후 차츰 꿩을 쓰지 않고 계육을 올리니까 닭 국물에 말아서 올리기도 했겠지요. 그렇지만 유두절과 우리 청백리 불천위 제사는 아무런 관계가 없습니다.

과거 불천위 제사는 그랬습니다. 제사 전날이 되면 참례 제관이 많을 때는 400분 정도 왔습니다. 주무시고 가는 분만 100여 분이 되었다고 하지요. 제가 어릴 때만 해도 참례하시는 분들이 보통 100분 정도 오셨어요. 아버지가 일찍 돌아가셔서 제가 불천위 제사를 모신 것이 40년 되는데 지금도 매년 60분 정도는 참례를 하십니다. 그렇게 제사준비를 해서 자시子時 이후에 사당에 모시고 있는 신주를 제청으로 모십니다. 그러면 돌아가신 날 첫 시가 되겠지요. 제청으로 신주를 모시고 나와서 제관들이 제를 봉행하고 신주를 사당에 다시 모십니다. 그런데 자시 이후에 봉행을 하니까 참례하시는 분 대부분 80세가 넘은 노인들이신데 사고 우려도 있고 불편함이 이루 말할 수가 없어요. 그래서 4년 전에 대종회 종회에서 논의를 하여 낮 시간에 모시기로 했지요. 특히 불천위 제사니까 많은 사람이 참례하는 것이 좋다면서 그렇게 하자고 만장일치로 결의한 거지요. 그래서 지금은 돌아가신 날 낮 12시에 제사를 모십니다. 그러고 나니까 그 전에 40명 정도 모이던 제관이 곱절로 늘어 80여 명이 모였습니다. 물론 그 이후 2년간은 코로나가 와서 모두 모여서 봉행하지 못하고 우리 형제 정도 해서 제사를 모셨습니다. 그리고 올해 새롭게 모셨는데 40분 정도 참례를 했습니다.

제수祭羞에 있어 불천위 제사와 일반 제사의 차이는 없어요. 청백리 선조께서 조선 초에 이 마을에 정착했으니까 이후 제례나 상례 등 의례에서 영남의 다른 집안과 큰 차이는 없다고 봐야겠지요. 다만 그 규모가 다소 크고 장만하는 음식이 많다고 할 수 있겠지요.

옛날에는 돼지를 온마리 고기로 썼지요. 제가 제사를 봉행하고 정확히 30년까지만 해도 집에서 돼지를 잡아가지고 온마리를 올렸습니다. 불천위 제사가 들면 3일 전쯤에 제수로 쓸 마을의 돼지를 결정합니다. 안날이 되면 하인들이 산 것을 집으로 가지고 와서 잡습니다. 직접 피를 빼고 내장까지 넣어서 하루 종일 삶지요. 밤 10시 이후가 되면 건져내서 뜨뜻한 채로 돼지머리까지 괴어서 진설하는 거지요. 그 후 하인도 없고 하니까 집에서 돼지를 잡을 수가 없잖아요. 식육점에서 온마리 생육을 사서 머리까지 썼습니다. 그렇지만 세월이 지나면서 돼지 한 마리를 제수로 올린다 해도 제관들이 모두 소비를 못 해요. 특히 제사가 여름철이니까 날씨는 덥고 매번 처리가 곤란한 겁니다. 상할 우려도 많고. 해서 지금은 두頭와 함께 두 다리를 올리지요. 물론 서원 향사에는 생육을 쓰는데, 사가의 불천위 제사에는 어느 곳이나 삶은 고기를 씁니다.

또 지금과 다른 것이 있다면 예전에는 제수를 모두 고임 음식으로 했지요. 떡만 해도 그렇습니다. 집에 있는 시루를 보면 알겠지만 이렇게 한 아름 되는 시루에 서 말, 너 말 들어가지요. 내가 제사를 모시기 시작할 때만 해도 떡을 대두로 두 말, 서 말씩 했지요. 옛날에는 집에서 디딜방아로 가루를 내서 했습니다. 40년 전에는 정미소에서 빻아 와서 체로 몇 번을 치고 또 치고 해서 가루를 곱게 냈지요. 콩고물이나 이런 것들을 가루를 내놓고 제사 안날 저녁부터 떡을 찝니다. 떡 찌는 데만 두세 명이 달라붙어 반나절을 공을 들여야 제수로 마련할 수 있지요. 그렇게 찐 뜨거운 시루떡은 들어내서 깨끗한 자리를 펴고 식혀서 편틀에 층층게 굅니다. 제상에 오르는 편틀 길이가 40센티니까 괴는 높이도 1미터까지는 안 되도 70센티 이상은 되겠지요. 요즘은 시루떡과 위에 절편만 올리는데 전에는 찰떡도 올렸지요. 시루떡 50센티 정도를 편틀에 올리려면 그것만 해도 쌀 한 말은 넉넉히 되지요. 그 위에 찰떡 두세 줄 올리고, 또 더하여 절편, 흰떡을 올리고, 맨 나중에 전을 50개 정도 올려서 편을 마무리 짓습니다.

제사에 쓰는 술은 특별히 빚거나 하지는 않습니다. 처음 오시는 분 가운데 특별한 좋은 술을 장만해서 가져오시기도 하지요. 물론 참례제관이 제수를 가져오거나 하지는 않습니다. 다만 김해 송씨 집안에서 가끔 건문어를 가지고 옵니다. 비위께서 김해 송씨인데, 청백리 불천위 제사를 합설하니까, 그 집안에서 매년 오지는 못하고 2, 3년에 한 번씩 와서 참례를 하십니다. 제사에 우리가 큰 문어를 쓰니까 그것을 알고 올 때마다 말린 건문어 큰 것을 제물로 가지고 오시곤 하지요.

어적의 경우 조기를 씁니다. 영천, 영주 저쪽은 돔베고기를 쓴다는데 우리는 쓰지 않습니다. 조기는 종헌관이 헌물을 하는데 석어石魚라고 하여 제수로 올리지요. 큰 편틀이 있는데 한 손은 빈해 보여서 꼭 두 손을 쓰지요. 조기도 찌는 것이 신경이 많이 가지요. 너무 찌면 머리가 부러지거나 고기가 부스러지기 쉽고 덜 찌면 냄새가 나고 해서 먹을 수가 없지요. 그런 만큼 적당히 찌는 것이 중요한데 이런 것들이 모두 정성이겠지요. 그래서 예로부터 '제사는 정성이다'는 말이 있었겠지요.

지금도 가끔 신문이나 화보 같은 것을 보면 고임 음식을 차려 놓고 의관을 차려서 제사를 지내는 것을 볼 수 있습니다. 참으로 쉽지 않은 일이지요. 다른 집에서는 과연 매번 제사마다 그렇게 하는지는 몰라도, 그게 보통 일이 아닙니다. 우리도 예전 제가 어릴 때는 유과를 하고 약식 같은 것을 그렇게 했지요. 굄 음식이라 하는 게 그래요. 유과나 그런 거 괴어 올려 둔 것을 보면 저걸 어떻게 했나 싶죠. 사실 힘이 들어요.

제기 바닥에 창호지를 끊어서 놓고 꿀을 발라 놓으면 굳어지지요. 그렇게 맨 아래부터 꿀을 꽉 채워서 유과를 쌓고 위로 갈수록 조금씩 작은 창호지를 잘라 깔아서 쌓아 올립니다. 그렇게 20분 정도 지나면 밀어도 안 넘어집니다. 그것 제기 하나 괴는데 한 시간 이상씩 걸립니다. 간단하다고 하는 밤만 해도 그래요. 제기 바닥에 창호지를 깔아 밤을 놓고 꿀을 뺑 둘러 다시 창호지를 놓고 그렇게 올리는데 반 자 높이 정도로만 괸다고 해도 시간이 한정 없이 걸리지요.

예전 어릴 때 그렇게 할 수 있었던 것은 그때는 하인이나 고지기가 있어 그렇게 준비할 수 있었지요. 그러나 지금은 혼자서 해야 하니까 안 되지요. 2, 3일 전부터 준비를 해야 하는데 그렇다고 예전과 같이 제사 참례자들 중에서도 와서 해 줄 사람이 없잖아요. 물론 지금도 가끔 이웃의 사촌 계수씨나 아주머니들이 와서 얼마간 도와주기도 하지만, 고임 음식을 하기는 역부족이지요. 또 설령 그렇게 한다고 해도 제수에 대한 생각이 옛사람들과 다르잖습니까. 요즘은 제사음식 별로 달가워하지도 않지요. 먹는 게 흔하다 보니까 아무리 정성 들인 음식이라도 젊은 사람들은 외면하기 일쑤지요. 참례하는 분들이야 알지만 그 외는 1%도 알아주지 않으니 이게 효용 가치가 전혀 없는 겁니다.

이런 모든 것을 탈피한 게 퇴계종택 불천위 제사를 보고 나서입니다. 퇴계 제사는 우리나라 제례의 기준입니다. 아시다시피 유교에 있어 퇴계는 동방의 공자이잖습니까. 그러니까 퇴계의 규범은 모든 의례의 지침이 되는 것입니다. 그런 퇴계종택에서 불천위 제사를 낮에 지낸 게 10년 이상 지났습니다. 그곳에 가보니까 지금 음복도 현대식으로 간편하게 합니다. 일할 사람이 없고 위생적인 면을 고려하지 않을 수 없겠지요.

의관은 우리도 퇴계종택 불천위 제사나 마찬가지로 갖춰 입습니다. 제사를 모실 때 우리 제관들은 모두 의관을 차려 입고 참례를 합니다. 예전에야 모두 도포를 입고 오지만 요즘도 양복 반, 한복 반 정도로 입고 옵니다. 그래서 집에다 유복 30벌을 준비해두고 있지요. 이번 6월 불천위 제사에 40여 분이 참례를 했는데 모두 의관을 갖추고 제사를 올렸습니다.

퇴계종택과 다른 것이 있다면 우리는 아직 음복을 하고 제물 봉지를 씁니다. 매번 한 60개 정도를 싸는데 사과 한 조각, 배 한 조각, 명태 한 토막, 돼지고기 조금, 소고기 한 조각, 떡 한 봉지, 고기 요만큼씩 준비해야 하니까 얼마나 일이 많겠어요. 그러다 보니까 제사를 모시면 언제나 제상에 올릴 제수 외에 봉지 음식을 더 많이 준비를 해야 하지요. 음복은 음복대로 해야 하니까 그럴 수밖에 없어요. 요즘 어딜 가나 봉지를 보기 힘든데 그렇다고 내 편하자고 없애자는 소리는 못 하지요. 늘 해오던 대로 하는 거지요. 묘사를 모셔도 아직 봉지 백 개 정도를 합니다. 물론 젊은 사람들은 탐탁지 않게 생각하는 것을 압니다. 그러나 지금까지 해오던 전통을 저버릴 수 없는 그런 형편입니다. 그렇게 모신다고 모시지만 사실은 옛날에 비하면 정성은 비할 바가 아니지요. 과거처럼 정성을 들여 하고 싶지만 지금은 아무리 하고 싶어도 할 수도 없습니다. 가슴 아픈 일입니다. 그 모든 것을 세태라고 하기에는 민망하고 서글픈 생각도 듭니다.

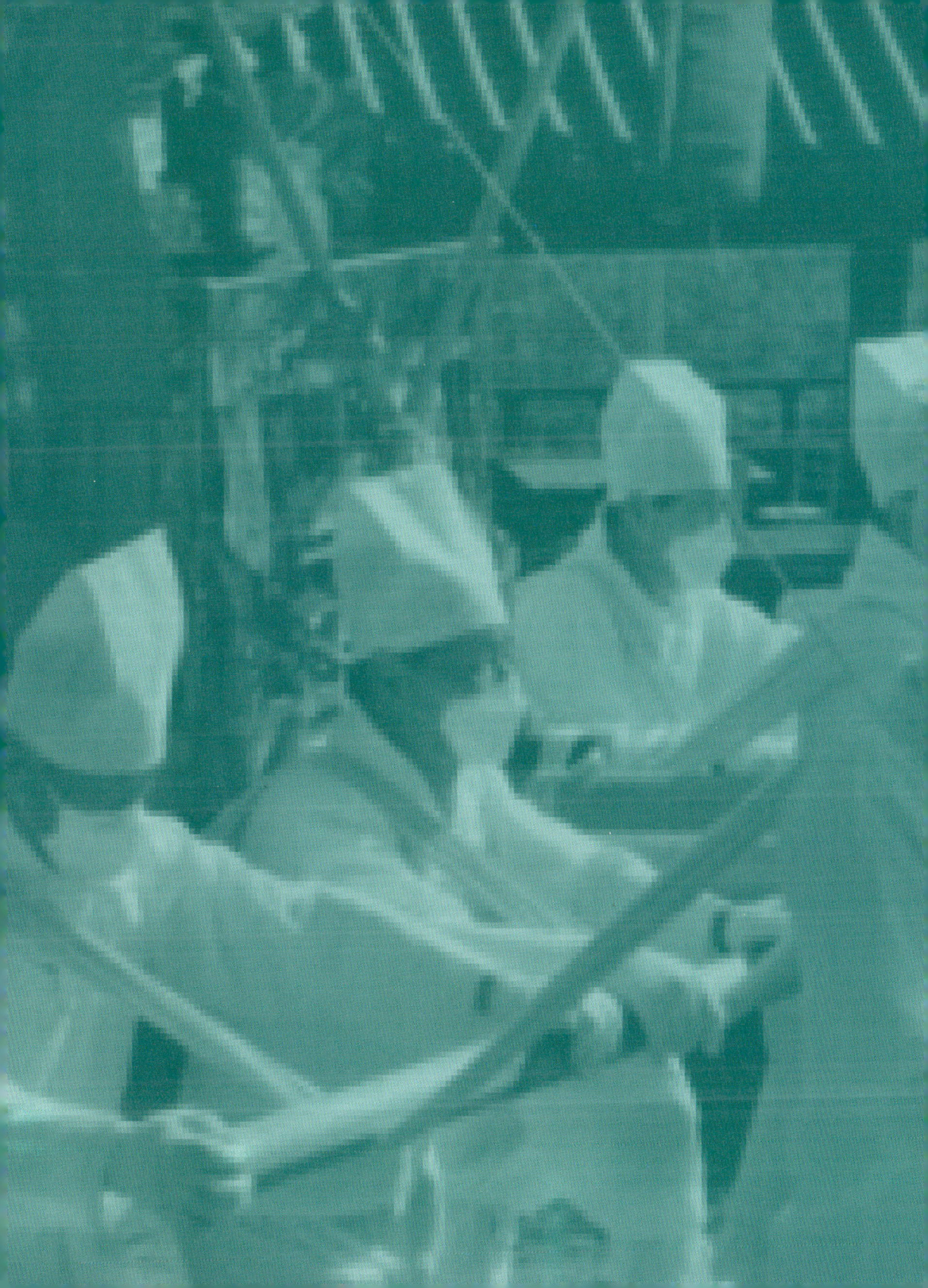

참고문헌

국립민속박물관, 「일생의례」, 『한국민속대백과사전』 최종호.
곽주 외, 백두현 주해, 『현풍 곽씨 언간: 아이들에게 한글을 가르쳐 주십시오』, 역락, 2019.
권상일, 『청대일기』, 한국국학진흥원 일기국역총서14, 청솔, 2015.
김시덕, 「여름, 모래찜질」, 『한국세시풍속사전』, 국립민속박물관, 1991.
김매순, 최대림 역해, 『열양세시기』, 홍신문화사, 2015.
김종만, 『보리 어린이-놀이도감』, 보리, 2017.
김영조, 『하루 하루가 잔치로세』, 인물과 사상사, 2011.
김명자, 『한국세시풍속』Ⅰ, 민속원, 2005.
남평 문씨, 『남평문씨 인흥세거지』, 매일원색정판사. 2014.
단국대 동양학연구원 엮음, 최인학·김민지 옮김, 『총독부 세시풍속』, 채륜, 2014.
달성군, 『달성백서』, 2014.
문희웅, 『인흥록』, 거경서사, 2003.
박지원 외, 『우리 겨레의 미학사상』, 보리, 2013.
오민석 외, 『세시풍속-가을 가고 봄이 오고』, 민속원, 2011.
유대안, 『달성 하빈들소리』, 도서출판 푸른하늘, 2010.
유득공, 최대림 역해, 『경도잡지』, 홍신문화사, 2015.
엄재진, 「전국 유일 '풋굿' 축제」, 『매일신문』 제12면, 2022. 8. 24.
이광렬, 『우리의 세시풍속과 전래놀이』, 도서출판 청연, 2017.
이동렬, 『사라져가는 세시풍속』 개정판, 상상스쿨, 2013.
이수광, 정해렴 역주, 『지봉유설』, 현대실학사, 2000.
이영진, 『달성 마을이야기』, 민속원, 2015.
장주근저작집간행위원회, 『한국의 세시풍속』, 2013.
전례연구위원회, 『우리의 생활예절』, 성균관, 1993.
조두진, 『조선선비 곽주의 부부싸움』, 민속원, 2016.
최남선, 문형렬 해제, 『조선상식문답』, 기파랑 에크리, 2011.
최상수, 『한국의 미-세시풍속』, 서문당, 1988.
홍석모, 장유승 역해, 『동국세시기』, 아카넷, 2016.

홍석모, 최대림 역해, 『동국세시기』, 홍신문화사, 2015.

홍석모, 윤숙자 외 엮음, 『음식으로 들여다보는 세시풍속―동국세시기』, 백산출판사, 2020.

대구의 뿌리
달성 산책 | 37

비슬산의 풍장소리
달성의 전통행사와 전래놀이

초판 1쇄 발행 2022년 12월 5일

기획 달성문화재단
글 · 사진 전충진
펴낸이 홍종화

편집·디자인 오경희 · 조정화 · 오성현 · 신나래
　　　　　박선주 · 이효진 · 정성희
관리 박정대 · 임재필

펴낸곳 민속원
창업 홍기원
출판등록 제1990-000045호
주소 서울시 마포구 토정로 25길 41(대흥동 337-25)
전화 02) 804-3320, 805-3320, 806-3320(代)
팩스 02) 802-3346
이메일 minsok1@chollian.net, minsokwon@naver.com
홈페이지 www.minsokwon.com

ISBN 978-89-285-1796-1 94080
　　　978-89-285-0834-1 SET

ⓒ 전충진, 2022
ⓒ 민속원, 2022, Printed in Seoul, Korea

이 책은 저작권법에 따라 보호를 받는 저작물이므로 무단전재와 복제를 금지하며,
이 책의 전부 또는 일부를 이용하려면 반드시 저작권자와 출판사의 서면동의를 받아야 합니다.